20 ANOS
DE CORRUPÇÃO

20 ANOS DE CORRUPÇÃO

Os escândalos que marcaram Lula, Dilma, Temer e Bolsonaro

IVO PATARRA

R
HISTÓRIA REAL

© 2022 Ivo Patarra

PREPARAÇÃO
Kathia Ferreira

REVISÃO
Rayana Faria
Júlia Santiago

DIAGRAMAÇÃO
Equatorium Design

DESIGN DE CAPA
Angelo Bottino

IMAGENS DE CAPA
Presidente da República, Jair Bolsonaro durante a execução do Hino Nacional. © Alan Santos/PR; Pronunciamento do Presidente Michel Temer. © Beto Barata/PR; Presidenta Dilma Rousseff durante discurso no Senado Federal. ©Roberto Stuckert Filho/PR; Presidente Luiz Inácio Lula da Silva. © AP Photo/Andre Penner

CIP-BRASIL. CATALOGAÇÃO NA PUBLICAÇÃO
SINDICATO NACIONAL DOS EDITORES DE LIVROS, RJ

P332v

    Patarra, Ivo, 1958-

        20 anos de corrupção : os escândalos que marcaram Lula, Dilma, Temer e Bolsonaro / Ivo Patarra. - 1. ed. - Rio de Janeiro : História Real, 2022.

        336 p. ; 21 cm.

        Apêndice
        Inclui índice
        ISBN 978-65-87518-57-2

        1. Silva, Luíz Inácio Lula da, 1945-. 2. Rousseff, Dilma, 1947- 3. Bolsonaro, Jair Messias, 1955-. 4. Corrupção na política - Brasil. 5. Brasil - Política e governo. I. Título.

22-78265   CDD: 364.13230981
                                CDU: 328.185(81)

Gabriela Faray Ferreira Lopes - Bibliotecária - CRB-7/6643

[2022]
Todos os direitos desta edição reservados a
História Real, um selo da Editora Intrínseca Ltda.
Rua Marquês de São Vicente, 99, 6º andar
22451-041 – Gávea
Rio de Janeiro – RJ
Tel./Fax: (21) 3206-7400
www.historiareal.intrinseca.com.br

Enquanto houver corrupção
o Brasil será subdesenvolvido

A pandemia arrastou a crise econômica a níveis impensáveis. A deterioração do tecido social tornou dramático o dia a dia de milhões de brasileiros. No início de 2021, na favela Canaã, Zona Oeste do Rio de Janeiro, o jovem repórter Estevan Muniz entrevistou Glória Vargas, uma entre tantas desempregadas que sobreviviam de bicos e doações. "Estou desde domingo sem comer comida", disse ela, atrás da máscara branca que a protegia da Covid-19 e escondia o rosto sofrido. "Mas hoje é terça-feira, dona Glória", ponderou o repórter do programa *Fantástico*, da TV Globo. A mulher de cabelos grisalhos, empurrando seus mais de 50 anos, explicou, com riso encabulado: "Não tenho nenhuma verdura, um jiló, um quiabo." Na geladeira velha, encostada no canto do barraco, apenas um pedaço de frango, guardado havia dias. Ela o economizou de um almoço. "Estou fraquinha, precisando comer comida." O repórter, inconformado: "Mas por que a senhora não faz esse peito de frango?" Dona Glória, calejada pela vida: "Porque o mês é longo, né?"

Este livro é baseado em: investigações, operações de busca e apreensão e "operações controladas" da Polícia Federal (PF); inquéritos e denúncias dos Ministérios Públicos estaduais e federal (MPs) e da Procuradoria-Geral da República (PGR); operações da Polícia Civil (PC), na esfera de ação dos estados; averiguações de Comissões Parlamentares de Inquérito (CPIs) instauradas no Congresso Nacional e em Assembleias Legislativas estaduais; quebra de sigilos bancário, fiscal, telefônico e telemático de suspeitos de corrupção; confissões e acordos de delação premiada e de leniência; auditorias da Controladoria-Geral da União (CGU) e do Tribunal de Contas da União (TCU); relatórios do Conselho de Controle de Atividades Financeiras (Coaf); decisões e sentenças judiciais proferidas em primeira instância, Tribunais de Justiça (TJs), Tribunais Regionais Federais (TRFs), Justiça Eleitoral, Superior Tribunal de Justiça (STJ) e Supremo Tribunal Federal (STF); apurações jornalísticas – o incansável trabalho da imprensa para esclarecer acontecimentos que marcam o Brasil.

Pessoas, empresas, entidades, organizações, instituições e partidos políticos citados aqui refutaram, por meio de declarações, notas à imprensa, esclarecimentos de assessores e ações de advogados de defesa, o envolvimento com acusações, denúncias, investigações e inquéritos apontados nestas páginas.

Sumário

Partidos políticos citados 14
Prefácio 15
Apresentação 21

1. O caso Fabrício Queiroz
   Investigações sobre "rachadinhas", "funcionários fantasmas" e transações imobiliárias suspeitas desnudam o clã chefiado por Jair Bolsonaro 33

2. O escândalo do mensalão
   Chefe de governo e líder inconteste do PT, Lula consegue contornar as denúncias e evitar o *impeachment* 54

3. A Lava Jato e os petroladrões
   O megaesquema de corrupção na Petrobras revela um mar de lama que engole o Brasil e assombra o mundo 88

4. O IMPEACHMENT DA PRESIDENTE
O PT desiste de proteger Eduardo Cunha no Conselho de Ética da Câmara e o deputado abre o processo para cassar Dilma Rousseff 136

5. MICHEL TEMER E A MALA DE R$ 500 MIL
Num dos maiores escândalos do petrolão, filmagem da PF mostra uma entrega de propina, mas o sistema de justiça não pune 159

6. QUATRO CONFISSÕES DEVASTADORAS
Os crimes relatados por Antonio Palocci, Delcídio do Amaral, João Santana e Renato Duque, todos ligados a Lula, comprometem o ex-presidente 194

7. O ORÇAMENTO SECRETO
Para obter apoio no Congresso, Bolsonaro cria um sistema de concessão de emendas parlamentares que libera dinheiro público sem fiscalização 221

8. CORRUPÇÃO E IMPUNIDADE
A combinação perversa entre crimes de colarinho-branco e ausência de Justiça reforça a desigualdade, a pobreza e o subdesenvolvimento 247

Apêndice 1: O TRÍPLEX NO GUARUJÁ E O SÍTIO EM ATIBAIA
Delações premiadas apontam uma série de 15 imóveis adquiridos ou remodelados irregularmente por Lula, Dirceu e Palocci 271

Apêndice 2: Transações imobiliárias em dinheiro vivo
Em meio às suspeitas de "rachadinhas" envolvendo o clã
Bolsonaro, pipocam aquisições de imóveis 291

Índice remissivo 316

Partidos políticos citados

Cidadania
DEM Democratas (ex-PFL, atual União Brasil)
Patriota
PCdoB Partido Comunista do Brasil
PDT Partido Democrático Trabalhista
PFL Partido da Frente Liberal
PL Partido Liberal (ex-PR)
PMDB Partido do Movimento Democrático Brasileiro (atual MDB)
Podemos
PP Partido Progressista (atual Progressistas)
PR Partido da República
PRB Partido Republicano Brasileiro (atual Republicanos)
PROS Partido Republicano da Ordem Social
PSB Partido Socialista Brasileiro
PSD Partido Social Democrático
PSDB Partido da Social Democracia Brasileira
PSL Partido Social Liberal (atual União Brasil)
PSOL Partido Socialismo e Liberdade
PT Partido dos Trabalhadores
PTB Partido Trabalhista Brasileiro
SD Solidariedade

Prefácio

O livro de Ivo Patarra é um amplo documento sobre a corrupção no Brasil moderno. De um ponto de vista factual, há pouco a acrescentar. Apenas me disponho a enumerar algumas dúvidas que me afligem sempre que trato do assunto.

Uma delas, talvez a mais persistente, surgiu com a série de candidatos à Presidência que passaram a usar o tema do combate à corrupção como bandeira e que terminaram seus mandatos sob acusações pesadas de que haviam sucumbido àquilo que prometeram varrer da vida política do país.

Já mencionei em livro a primeira eleição direta logo após a redemocratização, quando dois candidatos que disputariam o segundo turno, Collor e Lula, tinham como trunfo eleitoral, respectivamente, a luta contra os marajás do serviço público e a luta a favor da ética na política. Considerando os acontecimentos em anos e décadas que se seguiram, caberia perguntar: seria a corrupção uma característica intrínseca às elites políticas brasileiras? Minha resposta buscava então fugir de soluções simplistas. Sem, evidentemente, negar as responsabilidades pessoais, procurei ver no sistema eleitoral uma das principais causas da corrupção.

Ancoradas em superproduções televisivas, as eleições brasileiras se tornaram muito caras no primeiro período da redemocratização. Na década de 1990, rivalizavam em preços com as norte-americanas. Esse dinheiro não era obtido com métodos tradicionais: rifas, festas e contribuição de simpatizantes. Os personagens principais do financiamento de campanha eram empresários que tinham ou almejavam negócios com o governo. Os custos de campanha tornaram-se, na verdade, investimentos.

Esse contato mais próximo entre políticos e ricos empresários contribuiu para que alguns tentassem mimetizar o estilo de vida dos próprios milionários. O caso mais radical foi o do ex-governador Sérgio Cabral – um de seus objetos de desejo era um helicóptero idêntico ao do empresário Eike Batista.

O problema estrutural do custo das eleições foi parcialmente superado pela lei que transformou o financiamento de campanha numa responsabilidade pública. Se isso, de alguma forma, eliminou as chances de corrupção na chegada ao poder, restou outra armadilha: como evitá-la para exercer o poder no contexto de um Congresso fragmentado?

O escândalo do mensalão foi financiado com dinheiro privado. Na época, meados dos anos 2000, parte desse dinheiro era destinado a alimentar também campanhas políticas. Passado esse período, encontramos de novo o mesmo problema no governo Bolsonaro, eleito em 2018. Aqui já não havia dinheiro privado para atrair apoio dos partidos. A saída foi encontrá-lo no Orçamento.

O chamado "orçamento secreto" significou um avanço considerável da prática da corrupção sobre os mecanismos de combate a ela. O orçamento secreto já traz embutido um antídoto contra seu principal obstáculo: a transparência. Na relação do Executivo com forças regionais, que trocam seu apoio por verbas orçamentárias, reside um problema fundamental não resolvido no Brasil, tomem essas forças a forma do grande MDB ou do amplo grupo chamado de Centrão.

O governo Bolsonaro, que se elegeu com o propósito de combater a corrupção, conseguiu, na verdade, sofisticá-la. O mecanismo de vitória eleitoral foi similar ao do início da redemocratização, sendo que Bolsonaro ainda se aproveitou de alguns efeitos do movimento rebelde de junho de 2013 e da Operação Lava Jato, com repercussão continental.

A entrada do juiz Sergio Moro no governo Bolsonaro convenceu a muitos que as campanhas contra a corrupção não passam de manobra eleitoral. Isso não significa que a Operação Lava Jato possa ser reduzida a uma simples atuação partidária. Num período anterior à própria ditadura, o movimento tenentista já combatia a corrupção, e, nos anos 1950, as revoltas de Aragarças e Jacareacanga também denunciavam a corrupção. Mas, para uma operação que se dizia técnica e apresentava novidades em sua própria estrutura de trabalho, como a unificação da Procuradoria-Geral da República, da Polícia Federal e da Receita Federal, a proximidade com o bolsonarismo foi muito desgastante.

Resta então mais uma dúvida: por que, ao longo do tempo, todas as grandes operações policiais contra a corrupção fracassaram? A estrutura jurídica brasileira garante ampla liberdade de defesa e suas trilhas, quando bem exploradas por advogados competentes, acabam por neutralizar o exaustivo trabalho da Polícia Federal, que sempre esbarra em obstáculos intransponíveis.

A própria Operação Lava Jato viveu esse problema, ainda que, paradoxalmente, tenha se beneficiado também de alterações legais. A principal delas, uma interpretação pelo Parlamento das aspirações de junho de 2013, foi a lei que regulou a delação premiada. Mas isso não foi suficiente para que a Lava Jato passasse incólume. Ela terminou abatida por vazamentos divulgados pelo site Intercept Brasil e pela ação determinada da Segunda Turma de juízes do Supremo Tribunal Federal.

No pacote de alterações legais havia ainda a possibilidade de prisão em segunda instância. O tema foi igualmente decidido pelo Supremo, para o qual a prisão só pode ser realizada quando esgotados todos os recursos legais. A lei previa a possibilidade de prisão após a confirmação do veredito numa segunda instância, apesar dos recursos cabíveis no STF. A questão acabou voltando ao Congresso, onde os parlamentares já decidiram que não somente vão congelá-la nas gavetas como votarão projetos que abrandem o combate à corrupção.

Se entendemos a luta contra a corrupção como um longo processo, talvez seja razoável dizer que ela vive um momento de defensiva no Brasil, caracterizado pela reação à Lava Jato entre políticos e ministros do STF. Mas também pelo agravamento da crise econômica, que coloca no topo da agenda outros temas, como desemprego, renda, segurança alimentar. É a única maneira de entender a existência de um orçamento secreto, anticonstitucional, porém combatido brandamente na sociedade.

Em síntese, o movimento anticorrupção que levou milhões de pessoas às ruas vive hoje um refluxo. Nada indica que seguirá assim eternamente. No entanto, de nada adiantará reacendê-lo sem compreender, de um lado, suas limitações e, de outro, a extraordinária resiliência dos que defendem o *status quo*.

Fernando Gabeira

Apresentação

Ao se apropriar do discurso eleitoral contra o desvio de recursos públicos e os esquemas de corrupção que estarreciam a sociedade brasileira em 2018, o então deputado Jair Bolsonaro (PSL) fortaleceu sua campanha para a eleição presidencial daquele ano. As imagens de uma facada desferida por um suposto militante de esquerda e as cirurgias que se seguiram o transformaram em vítima e, a um só tempo, protagonista de um processo político que escapava de todas as previsões – exaurida, a maioria dos eleitores entendeu que era hora de mudar. Com uma postura pretensamente independente e discurso de extrema direita (contra o PT, vencedor das quatro eleições presidenciais anteriores), Bolsonaro consolidou-se perante o eleitorado. O ex-capitão do Exército e deputado federal por sete mandatos consecutivos foi o escolhido para definir novos rumos para o país e acabar com a parceria de políticos e empreiteiros que havia muito assaltava os cofres públicos sistematicamente e atravancava o desenvolvimento do Brasil.

A 25 dias da posse de Bolsonaro, a opinião pública tomou conhecimento da existência de Fabrício Queiroz, ex-policial militar do Rio de Janeiro. Ligado à família Bolsonaro, Queiroz comandara, no gabinete do deputado estadual Flávio Bolsonaro, filho primogênito de Jair, as "rachadinhas". Trata-se de um esquema por meio do qual políticos do chamado "baixo clero" (vereadores, deputados e até senadores sem maior poder de influência), incapazes de participar dos grandes "negócios" e das decisões da vida política, obtêm dinheiro e enriquecem por meio da apropriação dos salários de assessores nomeados em seus gabinetes e remunerados com dinheiro público.

"Rachadinha" também é corrupção. O caso Fabrício Queiroz revelou a face oculta do presidente eleito Jair Bolsonaro poucos dias antes de ele assumir o cargo, em 1º de janeiro de 2019.

O ex-juiz Sergio Moro também sofreu as consequências das revelações sobre as "rachadinhas". Renunciara à magistratura para se tornar o ministro da Justiça e Segurança Pública de Bolsonaro. Por isso deixara a Justiça Federal em Curitiba, sede da Operação Lava Jato – o maior conjunto de investigações da história do Brasil já deflagrado para desvendar crimes de corrupção. Segundo suas próprias palavras, Moro julgava que suas ações como ministro de Bolsonaro poderiam ampliar o combate ao crime organizado e enfrentar esquemas de desvio de dinheiro público. Ficaria pouco tempo no cargo. Pior: ao assumir uma função essencialmente política, na Esplanada dos Ministérios, fortaleceria os argumentos dos que afirmavam que ele havia contaminado processos da Lava Jato com um viés político, característico de um condenável ativismo judicial.

Independentemente de suas divergências com Jair Bolsonaro acerca dos rumos da Polícia Federal, os acontecimentos mostrariam a ingenuidade de Moro ao acreditar que, como ministro, conseguiria apoio de deputados e senadores para aprovar medidas contra o patrimonialismo que caracteriza boa parte da classe política brasileira. Conforme escancarou a própria Lava Jato, os políticos estão entre os principais beneficiários dos desvios que fazem sangrar as contas públicas. Votações no Congresso Nacional deixaram claro que a maioria dos parlamentares não apoia medidas de combate à corrupção. Além disso, o presidente da República precisa do apoio do Congresso para governar e, em alguns casos, até para sobreviver politicamente. Moro deveria ter pensado nisso antes de aceitar o cargo.

De sua parte, Jair Bolsonaro, encurralado por políticos do bloco parlamentar conhecido como Centrão e ferido pelas denúncias acerca das "rachadinhas", abaixou a cabeça ao *establishment* do Congresso, convertido, então, no principal "aliado" do presidente da República.

Voltemos um pouco no tempo. Luiz Inácio Lula da Silva (PT) exercia o cargo de mais alto mandatário do país quando explodiu o escândalo do mensalão, em 2005, um esquema de compra de apoio por meio de pagamentos ilegais para partidos e parlamentares. Conseguiu escapar do *impeachment* que, em determinado momento, parecia certo. Quase dez anos depois, em 2014, viria o petrolão – um conjunto impressionante de crimes de corrupção indicando que o mensalão não havia sido, como muitos supunham, um divisor de águas nas nossas práticas e costumes, já que não alterara a aliança entre políticos e empresários, fundada, muitas vezes, no desvio sistemático de recursos públicos.

Quem pagou um preço alto foi Dilma Rousseff (PT), afastada da Presidência da República por motivo menor: crimes econômicos, as chamadas "pedaladas fiscais". Muito pouco, na opinião deste repórter, para justificar a cassação do mandato de uma presidente da República, apesar da crise econômica e das manifestações populares que eclodiram em 2013. A inflação, o desemprego e a recessão minaram o apoio popular a Dilma, mas, no âmbito do Congresso, um dos fatores que pesaram contra ela foi o fato de a presidente não ter se posicionado vigorosamente contra as investigações da Lava Jato. Elas comprometiam parlamentares à direita, ao centro e à esquerda do espectro político. Dilma até poderia ter sido enquadrada em crime de responsabilidade por outras práticas, como não tomar providências efetivas para acabar com a corrupção na Petrobras. Por omissão ou por obstrução de justiça.

É razoável supor que Dilma não soubesse de todos os desvios atribuídos a Lula e ao ministro José Dirceu (PT), embora seja difícil acreditar que desconhecesse totalmente o esquema que sugava os cofres da Petrobras e o orçamento de ministérios, estatais e outros órgãos administrados pelo governo federal.

Ainda que Dilma não tenha embolsado dinheiro público, teria feito vista grossa enquanto outros se corrompiam. Prevaricou. Isso justificaria a sua cassação. Os crimes fiscais dos quais foi acusada, não. Afinal, faz muito tempo que os orçamentos públicos são tidos como peça de ficção no Brasil e o *impeachment* da presidente não foi acompanhado de uma campanha em defesa da responsabilidade fiscal. Aliás, jamais houve campanha alguma em defesa do equilíbrio fiscal. Tanto que os presidentes da República que a sucederam, os governadores de 26 estados e do Distrito Federal, além dos prefeitos de cerca de 5.600 municípios em todo o país, continuaram a perpetrar, cotidianamente, os mais diversos "dribles fiscais". Jair Bolsonaro é um evidente exemplo disso.

Para este repórter, um dos fatores que contribuíram para Dilma perder o mandato foi a insatisfação de Lula. A partir de determinado momento, o ex-presidente manifestou intensa contrariedade para com a sucessora, particularmente por ela, ao lado de seu ministro da Justiça, José Eduardo Cardozo (PT), não impedir os trabalhos da Lava Jato. De fato, Lula tinha motivos para se preocupar: acabaria ficando preso por um ano e meio, condenado no caso do tríplex do Guarujá, em São Paulo. E só sairia da prisão após uma inflexão polêmica do STF.

De certa forma, poderíamos até dizer que, embora Dilma tenha sido escolhida a dedo por Lula, o ex-presidente passou a se sentir mais confortável ao lado de Michel Temer (PMDB) a partir da evolução da Lava Jato. Como Lula repete até hoje, Dilma não soube fazer política. Já Temer era um político veterano, matreiro e versado em negociações sigilosas, para não dizer clandestinas. Dilma jamais sofreu acusações de enriquecimento ilícito. Temer, por sua vez, estava profundamente enfronhado no petrolão, assim como, veremos mais à frente, em outras suspeitas de desvio de dinheiro público. Ou seja, Lula teria motivos para acreditar que, uma vez na Presidência da República, Temer faria o necessário para interromper as investigações da Lava Jato.

Temer assumiu o poder, mas não brecou a Lava Jato. Aliás, a expectativa de que o chefe de Estado pudesse controlar diretamente os trabalhos da Justiça, da Polícia Federal, do Ministério Público e de outros órgãos de controle e fiscalização atestava que Lula, mesmo após dois mandatos como presidente, não compreendera os limites de atuação do ocupante do Palácio do Planalto. O Brasil não é uma republiqueta em que o "dono" do poder faz o que bem entende e sai ileso e impune. Ao menos, não deveria ser. Como democracia estabelecida, contamos com um sistema de justiça relativamente sólido e uma imprensa pronta a denunciar desvios dos governantes.

O tempo revelaria que, além de não dispor de força política para bloquear as investigações, Temer logo se meteria em uma encrenca séria. Em conversa gravada pelo empresário Joesley Batista, o presidente indicou um interlocutor para tratar de uma negociata envolvendo a Petrobras. A Polícia Federal filmou a entrega de R$ 500 mil vinculados ao esquema ilegal. Por esse e outros motivos, Temer deveria ter sido afastado do cargo para responder pelo crime de responsabilidade por corrupção. Mas, na época, o presidente da Câmara dos Deputados era o aliado Rodrigo Maia (DEM), que simplesmente engavetou todos os pedidos de *impeachment* contra o presidente da República. No caso de Dilma, o presidente da Câmara era um adversário, Eduardo Cunha (PMDB) – que se transformou em inimigo político.

Quando os escândalos envolvendo a pandemia provocada pela Covid-19 ameaçaram o mandato de Jair Bolsonaro, em 2020 e 2021, o presidente não teve dúvidas: jogou todo o peso do governo federal para colocar seu aliado Arthur Lira (PP) na presidência da Câmara. Agiu para impedir o *impeachment*. Na época do mensalão (2005), Lula também se aproximara do então presidente da Câmara, o deputado Severino Cavalcanti (PP). Assim, adotou medidas preventivas e manteve o poder.

O processo político culmina nas campanhas eleitorais. Estas deveriam girar em torno do debate de ideias e propostas visando à melhoria do país, e não se transformar em uma arena de corrida em que o importante é dispor de poder econômico para "construir" hegemonias. Ao longo das últimas duas décadas, recursos públicos desviados e doações ilegais comandaram a política brasileira. Mas, por sete anos, a Lava Jato demonstrou que era concebível investigar e punir desvios envolvendo personagens poderosos de todo o espectro político. Ao todo, promoveu 130 denúncias (contra 553 pessoas). Determinou 295 prisões e 174 réus sofreram condenações. Fez 140 acordos de colaboração e leniência e acenou com a recuperação de R$ 19,2 bilhões referentes a multas, devoluções, renúncias, acordos e delações.

Na prática, a Lava Jato terminou em 8 de março de 2021, após a decisão do ministro Edson Fachin, do STF, de anular condenações do ex-presidente Lula. Relator das investigações e um dos responsáveis pela condução da força-tarefa, Fachin se viu em minoria após a nomeação do ministro Kassio Nunes Marques, uma escolha do presidente Jair Bolsonaro para o STF. Não havia mais votos na Segunda Turma do Supremo para dar continuidade às investigações contra os desvios cometidos por políticos. Anuladas as condenações do tríplex no Guarujá e do Sítio Santa Bárbara, em Atibaia, São Paulo, Lula deixou de ser "ficha-suja" e recuperou o direito de disputar eleições. Para outros investigados, réus e condenados em processos de corrupção, surgiu, portanto, a expectativa de anulação de parte substancial dos julgamentos conduzidos pelo ex-juiz Sergio Moro.

A pá de cal viria em 23 de março de 2021. A Segunda Turma do STF decidiu que o juiz da Lava Jato havia sido parcial ao condenar Lula na ação do tríplex e, por isso, todas as decisões relacionadas ao caso foram anuladas. Em 28 de abril de 2022, o Comitê de Direitos Humanos da Organização das Nações Unidas (ONU), atendendo a um pedido dos advogados do ex-presidente, concordou que Sergio Moro havia atuado com parcialidade no julgamento de Lula. Corroborando os novos tempos, diversas investigações contra o ex-presidente acabaram arquivadas. E não só contra Lula.

Um dos casos mais representativos da inflexão do sistema de justiça, favorecendo réus em processos de corrupção, foi a "revisão" da ação contra o ex-presidente da Câmara, Eduardo Cunha. Denunciado em processo investigado pela Lava Jato, Cunha se beneficiou da decisão do STF de mandar à Justiça Eleitoral – que julga casos de baixo poder ofensivo

– o esquema de corrupção, lavagem de dinheiro, evasão de divisas e falsidade ideológica que envolvera a compra de um campo petrolífero pela Petrobras em Benin, na África. Cunha teria recebido propina em contas secretas na Suíça identificadas durante as investigações do escândalo do petrolão.

Enquanto durou, a Lava Jato colocou em xeque as práticas corruptas enraizadas na política brasileira. Além do PT, a legenda mais atingida, praticamente todos os demais partidos de porte tiveram políticos transformados em réus por fraudes, desvios, lavagem de dinheiro e associação criminosa. Estes 20 anos mancharam, entre outros, o PMDB, PSDB, PP, PTB, PL, DEM, PSD, PRB e PSB.

Jair Bolsonaro inovou. Visando garantir um Congresso que não o ameaçasse com *impeachment*, criou as "emendas extraordinárias" no âmbito do Ministério do Desenvolvimento Regional e destinou bilhões de reais a deputados e senadores aliados em 2020, 2021 e 2022. O mecanismo afrontava os princípios de impessoalidade, isonomia e transparência no trato da coisa pública. Só o governo federal sabia quais políticos haviam sido beneficiados com dinheiro, quanto fora direcionado a cada um e em que, afinal de contas, eles aplicariam o Orçamento da União. Os "extras" não permitiam a rastreabilidade das verbas públicas.

Parte da dinheirama acabou destinada à compra de tratores e máquinas pesadas com suspeitas de sobrepreço e corrupção. O primeiro resultado político das "emendas extraordinárias", apelidadas pelo jornal *O Estado de S. Paulo* de "orçamento secreto", foi a eleição do deputado Arthur Lira como presidente da Câmara. Dezenas de pedidos de *impeachment* morreram nas gavetas do político, um dos líderes do chamado Centrão, o bloco fisiológico que barganhou suporte a Jair Bolsonaro no Congresso. Arthur Lira, evidentemente, tornou-se um dos mais aquinhoados com o dinheiro do "orçamento secreto", também conhecido como "escândalo do tratoraço". A manipulação do Orçamento da União não parou por aí. Bolsonaro também pôs em prática as "transferências especiais", ou as "emendas cheque em branco", em favor de parlamentares aliados.

Com as atenções do país voltadas para a CPI da Covid no Senado, uma cortina de fumaça cobriu esse escândalo, o que, naquele momento, se mostrou conveniente para Jair Bolsonaro. Mesmo assim, como confirmará o leitor mais adiante, problemas graves eclodiriam com as suspeitas de corrupção no Ministério da Educação e em contratações de vacinas para combater a pandemia de Covid-19, principalmente no caso da vacina Covaxin.

Ao todo, 76 parlamentares são citados neste livro por terem sido investigados por suposto envolvimento com a prática de caixa dois, negociatas, desvios, subornos ou transações suspeitas.

Denunciados em diferentes instâncias da Justiça, os políticos se beneficiaram, em boa parte, da lentidão e da possibilidade de recursos, contestações, apelações e pedidos de vista sem fim que fazem com que a nossa Justiça seja aparentemente incapaz de punir os ricos e influentes, defendidos por experientes criminalistas. O mesmo não se pode dizer dos réus oriundos das classes mais pobres, que superlotam o nosso degradado sistema prisional.

Muitos – à direita, ao centro e à esquerda – acusaram setores do Ministério Público e da Justiça de criminalizar a atividade política pela forma como investigaram a corrupção na Petrobras e em órgãos públicos. Na avaliação deste repórter, as investigações não tinham o objetivo de criminalizar a política, e sim de salvaguardar um direito inalienável da população brasileira: os recursos públicos destinados ao desenvolvimento, que devem chegar com honestidade e eficiência ao seu destino. Parte do nosso sistema de justiça, entretanto, curvou-se ante os "donos" do poder. Misturou-se a eles. Com honrosas exceções, fracassamos nestes 20 anos. A corrupção seguiu dando as cartas no jogo da política. Manteve o país na condição de subdesenvolvido.

Foro privilegiado, Justiça Eleitoral ineficaz, lentidão processual, excesso de recursos meramente protelatórios e outros expedientes que levaram à impunidade de políticos, agentes públicos e empresários não fizeram desaparecer os graves crimes perpetrados contra o Brasil. Não por coincidência, somos um dos países mais desiguais do mundo – aqui poucos se apropriam da riqueza e muitos vivem na pobreza.

1. O caso Fabrício Queiroz

Investigações sobre "rachadinhas", "funcionários fantasmas" e transações imobiliárias suspeitas desnudam o clã chefiado por Jair Bolsonaro

Eleito para supostamente moralizar um país traumatizado pela corrupção, Jair Bolsonaro, então no PSL, assumiu a presidência em 1º de janeiro de 2019 com o incômodo de já ter que dar explicações. Um amigo seu de quase 40 anos de convívio, o ex-policial militar Fabrício José Carlos de Queiroz, estava nas manchetes dos jornais, acusado de ser o operador de um esquema de "rachadinhas" na Assembleia Legislativa do Estado do Rio de Janeiro (Alerj). Prática de embolsar parte do salário dos funcionários lotados nos gabinetes, as "rachadinhas" – conhecidas ainda como "rachid" ou "esquema dos gafanhotos" – eram habituais entre os parlamentares da Casa Legislativa, caso de Flávio Bolsonaro, filho mais velho do presidente e, à época, também filiado ao PSL. Flávio tinha apenas 3 anos de idade, em 1984, quando Queiroz e Jair se conheceram na Vila Militar do Exército e se tornaram amigos. Quase duas décadas depois, Queiroz seria o braço direito de Flávio na Alerj, em seus 16 anos consecutivos como deputado estadual.

O "caso Queiroz", como o imbróglio envolvendo o primogênito do presidente da República ficou conhecido na mídia, foi revelado no âmbito da Operação Lava Jato a partir das investigações de crimes atribuídos ao ex-governador do Rio de Janeiro Sérgio Cabral (PMDB) e de delações premiadas que vincularam deputados do estado a suspeitas de corrupção e lavagem de dinheiro. Foi o último desdobramento da Lava Jato com repercussão nacional. Jair Bolsonaro, porém, teve sorte. A investigação em torno de Queiroz começara em janeiro de 2018, mas permanecera sob sigilo. Assim, o caso tornou-se público somente no início de dezembro daquele ano, após o Ministério Público do Estado do Rio de Janeiro (MP-RJ) intimar o ex-PM, que não apareceu para depor. Àquela altura, Flávio já se elegera senador. E Jair Bolsonaro já era o presidente eleito, prestes a tomar posse como o mais alto mandatário do Brasil.

Na época, um relatório do Conselho de Controle de Atividades Financeiras (Coaf), órgão ligado ao Ministério da Fazenda, apontava movimentações recentes na conta bancária de Queiroz que somavam R$ 1,2 milhão, apenas entre janeiro de 2016 e janeiro de 2017. A situação começou a ganhar feições de crise no início do governo Bolsonaro, quando foram incluídas entre os suspeitos de participar das "rachadinhas" no antigo gabinete de Flávio não somente as duas filhas de Queiroz, Nathália Melo de Queiroz e Evelyn Melo de Queiroz, de seu primeiro casamento, como também a atual esposa do ex-PM, Márcia Oliveira de Aguiar. As três haviam sido nomeadas no gabinete. Cabeleireira, Márcia jamais foi buscar o crachá funcional que permite a entrada na Alerj. Era uma "funcionária fantasma", ou seja, era remunerada, mas não trabalhava na função pela qual recebia.

Nathália ainda figurou por quase dois anos entre os assessores de Jair Bolsonaro, que cumpriu sete mandatos como deputado federal. Ela foi exonerada do seu suposto cargo em 15 de outubro de 2018, a duas semanas do segundo turno das eleições presidenciais das quais Jair saiu vencedor. Na vida real, contudo, a filha de Queiroz trabalhava em uma academia no Rio de Janeiro como *personal trainer*. Outra "sem-crachá", a irmã, Evelyn, exercia o ofício de manicure e pedicure. Assim como a madrasta, Márcia, as duas eram igualmente "funcionárias fantasmas".

A quebra de sigilos bancário e fiscal da família Queiroz revelaria que Márcia recebera 268 salários na Alerj em dez anos (de 2007 a 2017). Ao todo, R$ 1,1 milhão. Desse valor, R$ 868 mil foram repassados ao marido. Por várias vezes ela transferiu a Queiroz, no mesmo dia do pagamento, até 100% da quantia depositada em sua conta-corrente. Em denúncia apresentada à Justiça, o MP-RJ apontou que "o cruzamento de dados entre os débitos na conta de Márcia Aguiar e os créditos na conta de Fabrício Queiroz possibilitou identificar ao menos 63 operações em que os valores sacados pela 'assessora fantasma' foram acolhidos na conta do operador da organização criminosa".

O MP-RJ ainda convocaria Queiroz nos dias 19 e 21 de dezembro de 2018, mas, como da primeira vez, ele não compareceu ao interrogatório, alegando problemas sérios de saúde. Internou-se no Hospital Albert Einstein, um dos mais caros do país, na capital paulista, para ser submetido a uma cirurgia de retirada de câncer no intestino. No dia 31, véspera da posse de Jair Bolsonaro, mais um escândalo. Uma das filhas de Queiroz filmou o pai dançando no quarto do hospital e o vídeo viralizou na internet, levantando especulações de que a cirurgia teria sido uma farsa. A alta médica viria em 8 de janeiro, quando o ex-PM pagaria, em espécie, R$ 133 mil de despesas hospitalares. Ato contínuo, ele informou às autoridades que permaneceria em tratamento por até seis meses, ao longo dos quais não se pronunciaria. Convocadas, sua mulher e as filhas também não se apresentaram para depor.

Chamado a dar explicações ao MP-RJ em 10 de janeiro, Flávio Bolsonaro não só não compareceu como, em seguida, solicitou ao STF a suspensão das investigações sobre Queiroz. Argumentou que, como seria diplomado senador no mês seguinte – foi o senador mais votado em 2018 no estado fluminense –, o caso deveria correr em foro especial, vale dizer, no próprio STF. De acordo com dados do Coaf, ao longo de cinco dias, entre junho e julho de 2017, 48 depósitos de R$ 2 mil haviam engordado a conta bancária do então deputado, totalizando R$ 96 mil. As transações, feitas com dinheiro oriundo da agência bancária instalada na Alerj, evidenciavam a possível devolução de salários de assessores para o parlamentar.

O depósito fracionado seria uma artimanha para os valores passarem despercebidos pelos órgãos de controle. Posteriormente, ao tentar explicar o montante, Flávio disse tratar-se de parte de um pagamento recebido pela venda de um apartamento. A transação teria envolvido permuta entre uma sala comercial e um apartamento, avaliado em R$ 1,5 milhão, além do pagamento de R$ 638 mil, que, segundo o procurador Sérgio Luiz Pinel, integrante da força-tarefa da Lava Jato no Rio de Janeiro, teria sido feito "por fora", por meio de dois depósitos em dinheiro vivo. Ao analisar a compra e a venda de outros três imóveis por Flávio, o MPF-RJ constataria haver, de fato, "fortes indícios" da prática de crime de lavagem de dinheiro.

Em sua análise, Sérgio Luiz Pinel registraria: "As circunstâncias em que as compras foram feitas sugerem que os registros do valor de compra foram subavaliados, com parte do valor sendo pago por fora, em típico *modus operandi* de quem pretende ocultar a proveniência ilícita dos recursos e os converter em ativos lícitos com uma valorização irreal dos bens comprados." Flávio ainda investiria R$ 9,4 milhões em 19 imóveis. Ao longo das investigações, verificou-se que vários negócios do gênero foram realizados pelo clã Bolsonaro, transações que, no entanto, serviriam apenas, ao que tudo indica, para dar origem legal a dinheiro ilícito proveniente do esquema das "rachadinhas".

Entretanto, ao se eleger senador, em 2018, Flávio declarou possuir apenas R$ 1,7 milhão em bens: um apartamento avaliado em R$ 917 mil na Barra da Tijuca; uma sala comercial avaliada em R$ 150 mil; 50% de uma loja de comercialização de chocolates (franquia da marca Kopenhagen); um veículo Volvo XC valendo R$ 66 mil; aplicações e investimentos num total de R$ 660 mil. Conforme o MP-RJ, havia "indícios de subfaturamento nas compras e superfaturamento nas vendas" nas transações imobiliárias de Flávio, ou seja, valores inferiores aos de mercado nas compras e superiores nas vendas. Além disso, ainda de acordo com o MP-RJ, o "constante uso de recursos em espécie nos pagamentos" impedia o rastreamento da origem do dinheiro. As suspeitas eram de que se tratava de valores fraudados, a fim de "simular ganhos de capital fictícios e encobrir o enriquecimento ilícito decorrente de desvios de recursos da Alerj". (*Essas operações estão detalhadas no Apêndice 2, p. 291.*)

O ex-capitão Adriano da Nóbrega e o acirramento da crise política
Comandante de milícia no Rio, o ex-PM participaria das "rachadinhas"

Em mais um capítulo da crise política decorrente de indícios de corrupção entre os familiares do presidente Jair Bolsonaro, viria a público, em 21 de janeiro de 2019, que Flávio Bolsonaro havia abrigado em seu gabinete de deputado estadual a mãe e a ex-mulher de Adriano Magalhães da Nóbrega, ex-capitão da Polícia Militar que estava foragido. Formado nos quadros de elite do Batalhão de Operações Policiais Especiais (Bope), Adriano fora expulso da PM em 2014, acusado de comandar a milícia de Rio das Pedras, na Zona Oeste do Rio de Janeiro. Entre outros crimes, os milicianos da região praticavam extorsão, grilagem de terras, exploração imobiliária ilegal e receptação de cargas roubadas. À frente do grupo de extermínio conhecido como Escritório do Crime, Adriano chegou a ser suspeito de ter executado a vereadora Marielle Franco (PSOL) e seu motorista, Anderson Gomes, em março de 2018, mas nada se comprovou contra o ex-PM.

A ex-mulher de Adriano, Danielle Mendonça da Costa Nóbrega, ocupou cargo no gabinete de Flávio por 11 anos, até novembro de 2018. Já a mãe do ex-capitão, dona Raimunda Veras Magalhães, esteve lotada por três anos e meio na Alerj, também até novembro de 2018. Juntas, as duas receberam R$ 1 milhão em salários e benefícios, mas nunca apareceram na Casa Legislativa para trabalhar. Do total, R$ 200 mil foram parar em conta de Queiroz, enquanto outros R$ 200 mil foram sacados em dinheiro. Na vida real, dona Raimunda era proprietária de pizzarias administradas por ela, as quais, mesmo modestas, teriam sido usadas para movimentar dinheiro desviado da Alerj.

As relações entre o miliciano Adriano e o clã Bolsonaro eram fortes e antigas. Em 2003, Flávio o homenageou com uma moção de louvor, sob a justificativa de que o ainda policial militar exercia sua função com dedicação. Em 2005, quando Adriano cumpria pena pelo assassinato de um guardador de carros que denunciara policiais militares por extorsão, o então deputado federal Jair Bolsonaro repudiou, da tribuna da Câmara, o resultado do julgamento, defendendo Adriano como "brilhante oficial". Flávio chegou a condecorá-lo na prisão com a Medalha Tiradentes, a maior honraria do Rio de Janeiro. Dois anos depois, em novo julgamento, Adriano foi absolvido. Em seguida, foi preso novamente, dessa vez acusado de cometer um atentado na guerra do jogo do bicho fluminense. Aliás, as nomeações de familiares de Adriano no gabinete teriam sido atos de solidariedade, conforme divulgado pela defesa de Fabrício Queiroz em nota para a imprensa, pois o policial, ao ser preso, deixara a família em situação precária.

Adriano e Queiroz também eram conhecidos de longa data. Atuaram juntos por seis meses no 18º Batalhão da PM, em Jacarepaguá, notório pela truculência de seus policiais e pela cobrança de propina de suspeitos. Ambos foram acusados de executar Anderson Rosa de Souza na favela Cidade de Deus, em 2003. Na época, os dois policiais alegaram ter atirado em legítima defesa. Queiroz era investigado, ainda, pelo homicídio, em 2002, de Gênesis Luiz da Silva, que teria se recusado a dar dinheiro para a realização de um baile na Cidade de Deus.

A suspeita de que Queiroz seria o operador das "rachadinhas" na Alerj a mando de Flávio ganhou consistência com o depoimento de Danielle. Corajosa, a ex-mulher de Adriano admitiu o esquema criminoso ao MP-RJ. Ao ser confrontado, Queiroz alegaria, mais tarde, que recolhia parte dos salários dos funcionários do gabinete em dinheiro vivo – com o consentimento deles – para usar os valores na contratação de mais assessores. Afirmou que montou esse esquema sem informar o então deputado. Protegeu-o. Mas o ex-PM não apresentou quaisquer provas que confirmassem as tais contratações.

No gabinete de Carlos Bolsonaro, suspeitas de "funcionários fantasmas"
Irmão de Flávio também empregaria assessores para embolsar dinheiro

Segundo filho do presidente Jair Bolsonaro, o vereador Carlos Bolsonaro (Republicanos) foi eleito em 2020 para o seu sexto mandato consecutivo na Câmara Municipal do Rio de Janeiro, para a qual entrou com 17 anos em 2001, quando se tornou o vereador mais jovem da história do Brasil. Os irmãos Flávio, Carlos e, ainda, Eduardo Bolsonaro (PL), deputado federal eleito por São Paulo em 2014 e reeleito em 2018, são filhos da ex-vereadora Rogéria Nantes Nunes Braga, com quem Jair foi casado por quase 20 anos. Com seus três filhos políticos, Jair Bolsonaro conseguiu estabelecer um intercâmbio incessante de colaboradores e conveniências.

Carlos, por exemplo, empregou em seu gabinete Márcio da Silva Gerbatim, ex-marido de Márcia, atual mulher de Fabrício Queiroz. Como Queiroz, Márcio integrou a Brigada de Infantaria Paraquedista do Exército. Márcio e Márcia são os pais de Evelyn Mayara de Aguiar Gerbatim, enteada de Queiroz, que, por coincidência, também tem uma filha de nome Evelyn. Lotado como motorista do vereador por dois anos, Márcio de repente tornou-se assessor de Flávio na Alerj. No mesmo dia, Carlos empregou na Câmara Municipal Claudionor Gerbatim de Lima, um sobrinho de Márcia que fora exonerado do gabinete de Flávio. De acordo com a Câmara Municipal, nem Márcio nem Claudionor solicitaram a emissão de crachás funcionais, tampouco se registraram na entrada da Casa como visitantes. Eram "funcionários fantasmas".

Evelyn Gerbatim também ganhou um cargo de assessora no gabinete de Flávio. Em entrevista ao jornal *O Globo*, porém, Márcio, pai da jovem, disse desconhecer que a filha fosse funcionária de Flávio e informou que ela cursava faculdade e trabalhava numa farmácia. Era outra "fantasma". O MP-RJ investigou 11 "funcionários" nomeados pelo vereador Carlos Bolsonaro. Desde 2001, o grupo recebeu salários e benefícios que somavam R$ 7 milhões. O militar da reserva Edir Barbosa Góes, por exemplo, recebeu quase R$ 1,5 milhão em 11 anos. Seu último salário informado pela Câmara Municipal, em maio de 2019, era de R$ 17 mil. O trabalho de Edir Barbosa Góes era distribuir panfletos na Zona Oeste do Rio de Janeiro.

Em entrevista concedida em 12 de maio de 2019 ao jornal *O Estado de S. Paulo*, o já senador Flávio Bolsonaro negou ter sido beneficiado por "rachadinhas". A repórter Renata Agostini perguntou-lhe onde estava seu assessor Fabrício Queiroz, que era chamado a depor e não aparecia.

– Como é que vou saber? – rebateu Flávio. – Ele tem um CPF e eu tenho outro. A última vez que falei com Queiroz foi quando, após a cirurgia do câncer, liguei para saber se estava tudo bem. E nunca mais falei com ele. Não sei onde está, não tenho informação.

A resposta do senador viraria anedota nas redes sociais, que por muito tempo ecoariam a pergunta da repórter por meio do bordão "Onde está Queiroz?". No dia seguinte à publicação da entrevista, a Justiça do Rio de Janeiro autorizou a quebra dos sigilos bancário e fiscal de Flávio e de Queiroz. As contas bancárias de 88 ex-assessores de gabinete, da mulher do senador, a dentista Fernanda Bolsonaro, e da empresa do casal, a Bolsotini Chocolates e Café, sediada no Shopping Via Parque, na Barra da Tijuca, seriam vasculhadas retroativamente de 2007 a 2018, período em que Flávio cumpriu três de seus quatro mandatos como deputado estadual.

Em 16 de maio de 2019, o jornal *Folha de S. Paulo* divulgou o nome de ex-funcionários de Flávio que também haviam sido nomeados no gabinete do deputado federal Jair Bolsonaro, gerando novo escândalo. Uma dessas funcionárias era Nathália, a filha de Queiroz, que transferia para o pai 65% da remuneração que recebia mensalmente do deputado. Outros três "funcionários" de Jair sacaram em dinheiro vivo, em média, 72% dos respectivos salários, caso de Daniel Medeiros da Silva, Jaci dos Santos e Nelson Alves Rabello. Este último, que serviu com Jair no Exército, ficou lotado na Câmara entre 2005 e 2011, depois passou pelo gabinete de Carlos, no Rio de Janeiro, e, posteriormente, voltou para o de Jair, entre 2017 e 2018.

Outro "funcionário" de Jair Bolsonaro na Câmara dos Deputados denunciado pela *Folha* era Fernando Nascimento Pessoa, que atuou em seu gabinete de 2009 a 2014 e sacou, em dinheiro vivo, 77% do que recebeu. Em março de 2021, Fernando estava entre os assessores nomeados por Flávio no Senado, com um salário de R$ 22.900. No total, 28 assessores que exerceram cargos no gabinete de Jair trabalharam com algum de seus três filhos políticos. Mesmo empossados em três casas legislativas distintas – Flávio, na

Assembleia Legislativa fluminense; Carlos, na Câmara Municipal carioca; e Eduardo, na Câmara dos Deputados, em Brasília –, Jair Bolsonaro conseguia manobrar seu time em proveito do clã: 12 de seus assessores serviram também a Eduardo; outros 11 foram nomeados por Carlos; e oito cedidos a Flávio.

Mãe do quarto filho de Jair Bolsonaro também se beneficiava das "rachadinhas"
Além de Ana Cristina Siqueira Valle, nove parentes eram suspeitos no esquema

A segunda mulher de Jair Bolsonaro, a advogada Ana Cristina Siqueira Valle, também fazia parte do esquema das "rachadinhas". Mãe de Jair Renan Bolsonaro, o quarto filho do presidente, Ana Cristina separou-se de Jair em 2007. Entre 2001 e 2008, ela esteve lotada como chefe de gabinete do enteado, o vereador Carlos Bolsonaro, tendo recebido na Câmara Municipal R$ 670 mil em salários e benefícios.

Em 18 de dezembro de 2019, o MP-RJ realizou uma operação de busca e apreensão em endereços ligados a nove parentes de Ana Cristina, suspeitos de participarem do esquema. Havia várias outras justificativas para deflagrar a operação. Entre 2007 e 2018, Queiroz recebera R$ 2 milhões por meio de 483 transferências e depósitos realizados, em sua maioria com dinheiro vivo, por 13 assessores de Flávio. Ao todo, a quebra do sigilo bancário de Queiroz mostraria R$ 6,2 milhões de créditos em sua conta nesses

11 anos, mas apenas R$ 1,6 milhão em salários e benefícios recebidos como assessor de Flávio na Alerj. E havia mais R$ 900 mil em créditos suspeitos, sem identificação da origem dos depósitos.

Entre os nove parentes de Ana Cristina, três também haviam sido nomeados no gabinete de Jair: o pai de Ana Cristina, o vendedor aposentado José Procópio Valle; a irmã de Ana Cristina, a fisiculturista Andrea Siqueira Valle; e uma prima, Juliana Vargas. Todos tiveram suas casas revistadas. Ao longo da operação, a porta da loja de chocolates de Flávio foi arrombada pela polícia. Extratos bancários da quebra de sigilo da empresa indicaram o recebimento de 1.512 depósitos em dinheiro entre março de 2015 e dezembro de 2018. Foram sucessivas operações com valores fracionados: 63 depósitos de R$ 1,5 mil; outros 63 de R$ 2 mil; e 74 de R$ 3 mil. Em 12 datas, foram feitos vários depósitos de R$ 3 mil no mesmo dia: em 28 de novembro de 2016, foram 7 depósitos (R$ 21 mil); em 18 de dezembro de 2017, dez depósitos (R$ 30 mil); em 25 de outubro de 2018, 11 depósitos (R$ 33 mil).

Segundo o MP-RJ, havia coincidência entre os depósitos em dinheiro e o período em que Queiroz arrecadava parte dos salários desviados de assessores da Alerj. Ainda para o MP, Flávio Bolsonaro usava a loja como "conta de passagem". Ali ele teria lavado dinheiro oriundo do esquema das "rachadinhas" montado em seu gabinete. Tudo teria virado lucro e enriquecido o deputado-empresário.

Em áudio, o comentário de Fabrício Queiroz sobre o afastamento de "fantasma"
Jair Bolsonaro determinara uma exoneração no gabinete do filho Carlos

Em viagem aos Emirados Árabes, em 28 de outubro de 2019, o presidente Jair Bolsonaro foi abordado por repórteres a respeito de gravações divulgadas pela imprensa no Brasil que traziam um diálogo entre Fabrício Queiroz e um interlocutor não identificado. No áudio, Queiroz mencionava uma conversa mantida anteriormente por ele com o presidente sobre a demissão de Cileide Barbosa Mendes, suspeita de ser "fantasma" do gabinete de Carlos. Cileide trabalhava como doméstica na casa de Ana Cristina, ex-mulher de Bolsonaro. Foi nomeada para o gabinete de Carlos em 2001, após a primeira eleição dele como vereador. Ficou no cargo por cerca de 18 anos, até 2019. O salário da "assessora": R$ 7.483. O presidente teria interferido diretamente no afastamento da "funcionária".

Dizia Queiroz ao interlocutor não identificado:

– Na época, o Jair falou pra mim que ele ia exonerar a Cileide porque a reportagem estava direto lá na rua e pra não vincular ela ao gabinete. Aí ele falou: "Vou ter que exonerar ela mesmo." Ele exonerou e depois não arrumou nada pra ela, não? Ela continua na casa lá em Bento Ribeiro?

Questionado pelos repórteres em sua viagem, o comentário feito pelo presidente foi curto e evasivo:

– Gostaria de saber primeiro se é verdade o áudio. Se for verdade, estou curioso para saber quem é o amigo do Queiroz, só isso. Acho que "amigo da onça" é pouco para ele.

As "rachadinhas" continuariam a assombrar o clã Bolsonaro de todas as formas possíveis. Extratos bancários de Fabrício Queiroz obtidos pela revista *Crusoé* e divulgados em 7 de agosto de 2020 revelaram que ele depositara 21 cheques na conta bancária de Michelle de Paula Firmo Reinaldo Bolsonaro, terceira mulher de Jair Bolsonaro, com quem ele se casou em 2007 e tem uma filha.

Foram três cheques de R$ 3 mil em 2011 (R$ 9 mil); seis cheques de R$ 3 mil em 2012 (R$ 18 mil); três cheques de R$ 3 mil em 2013 (R$ 9 mil); e nove cheques de R$ 4 mil em 2016 (R$ 36 mil). Além disso, Márcia, mulher de Queiroz, depositou outros seis cheques na conta da primeira-dama, totalizando R$ 17 mil: cinco no valor de R$ 3 mil e um de R$ 2 mil. Ao todo, o casal injetou R$ 89 mil na conta bancária da esposa do presidente da República.

Questionado sobre o assunto por um repórter do jornal *O Globo*, o presidente respondeu:

– Minha vontade é encher tua boca na porrada.

A prisão de Fabrício Queiroz, acusado de atrapalhar as investigações
O ex-assessor estava escondido na casa do advogado Frederick Wassef

A prisão preventiva de Fabrício Queiroz ocorreu em 18 de junho de 2020. Foragido, ele estava escondido em Atibaia, no interior de São Paulo, na casa do advogado Frederick Wassef, que defendia Flávio Bolsonaro no caso das "rachadinhas". "Anjo", como fora apelidado, Wassef era amigo e conselheiro do presidente Jair Bolsonaro, além de seu advogado.

Queiroz foi levado para o Complexo Penitenciário de Gericinó, na Zona Oeste do Rio de Janeiro, mas, três semanas depois, em 9 de julho, foi autorizado pelo Superior Tribunal de Justiça (STJ) a cumprir prisão domiciliar com tornozeleira eletrônica. No dia seguinte, sua mulher, Márcia, que estava foragida, apresentou-se para cumprir pena domiciliar junto com o marido. A prisão havia sido pedida pelo MP-RJ porque os investigadores entenderam que Queiroz agia para ocultar a existência de "funcionários fantasmas" nos mandatos de Flávio, atrapalhando as investigações sobre as "rachadinhas".

A prisão domiciliar de Queiroz e de sua mulher foi revogada, e o Tribunal de Justiça emitiu novos mandados de prisão para os dois. Mas o ministro Gilmar Mendes, do STF, concedeu *habeas corpus*. Graças à decisão no âmbito do STF, o casal ficou em casa.

Em reunião familiar, a oferta para parentes virarem "fantasmas"
Não precisava trabalhar, apenas devolver 90% dos salários ao esquema

Em 5 de julho de 2021, a menos de um ano e meio do final de seu mandato como presidente da República, Jair Bolsonaro foi fustigado por novas revelações e acusações que o vinculavam diretamente às "rachadinhas". Dessa vez, a repórter

Juliana Dal Piva, do site UOL, divulgou conversas de Andrea Siqueira Valle, irmã de Ana Cristina, com uma pessoa não identificada. As gravações obtidas pela jornalista referiam-se ao tempo em que Jair era deputado federal. Na conversa, Andrea tratava do caso do irmão caçula, André Siqueira Valle, nomeado no gabinete de Jair. Ele teria sido demitido por não concordar com o confisco da maior parte do salário que recebia no gabinete.

– Tinha que devolver R$ 6 mil, ele devolvia R$ 2 mil, R$ 3 mil – relata Andrea no áudio. – Foi um tempão assim, até que o Jair pegou e falou: "Chega. Pode tirar ele porque ele nunca me devolve o dinheiro certo."

Em outro trecho da gravação, Andrea cita o período de dez anos (2008-2018) em que atuou como "assessora" de Flávio na Alerj. Cita também o tio, o coronel da reserva Guilherme dos Santos Hudson, um colega de Jair na Academia Militar das Agulhas Negras nos anos 1970. Outro "funcionário fantasma", Guilherme de Siqueira Hudson, filho do coronel, recebeu R$ 1,5 milhão ao longo de uma década no gabinete de Carlos Bolsonaro.

Chamado a depor, o filho, o estudante Guilherme, informou não dispor de quaisquer documentos sobre suas atividades no Legislativo carioca, embora ocupasse o cargo de chefe de gabinete de Carlos – o mais alto entre os assessores. Também a mãe do estudante, Ana Maria Hudson, mulher do coronel, foi nomeada pelo vereador, com salários e benefícios que atingiram R$ 117 mil em mais de um ano. Ana Maria também "trabalhou" para Flávio Bolsonaro por 13 anos. O coronel Hudson recolhia, segundo afirmou Andrea na gravação, R$ 7 mil todos os meses, a maior parte do salário dela, acompanhando-a ao banco na hora de sacar o dinheiro.

Andrea exerceu "cargos fantasmas" para o clã Bolsonaro durante 20 anos. Por oito anos (1998-2006) atuou diretamente com Jair Bolsonaro, embora jamais tenha morado em Brasília. Depois, por dois anos (2006-2008), foi deslocada para o gabinete de Carlos. Por último, colocaram-na como "fantasma" de Flávio por dez anos (2008-2018), na Alerj. Seu último salário foi de R$ 7.326. Quando Jair e Ana Cristina passaram a viver juntos, em 1998, relata Andrea, Ana Cristina teria perguntado aos parentes em uma reunião familiar se eles gostariam de ser nomeados no gabinete do marido. Explicou que bastava fornecer o CPF. Não seria preciso trabalhar, apenas distribuir panfletos nas campanhas eleitorais, a cada dois anos. E o mais importante: ficava combinada a devolução ao deputado, todos os meses, de 90% do salário.

A ex-mulher de Jair protagonizaria ainda uma história envolvendo uma mansão no Lago Sul avaliada em R$ 3,2 milhões. Com 800 metros quadrados de área construída num terreno de 1.200 metros quadrados, quatro suítes, quatro salas, escada de mármore, amplo terraço e piscina, o casarão teria sido "alugado" por Ana Cristina e Jair Renan em junho de 2021. O suposto dono, Geraldo Antônio Machado, um corretor que morava em uma casa simples nos arredores do Distrito Federal, teria comprado o imóvel duas semanas antes de "alugá-lo" aos familiares do presidente Jair Bolsonaro.

Procurado por repórteres do site UOL e da revista *Veja*, Machado negou ser "laranja" e se recusou a falar sobre o valor do "aluguel". Segundo ele, o crédito de R$ 2,3 milhões para comprar a mansão fora obtido no Banco de Brasília (BRB). Também procurada pela imprensa, Ana Cristina não quis falar sobre o assunto, mas acabou admitindo que alugara a mansão por R$ 8 mil – na época, seu salário líquido como assessora da deputada Celina Leão (PP) era de R$ 6,2 mil. Imóveis naquela área e nos moldes do escolhido pela ex-mulher do presidente Jair Bolsonaro costumavam ser alugados por cerca de R$ 15 mil em 2021.

Ex-empregado de Ana Cristina, Marcelo Luiz Nogueira dos Santos deu declarações comprometedoras a respeito do assunto. Disse que Ana Cristina comprara o imóvel após amealhar R$ 5 milhões dos salários de "funcionários fantasmas" e de "laranjas" dos gabinetes de Flávio e Carlos. E que um "contrato de gaveta" simulara o aluguel com o antigo proprietário da mansão, a fim de driblar um escândalo. Marcelo Luiz chegou a exercer um cargo político no gabinete de Flávio. Mas, com a separação de Jair e Ana Cristina, passou a prestar serviços na casa dela em Resende, no interior do Rio de Janeiro. Acompanhou-a em uma viagem à Noruega. Mantinha boa relação com Jair Renan. Ele calcula que devolveu 80% do dinheiro recebido a Ana Cristina em quase cinco anos: cerca de R$ 340 mil. Foi a sua "contribuição" para o esquema das "rachadinhas".

– Se não aceitasse, não teria o emprego – disse Marcelo Luiz à imprensa.

O MP-RJ investigava, ainda, dois depósitos suspeitos na conta bancária de Ana Cristina, ambos feitos por ela em 2011: R$ 191 mil em março; e R$ 341 mil em julho. O alvo dos promotores eram quatro empresas que teriam sido usadas para ocultar dinheiro desviado das legislaturas. Chamou a atenção dos investigadores os saques em dinheiro vivo efetuados em uma delas, a Valle Ana Consultoria e Serviços de Seguro, de Ana Cristina. Mais de R$ 1 milhão. O jornal *O Globo* reportou a história: houve 1.185 saques fragmentados na empresa, com valor médio de R$ 1 mil, entre 2008 e 2014.

A diferença entre os salários dos "assessores" e o padrão de vida que os parlamentares do clã Bolsonaro levavam deixava poucas dúvidas. Juciara da Conceição Raimundo, por exemplo, recebeu por mais de 11 anos um salário médio de R$ 8 mil na Câmara Municipal do Rio de Janeiro, mas morava no bairro popular de Cordovil, na Zona Norte, numa casa em que também funcionava uma oficina mecânica. Para o MP-RJ, o vereador Carlos Bolsonaro comandava a organização criminosa desde 2001, caracterizada pela permanência do esquema ao longo dos anos e pela estabilidade de seu *modus operandi*.

Ministro do STJ, João Otávio de Noronha suspendeu o caso das "rachadinhas" no gabinete de Flávio em 24 de agosto de 2021. Apesar das provas robustas do esquema, a Quinta Turma do STJ confirmou a decisão de Noronha e anulou todas as decisões da Justiça do Rio de Janeiro sobre os crimes supostamente cometidos pelo primogênito de Jair Bolsonaro. Conforme o entendimento da Corte, Flávio não poderia ser julgado pelo juiz Flávio Itabaiana, da primeira instância, pois, como senador, gozava de foro privilegiado.

Em 30 de novembro de 2021, três ministros do STF – Gilmar Mendes, Ricardo Lewandowski e Kassio Nunes Marques – endossaram a decisão de Noronha. Ao manterem a anulação das provas do inquérito das "rachadinhas", livraram Flávio do cometimento de crimes de corrupção. Votou de forma discordante o ministro Edson Fachin, para quem o Tribunal de Justiça do Rio de Janeiro violara o entendimento do STF segundo o qual foro privilegiado só se aplica a crimes praticados no exercício do cargo – no caso, o mandato de deputado estadual de Flávio – e em razão do cargo. O argumento de Fachin foi o de que as práticas de "rachadinha" e lavagem de dinheiro não tinham relação com o exercício do mandato.

Na esteira das decisões do STJ e do STF, Fabrício Queiroz transformou-se em "celebridade". Como uma desforra dos tempos que passou escondido na casa do advogado Frederick Wassef e do período de prisão preventiva amargado no Rio, o final de 2021 trouxe uma espécie de glória ao ex-PM. Agora, Queiroz comemorava a vida nas manifestações públicas em defesa de Jair Bolsonaro, em festas e churrascos. Tietado nas ruas, fotografado e filmado nas redes sociais, lá estava Queiroz, com registros de fartos sorrisos na academia e no clube de tiro. Reunido em família ou com os amigos. De bem com todos. Tornou-se símbolo da desfaçatez, ícone da era Jair Bolsonaro.

Em 27 de outubro de 2021, o presidente interrompeu bruscamente uma entrevista que concedia à TV Jovem Pan quando lhe perguntaram se os responsáveis pela prática de "rachadinhas" teriam que ir para a cadeia. Ele se levantou da cadeira e foi embora. Não respondeu. Deixou os entrevistadores falando sozinhos.

2. O ESCÂNDALO DO MENSALÃO

Chefe de governo e líder inconteste do PT, Lula consegue contornar as denúncias e evitar o *impeachment*

Cenas pouco comuns irromperam no enfadonho noticiário de 14 de maio de 2005. As imagens mostravam Maurício Marinho, funcionário de terceiro escalão da Empresa Brasileira de Correios e Telégrafos (ECT), em seu gabinete de trabalho, em Brasília, pegando um maço de R$ 3 mil e guardando-o no bolso do paletó. A quantia não era alta, mas o vídeo atestava com clareza o servidor público embolsando propina. Chocou. Os telejornais repetiram as cenas – escancararam o flagrante de corrupção. No vídeo, Marinho conversava com dois empresários. Ele não sabia que estava sendo filmado e detalhava como se fechavam contratos nos Correios em troca de dinheiro "por fora":

– Dólares, euros... tem esquema de entrega em hotéis. Se for em reais, tem gente que faz ordem de pagamento, abre conta.

Naquele primeiro mandato do presidente Luiz Inácio Lula da Silva, cabia ao PTB um naco dos Correios, além de outros cargos e posições importantes na administração do país. Em contrapartida, o partido emprestava apoio ao governo federal e concedia votos de interesse do Executivo no Congresso Nacional. Líder máximo do PT, Lula percebeu como aquelas cenas eram graves e, três dias depois de sua ampla exibição nas TVs, estendeu a mão ao deputado Roberto Jefferson, presidente do PTB, sigla que havia indicado Maurício Marinho para o cargo. Em um almoço com aliados, segundo relatos publicados na imprensa, o presidente declarou publicamente:

– Precisamos ter solidariedade com os parceiros, não se pode condenar ninguém por antecipação.

E explicitou a sua solidariedade:

– Essa é a hora em que Roberto Jefferson vai saber quem é amigo dele e quem não é.

Eleito presidente da República em 2002 e reeleito em 2006, Lula governaria por oito anos seguidos. O loteamento dos Correios foi posto em prática logo no início do primeiro mandato: o PTB ficou com uma diretoria; o PT, com duas; e o PMDB, com três, além de indicar o presidente da estatal, o então ex-deputado João Henrique de Almeida. Lula trabalhou contra a criação de uma Comissão Parlamentar de Inquérito (CPI) para investigar a corrupção na estatal. Como de praxe no Brasil em tempos de crise política, ofereceu emendas parlamentares a quem votasse contra a abertura da Comissão. Mas havia um problema: a imprensa. Jornalistas insistiam em questionar Jefferson. Acossado pela denúncia, o presidente do PTB exigia mais solidariedade do governo federal. Em 2004, Lula já tinha dado um aval a Jefferson, quando circulou a informação de que o PT comprara, por R$ 10 milhões, o apoio do PTB nas eleições municipais daquele ano. Na ocasião, conforme relataria o próprio Jefferson à coluna Painel do jornal *Folha de S. Paulo*, o presidente afirmou:

– Você atravessou o oceano sozinho. Eu te daria um cheque em branco e dormiria tranquilo.

Obter apoio no Congresso por meio de oferta de cargos, emendas, favores e outras medidas "fisiológicas" – o que ficaria conhecido como "presidencialismo de coalizão", segundo definição do cientista político Sérgio Abranches – era, havia décadas, uma realidade na política brasileira. Mas na era Lula, inicialmente sob o comando do ministro da Casa Civil, José Dirceu (PT), essas práticas foram sistematizadas e alcançaram dimensões inéditas. A troca de votos de parlamentares por dinheiro desviado de contratos públicos tornou-se quase uma política de Estado.

O primeiro caso com repercussão nacional ocorreu ainda em 2004 e foi protagonizado por Waldomiro Diniz, um assessor da Casa Civil. Waldomiro cuidava justamente da relação do governo federal com o Congresso – sustentada, descobriu-se mais tarde, à base de pagamentos de "mesadas". Ele ficou comprometido após a divulgação de um vídeo gravado em 2002, no tempo em que exercia o cargo de presidente da Loteria do Estado do Rio de Janeiro (Loterj), no governo de Benedita da Silva (PT). Na fita, o assessor aparecia pedindo propina ao empresário do jogo Carlos Augusto Ramos, o Carlinhos Cachoeira. Waldomiro foi afastado da Casa Civil e uma CPI foi instaurada para apurar o envolvimento do empresário com irregularidades. Chamado a depor naquela que ficou conhecida como CPI dos Bingos, Carlinhos Cachoeira declarou:

– Em todas as conversas, no final era pedido propina. O Waldomiro dizia: "Quero 1% do contrato bruto." Ele sempre pedia dinheiro para campanha. Hoje, tenho certeza de que esse dinheiro ficava com ele.

Na entrevista de Roberto Jefferson, as "mesadas" do PT a parlamentares
Presidente do PTB, o deputado relatou o problema duas vezes a Lula

Irritado com o que considerava uma falta de cobertura do PT para protegê-lo no caso do escândalo nos Correios, Roberto Jefferson concedeu uma entrevista bombástica à *Folha de S. Paulo* que foi publicada em 6 de junho de 2005. Ao jornal, Jefferson denunciou a prática do governo do PT de oferecer "mesadas" a congressistas em troca de apoio político. A manchete da primeira página expunha a crise: "PT dava mesada de R$ 30 mil a parlamentares, diz Jefferson." Logo apelidado de "escândalo do mensalão", este seria o maior caso de corrupção política de todos os tempos no Brasil – ao menos até aquele momento.

A gravidade da denúncia vinha do fato de Jefferson ter alertado Lula – em 5 de janeiro e em 23 de março daquele ano – da existência dessas "mesadas" no Parlamento. Ministros e políticos testemunharam tais conversas entre ambos. Conforme Jefferson relatou ao jornal, as "mesadas" vinham sendo pagas como suborno a deputados pelo tesoureiro do PT, Delúbio Soares.

– Presidente, o Delúbio vai botar uma dinamite na sua cadeira. Ele continua dando mensalão aos deputados – teria dito Jefferson a Lula.

A reação de Lula, relatada pelo presidente do PTB, foi de surpresa:

– Que mensalão?

Ainda de acordo com Jefferson na entrevista dada à *Folha*, num primeiro momento a distribuição do mensalão foi suspensa, o que ele atribuiu a uma iniciativa de Lula. Mas logo a seguir, segundo Jefferson, os pagamentos foram retomados por conta de reclamações e pressões de políticos da base aliada. No final, pouco importa se o presidente da República mentiu ao dizer que não sabia da existência do mensalão, tampouco se ele mesmo determinou a suspensão temporária dos pagamentos quando começou a receber alertas de aliados. As responsabilidades inerentes ao cargo e as normas legais exigiam que Lula mandasse averiguar o caso. O que não aconteceu.

O ministro das Relações Institucionais, Aldo Rebelo (PCdoB), foi escalado pelo Palácio do Planalto para dar explicações à imprensa sobre as acusações de Jefferson. Rebelo ficou nervoso diante dos jornalistas. Afinal, ele tinha testemunhado os relatos do presidente do PTB ao presidente da República. Assim, admitiu ter sido um dos participantes da reunião de 23 de março, mas defendeu a tese de que a denúncia envolvia apenas o PT e outros partidos, não o governo federal propriamente dito. A questão era que o PT era o partido de Lula, líder incontestável da agremiação e presidente do país. E os outros partidos envolvidos eram justamente os que sustentavam politicamente o governo dele.

O líder do governo no Senado, Aloizio Mercadante (PT), também deu explicações à mídia sobre a tal reunião. Mencionou o líder do governo na Câmara, o deputado Arlindo Chinaglia (PT):

– Nenhum dos presentes tratou aquilo como denúncia, nem discutiu o assunto na reunião. Depois, Lula chamou Aldo e Chinaglia e perguntou se havia comentários sobre isso na Câmara. Não houve denúncia, apenas o relato do boato.

Em resumo: de acordo com Mercadante, Lula, cujo governo se beneficiava de uma maioria no Congresso construída por meio de acordos fisiológicos, não tomou providências após a denúncia dos pagamentos de "mesadas" porque o assunto não havia gerado "comentários" no meio político. A postura omissa do presidente em relação ao tema já havia ficado patente em outro episódio ocorrido em 2004, envolvendo o deputado Miro Teixeira, à época no PT fluminense. Recém-nomeado líder do governo na Câmara, Miro sofria pressão de políticos pelo pagamento de "mesadas" atrasadas. Procuraram-no o presidente do PL, Valdemar Costa Neto, e os deputados Sandro Mabel (PL) e Pedro Henry (PP). Reivindicavam repasses ilegais já acertados em troca de apoio político.

Miro já havia conversado reservadamente com Lula em 25 de fevereiro daquele ano, informando-o da existência do esquema das "mesadas". Lula mostrou-se surpreso. Disse que jamais ouvira falar naquilo e prometeu conversar com o ministro José Dirceu para apurar a denúncia. Mais de um mês se passou sem quaisquer explicações a Miro. O tempo confirmaria que Lula não determinara a abertura de investigações sobre as operações de suborno. Miro então renunciou ao cargo de líder do governo.

O citado deputado Valdemar Costa Neto já havia sido personagem da novela envolvendo a escolha, em junho de 2002, do vice de Lula. Na ocasião – conforme declararia à revista *Época* de 15 de agosto de 2005 –, um elenco de políticos reuniu-se em Brasília, no apartamento do deputado Paulo Rocha (PT), não com a finalidade de promover um debate em torno de ideias ou propostas em benefício do país. Nada a ver com a discussão de um programa de governo. Buscou-se ali somente "um número". O PL exigia dinheiro para concordar com a indicação do empresário José Alencar, filiado ao partido, como companheiro de chapa de Lula.

Os atores envolvidos naquilo que o então procurador-geral da República, Antonio Fernando de Souza, chamaria de "acordo criminoso" na conclusão do inquérito da PGR sobre o mensalão eram Lula, José Alencar, José Dirceu e Delúbio Soares, além do próprio Valdemar. A certa altura da reunião, Lula teria dito:

– Vamos sair porque esta conversa é entre partidos, não entre candidatos.

Lula e José Alencar acomodaram-se na sala, enquanto Dirceu, Delúbio e Valdemar ocuparam um dos quartos do apartamento. Uma hora de conversa depois, José Alencar entrou no cômodo e perguntou:

– E aí, já resolveram?

Valdemar insistia em R$ 15 milhões, a turma do PT ameaçava ir embora. Assim Valdemar relembraria a situação para a reportagem publicada na revista:

– Daí chamei o Zé Dirceu de volta para o quarto. O Zé Alencar veio junto. Falei: "Vamos acertar em R$ 10 milhões." Voltamos para a sala e avisamos: "Está fechado."

O dinheiro chegava à sede do partido em malas de viagem
Segundo Roberto Jefferson, o empresário
Marcos Valério levava a soma

Em 12 de junho de 2005, nova entrevista-bomba de Roberto Jefferson na *Folha de S. Paulo*. Dessa vez, ele revelaria à repórter Renata Lo Prete a existência de um personagem, até então desconhecido do público, envolvido com os mensalões. Tratava-se do empresário Marcos Valério de Souza, sócio-proprietário da DNA e da SMPB, duas grandes agências de publicidade em Minas Gerais que prestavam serviços em campanhas eleitorais e haviam firmado vários contratos com o governo federal.

— É carequinha, falante e fala em dinheiro como se fosse assim uma coisa que caísse do céu — detalhou Jefferson ao descrever o empresário.

Jefferson acusou as direções do PL e do PP de embolsarem "mesadas", mas admitiu ter recebido dinheiro em 2004 oriundo de "operações com empresas do governo e com empresas privadas":

— O primeiro recurso chegou na primeira quinzena de julho: R$ 4 milhões, em dinheiro, em espécie. Em duas parcelas: uma de R$ 2,2 milhões e, três dias depois, uma de R$ 1,8 milhão. Quem trouxe o recurso à sede do PTB foi o Marcos Valério, em malas de viagem.

Como Lula afirmara desconhecer o esquema de corrupção, Jefferson se voltou contra o chefe da Casa Civil, José Dirceu, o "capitão do time", como o presidente o chamava. Ao jornal, ele narrou suas reuniões para tratar da distribuição de cargos com os cabeças do PT em uma sala reservada, ao lado do gabinete de Dirceu, no Palácio do Planalto. No afã de se manter no poder, Dirceu reagiu enviando um recado a Lula por meio de nota publicada na imprensa, em que mencionava a sua "excelente" relação com o presidente, mas acrescentava: "Não faço nada que não seja de comum acordo e determinado por ele." Por si só, a frase do superministro poderia constituir motivo para a abertura de um processo contra Lula por crime de responsabilidade. Para preservá-lo, porém, Dirceu aceitou virar bode expiatório. Deixou o governo e voltou a exercer o seu mandato na Câmara dos Deputados.

Em 14 de junho de 2005, ao depor no Conselho de Ética da Câmara que avaliava a sua cassação por quebra de decoro,

Jefferson citou o então presidente do PT, José Genoino, e ampliou a crise política:

– Desde agosto de 2003 é voz corrente em cada canto desta Casa, em cada fundo de plenário, em cada gabinete, em cada banheiro, que o "seu" Delúbio, com conhecimento do "seu" José Genoino, sim, tendo como pombo-correio o "seu" Marcos Valério, um carequinha que é publicitário lá em Minas, repassa dinheiro a partidos que compõem a base de sustentação do governo no negócio chamado "mensalão".

A declaração de Jefferson foi o capítulo final na relação de idas e vindas entre o PTB e o PT. Desde a divulgação do vídeo que mostrava um funcionário dos Correios indicado pelo PTB embolsando propina, Jefferson foi publicamente apoiado por Lula diversas vezes, mas não pelos outros dirigentes do PT, que nada fizeram para evitar a sua cassação. Essa relação foi definida por Jefferson recorrendo à fábula do escorpião que pede ao sapo para atravessar o rio em suas costas. O escorpião promete não picá-lo, mas o trai, pois não consegue contrariar a própria natureza. Os dois morrem afogados.

– O PTB é o sapo – diria Jefferson à *Folha*.

Menos de um mês depois, o nome de Genoino ficaria ainda mais chamuscado, agora por conta de uma história envolvendo seu irmão, o deputado federal pelo Ceará José Nobre Guimarães (PT). Estampadas nas primeiras páginas dos jornais estavam imagens de uma bolada de dinheiro. José Adalberto Vieira da Silva, um assessor de Guimarães, fora preso no Aeroporto de Congonhas, em São Paulo, em 8 de julho de 2005, portando R$ 200 mil em uma maleta e outros 100 mil dólares escondidos dentro da cueca. Rapidamente, ele apagou a memória do celular. Antes de se calar, disse ser agricultor e alegou que o dinheiro era resultado da venda de verduras. Desmascarado, usou o paletó para cobrir o rosto e esconder-se dos fotógrafos. Guimarães assim reagiria:

– Foi tudo uma grande armação para atingir a mim e ao Genoino.

Surgiria uma nova versão, claramente sem substância, dando conta de que a dinheirama não tinha a ver com política. Serviria para abrir uma locadora de automóveis no interior do Ceará. As investigações sobre a origem do dinheiro apreendido conduziriam, no entanto, ao Banco do Nordeste do Brasil e, mais especificamente, a Kennedy Moura Ramos, um assessor da instituição indicado por Guimarães.

Entrevistado na televisão, Kennedy comprometeu Guimarães ao citar um diálogo mantido com ele:

– Ele [*Guimarães*] falou que o [*assessor*] Adalberto tinha que ser protegido por questões de Estado. [...] Perguntou se o Adalberto tinha falado alguma coisa. Eu disse que não sabia. Ele disse: "Graças a Deus."

Os investigadores concluiriam que o dinheiro apreendido era acerto de propina para liberar um empréstimo de R$ 300 milhões feito pelo banco. Não houve punição dos envolvidos.

Em 15 de junho de 2005, um dia depois do depoimento de Jefferson no Conselho de Ética da Câmara, o Congresso instalou uma CPI Mista (CPMI), ou seja, formada por senadores e deputados, para apurar irregularidades nos Correios. O comando da CPMI ficou com o governo Lula: o senador Delcídio do Amaral (PT) foi designado para a presidência da

Comissão, enquanto a relatoria foi confiada ao deputado Osmar Serraglio (PMDB), político que cultivara boas relações com José Dirceu. No dia 30, Jefferson prestou depoimento. Comparou a posição do tesoureiro do PT, Delúbio Soares, à de Paulo César Farias, o PC Farias, tesoureiro do ex-presidente da República Fernando Collor, cujas atividades suspeitas contribuíram para o seu *impeachment*, em 1992.

– Não há, povo do Brasil, cidadãos do Brasil, eleição de deputado federal que custe menos de R$ 1 milhão ou de R$ 1,5 milhão – discursou Jefferson na CPMI. – Mas a média, aqui na CPMI e na Câmara, na prestação de contas, é de R$ 100 mil. Não há eleição de senador que custe menos de R$ 2 milhões ou R$ 3 milhões, mas a prestação de contas, na média, é de R$ 250 mil. Esse processo começa na mentira e deságua no PC Farias, nos outros tesoureiros e, agora, no senhor Delúbio e no senhor Valério.

A CPMI colheu documentos atestando que foram feitos saques por deputados das contas de empresas de Marcos Valério em agências do Banco Rural de Brasília e de Belo Horizonte. No de Brasília, o deputado José Borba, líder do PMDB, recusou-se a assinar o comprovante de retirada de dinheiro em espécie. Uma funcionária de Marcos Valério precisou deslocar-se até a agência para liberar a bolada reservada ao deputado. José Borba costumava fazer reuniões noturnas com deputados do PMDB numa sala da Câmara. Ao todo, 55 deputados do partido, todos da base aliada do governo, teriam sido aquinhoados com mensalões que variavam de R$ 10 mil a R$ 200 mil, dependendo do cacife de cada um. Mas só José Borba foi denunciado à Justiça.

No caso do PP, sacolas de dinheiro chegavam ao apartamento do líder, o deputado José Janene, em Brasília. Os políticos do PP chamavam o imóvel de "A Pensão". As sacolas eram pesadas e Cleide, cozinheira de Janene, ajudava a carregá-las. Os mensalões variavam de R$ 5 mil a R$ 30 mil, a depender do político. Após aderir ao governo Lula em 2003, a bancada do PP pulou de pouco mais de 20 parlamentares para 56. O partido instalou seus apadrinhados na Petrobras, na estatal Furnas Centrais Elétricas, no Instituto de Resseguros do Brasil e na Agência Nacional de Vigilância Sanitária (Anvisa).

O episódio do jipe Land Rover e a queda do secretário-geral do PT
Silvio Pereira ganhou o carro de um empresário contratado da Petrobras

A Petrobras serviu de pano de fundo a outro escândalo: o do jipe Land Rover Defender 90, de Silvio Pereira, secretário-geral do PT. Convocado a se explicar na CPMI dos Correios, Silvinho chegou ao Congresso com um *habeas corpus* na mão para não ser preso e declarou jamais ter ouvido falar em "mensalão". Perguntado se o seu Land Rover havia sido um presente de César Roberto Santos Oliveira, vice-presidente da GDK Engenharia, empresa contratada pela Petrobras, ele respondeu:

– Não falo sobre meu patrimônio por orientação dos meus advogados.

Questionado sobre ter viajado no avião do executivo, o dirigente partidário informou não se lembrar do episódio e foi taxativo:

– Repito que não intermediei interesses da empresa.

O *Jornal Nacional*, da TV Globo, localizou o vendedor do jipe, que havia sido comprado em nome de Silvinho e levado até a casa dele por um funcionário da GDK. Pressionado, Silvinho desligou-se do partido. Assumiu seus crimes. Fez acordo com a Justiça. A GDK, contudo, continuou a celebrar contratos vultosos com a Petrobras.

Em 7 de maio de 2006, *O Globo* publicou uma entrevista concedida por Silvinho, em seu apartamento em São Paulo, à repórter Soraya Aggege. No decorrer da conversa, ele se arrependeu do que havia declarado e se desesperou, ameaçando se matar. Passou a bater em si mesmo e a destruir o imóvel.

– Vão me matar. Eles vão me matar. Não faça isso comigo. Tem muita gente importante envolvida nisso.

Diante da jornalista, o ex-secretário-geral do PT fez parecer que a função que exercera no partido não era relevante. Segundo ele, os mandachuvas eram Lula, José Dirceu, José Genoino e Aloizio Mercadante, todos de São Paulo. Silvinho mencionou as fontes do dinheiro que alimentavam o mensalão:

– Empresas. Muitas. Não vou falar nomes. As empresas entre si fraudam as coisas. Às vezes o governo não persegue, e é só isso. Elas se associam em consórcios, combinam como vencer.

E disse mais:

– Atrás do Marcos Valério deve haver 100 Marcos Valérios. É um mecanismo que agora continua no país.

Em depoimento ao Ministério Público Federal em 11 de maio de 2006, Silvinho culparia o então ministro José Dirceu pela desagregação da base aliada do governo. De acordo com Silvinho, a volúpia de Dirceu por cargos que davam acesso a verbas expressivas frustrava os partidos da base que desejavam emplacar nomes em postos estratégicos do governo. E a disputa era enorme entre as legendas. Para aliviar a tensão, decidiu-se pela distribuição de mensalões. Ficava implícita, nesse depoimento, a conclusão de que Dirceu considerava tão preciosos os cargos governamentais de comando que preferia comprar o apoio de políticos com mesadas.

Regressemos a 2005. Em 21 de julho, Lula nomeou Márcio Fortes (PP) ministro das Cidades a pedido do presidente da Câmara, o deputado Severino Cavalcanti, do partido de Márcio. Apesar de estratégicas, as razões de Lula para atender Severino só ficariam evidentes mais tarde. Lula queria ficar bem com Severino preventivamente, já que é atribuição do presidente da Câmara iniciar os trâmites para, eventualmente, os deputados abrirem processo por crime de responsabilidade contra o presidente da República, etapa inicial para se chegar ao *impeachment*. Severino retribuiria o gesto de Lula negando que houvesse pagamento de mensalões no Parlamento. Ainda faria coro ao discurso governista, admitindo repasse de dinheiro para supostamente quitar meras dívidas eleitorais, algo "menos grave". E sugeriu apenas uma censura, ou mesmo uma simples repreensão aos envolvidos. Descartou a perda de mandatos.

Lula condecorou Severino com a Ordem de Rio Branco, no grau de Grã-Cruz, a mais alta condecoração do Itamaraty.

Mas, nas bancas de jornal, a revista *Veja* interrompeu a aliança entre os dois. A reportagem "O mensalinho de Severino", publicada em 7 de setembro de 2005, revelou que Severino extorquia R$ 10 mil por mês do concessionário de um restaurante no prédio da Casa Legislativa. Lula defendeu o aliado, mas, sob intensa pressão, Severino se viu forçado a renunciar. Tentou um novo mandato na Casa no ano seguinte, mas não se elegeu. Forte politicamente, Lula emplacaria mais um aliado na presidência da Câmara: o deputado Aldo Rebelo.

Ainda que mantivesse maioria na Câmara, o governo Lula continuava sob o cerco das investigações promovidas pela imprensa. Personagem-chave no sistema de distribuição de mensalões, Delúbio Soares era mantido recluso pelo PT a fim de driblar jornalistas. Chegou a ser visto deixando a sede do partido, em São Paulo, à noite, abaixado no banco de trás de um carro com vidros escuros. Outro veículo deixara o prédio minutos antes para despistar os repórteres que faziam plantão no local em busca de declarações. Delúbio tornara-se bode expiatório das tramoias partidárias.

Num dos raros momentos em que se despiu do papel de maior responsável por todos os males do PT, o tesoureiro escreveu uma carta ao partido. Nela, afirmou que o caixa dois era "prática antiga e habitual no partido, pela qual jamais se viu uma punição". E acrescentou, com ironia: "Respeito a ingenuidade. Não sei, no entanto, de onde imaginavam que o dinheiro viria – se do céu, num carro puxado por renas e conduzido por um senhor vestido de vermelho – e menos ainda me recordo de que alguma preocupação com a origem desses recursos tenha me sido transmitida."

No depoimento à PF, a confissão dos mensalões

31 pessoas teriam embolsado R$ 55,8 milhões das contas de Marcos Valério

Causaria impacto o depoimento à Polícia Federal dado por Simone Vasconcelos, funcionária de confiança de Marcos Valério que ocupava o cargo de gerente financeira da SMPB. Em 1º de agosto de 2005, ela informaria que, com autorização do PT, 31 pessoas haviam recebido um total de R$ 55,8 milhões sacados das contas bancárias de empresas de seu chefe. O dinheiro, decorrente de supostas operações de crédito avalizadas pelo PT, teria beneficiado, segundo Simone, políticos do PL, PP, PMDB e PTB, além do próprio PT. O saque mais elevado, no valor de R$ 15,5 milhões, contemplara o publicitário Duda Mendonça, responsável pela campanha eleitoral que guindou Lula ao Palácio do Planalto em 2003.

A notícia de que Duda Mendonça embolsava dinheiro de caixa dois fez Brasília estremecer. Isso porque o caso poderia alimentar um processo de *impeachment* contra o presidente, o que não aconteceu. Depois de Duda, o saque mais alto fora o do deputado Valdemar Costa Neto, à frente do PL, que recebeu R$ 10,8 milhões. O diretório nacional do PT engavetou R$ 4,9 milhões. Líder do PP, o deputado José Janene levou R$ 4,1 milhões, enquanto o deputado Vadão Gomes, do mesmo partido, ficou com R$ 3,7 milhões. A parte restante dos R$ 55,8 milhões pulverizou-se entre os demais partidos, e foi esse tipo de movimentação de dinheiro transitando pelas empresas de Marcos Valério que ficou conhecido na imprensa como "valerioduto".

Enquanto Simone depunha, Valdemar decidia renunciar ao mandato para afastar o risco de ser cassado e se tornar inelegível. Mas manteve o cargo de presidente do PL. Desgastada, a agremiação trocaria o nome de Partido Liberal para Partido da República (PR) no segundo mandato de Lula. Reeleito em 2006, Valdemar comandaria o apoio do "novo" partido ao segundo governo petista. Anos depois, impune, o PR retomaria o nome original de Partido Liberal, mas Valdemar sofreria um revés. Ao separar-se de sua mulher, a publicitária Maria Christina Mendes Caldeira, ela o denunciou no Conselho de Ética da Câmara por pagar despesas em dinheiro vivo:

— Teve uma época em que comecei a reclamar muito, e ele passou a eventualmente usar um cartão. Mas ele mantinha um "cofrão" em nossa casa que parecia um armário. Tenho as notas fiscais desse cofre. Quando nos separamos, saí denunciando a existência dele. E o Valdemar mandou uma empresa ir lá retirar o cofre.

Maria Christina contou que o ex-marido gostava de jatinhos e de torrar dinheiro em cassinos. Numa noite, chegou a perder 500 mil dólares no Uruguai.

— Na volta de uma viagem, eu trouxe, sem saber, uma mala de dinheiro.

Os desvios no mensalão levaram o STF a condenar o "dono" do PL a sete anos e dez meses de prisão por corrupção e lavagem de dinheiro, além de ter que pagar multa de R$ 1 milhão. Encarcerado em dezembro de 2013, Valdemar ficou em regime semiaberto por quase um ano e, depois, cumpriu um ano e meio em prisão domiciliar, quando o

STF lhe concedeu perdão da pena. (Registre-se: em 2021, o presidente Jair Bolsonaro se integraria ao mesmo PL liderado pelo mesmo Valdemar Costa Neto para disputar a reeleição em 2022.)

Imediatamente após a revelação de Simone de que as empresas de Marcos Valério participavam de operações bancárias suspeitas em favor do PT, o publicitário deu entrevista ao repórter Expedito Filho, publicada na edição de 5 de agosto de 2005 de *O Estado de S. Paulo*, na qual declarou:

– Nos dois últimos anos, eu fui a pessoa mais íntima do Delúbio. Ele me disse que o Zé Dirceu sabia das dívidas do partido, que Zé Dirceu sabia dos compromissos com os outros partidos da base. Delúbio assumiu mais compromissos do que realmente poderia. Além de Zé Dirceu, todo mundo na cúpula do PT sabia dos empréstimos de Delúbio e das transferências para diretórios do PT e para partidos aliados.

O dinheiro do caixa dois provinha, entre outras fontes, de empréstimos fictícios da SMPB feitos com o Banco Rural. Até R$ 200 mil por vez. As somas ficavam empilhadas numa sala do banco, em Brasília, para distribuição aos congressistas (ou seus assessores), conforme determinação de Delúbio e Marcos Valério. Simone chegou a ordenar a entrega de altas somas de dinheiro em carros-fortes no escritório da empresa, em Brasília. Tesoureiro do Banco Rural, José Francisco de Almeida Rego detalhou à *Folha de S. Paulo*, em 15 de julho de 2005, que as cédulas eram dispostas em bolsas trazidas pelos próprios sacadores. Gente apressada que ia embora logo, em geral sem sequer conferir os valores recebidos.

Outra funcionária de Marcos Valério também entraria em cena, a secretária Fernanda Karina Ramos Somaggio. Chamada a depor no Conselho de Ética da Câmara, ela revelou:

– Algumas vezes, a Simone ficava em um hotel em Brasília, dentro de um quarto, o dia todo, contando dinheiro. E era um entra e sai de homem que ela ficava muito cansada. Só contava dinheiro e passava a essas pessoas.

O vínculo entre José Dirceu e Marcos Valério tornou-se indiscutível com a revelação, pelo *Correio Braziliense* e pelo *Estado de Minas*, da compra de um apartamento para Maria Ângela Saragoça, ex-mulher de Dirceu. Após ser contratada, em 2003, pelo BMG, banco igualmente envolvido no esquema fraudulento, Maria Ângela recebeu um "empréstimo" do Banco Rural. Vendeu um apartamento antigo a Rogério Tolentino, sócio de Marcos Valério, e comprou um novo no bairro de Perdizes, em São Paulo. Maria Ângela carregou dinheiro vivo dentro de uma sacola para fazer a transação imobiliária.

Um relatório parcial da CPMI dos Correios apontou que os empréstimos, que totalizavam R$ 55,8 milhões, foram simulações, e pediu o indiciamento de Marcos Valério e de Delúbio. O objetivo das simulações era encobrir a origem do dinheiro: contratos com o Banco do Brasil e repasses dos bancos Rural e BMG em troca de vantagens na administração federal, além de recursos provenientes de empresas privadas que contrataram agências de publicidade ligadas ao esquema de corrupção. Marcos Valério e Delúbio foram denunciados por falsidade ideológica, lavagem de dinheiro, fraude em licitação, crime eleitoral e improbidade administrativa. Além disso, foram citados por tráfico de influência, por crimes contra o sistema financeiro e a ordem tributária e por fraudes contábeis e processuais.

A CPMI dos Correios notificou 18 deputados por envolvimento no escândalo do mensalão. Apenas 18. Sete nomes do PT, quatro do PP, três do PL, dois do PTB, um do PMDB e um do PFL. Do PT: João Magno; João Paulo Cunha; José Dirceu; José Mentor; Josias Gomes; Paulo Rocha; e Professor Luizinho. Do PP: José Janene; Pedro Corrêa; Pedro Henry; e Vadão Gomes. Do PL: Carlos Rodrigues; Sandro Mabel; e Wanderval Santos. Do PTB: Roberto Jefferson e Romeu Queiroz. Do PMDB: José Borba. Do PFL: Roberto Brant.

As investigações sobre a gestão dos Correios expuseram falcatruas como a compra de mil veículos por R$ 34 mil cada, enquanto o preço de mercado era R$ 27,5 mil. Nesse caso, a propina correspondia a R$ 1 mil por automóvel – R$ 1 milhão no total. Em 14 de setembro de 2005, a Câmara cassou o mandato de Roberto Jefferson, delator do mensalão e então deputado, tornando-o inelegível até 2015. O político, contudo, manteve a presidência do PTB, legenda que continuou a apoiar o presidente Lula em seu segundo mandato. (Registre-se: anos depois, o partido ainda daria amplo suporte aos presidentes Michel Temer e Jair Bolsonaro.)

O deputado Júlio Delgado (PSB) fez a relatoria do processo que investigou a participação de José Dirceu no escândalo. Ao votar pela cassação do ex-ministro, em 18 de outubro de 2005, ele discursou:

– Não é eticamente concebível e muito menos crível que um parlamentar com tamanho poder de decisão e capacidade de articulação em seu partido e no governo, como José Dirceu, tenha permitido que o maior esquema de corrupção do sistema político pelo sistema econômico de que o país tem notícia tenha sido idealizado e praticado por correligionários e pessoas de seu relacionamento, sem que soubesse, controlasse e coibisse.

A Câmara cassou José Dirceu em 30 de novembro daquele ano por 293 votos a 192. A decisão provocou o seguinte comentário do jornalista Rogério Gentile, na *Folha*: "Imaginar que Dirceu articulou sozinho o caixa dois e o esquema da compra de votos parlamentares e de partidos sem o conhecimento do presidente é pior do que acreditar que o tesoureiro Delúbio Soares agiu por conta própria, sem o conhecimento de Dirceu."

Além de Roberto Jefferson e José Dirceu, a Câmara cassou apenas mais um deputado, após sucessivas votações secretas: Pedro Corrêa (PP). Por outro lado, absolveu 11 parlamentares: João Magno (PT); José Janene (PP); José Mentor (PT); Josias Gomes (PT); Pedro Henry (PP); Professor Luizinho (PT); Roberto Brant (PFL); Romeu Queiroz (PTB); Sandro Mabel (PL); Vadão Gomes (PP); e Wanderval Santos (PL). Quatro renunciaram para fugir de possíveis cassações: Carlos Rodrigues (PL); José Borba (PMDB); Paulo Rocha (PT); e Valdemar Costa Neto (PL).

No relatório da CPMI dos Correios, o funcionamento do "valerioduto"
O dinheiro distribuído irrigou o Congresso em troca de governabilidade

Um relatório preliminar da CPMI dos Correios identificou que houve quatro modalidades de mensalão: 1) 24 transferências de dinheiro ao PL, totalizando R$ 6,5 milhões; 2) repasses a deputados que saíram de partidos pelos quais se elegeram e se filiaram a siglas da base aliada do governo, sendo R$ 3,6 milhões para o PTB e R$ 800 mil para o PP; 3) pagamentos atrelados a votações de projetos de interesse do governo no Congresso, num total de R$ 15 milhões; 4) repasses de R$ 6,5 milhões ao PP.

A CPMI não solicitou a quebra integral dos sigilos das movimentações do Banco Rural e do BMG. Tampouco pediu a quebra dos sigilos bancário, telefônico e fiscal dos deputados acusados de embolsar mensalões. Não requereu, ainda, as listas de assessores de deputados e senadores para cruzá-las com os nomes dos beneficiados pelas operações financeiras das empresas de Marcos Valério e dos bancos suspeitos. No relatório final das investigações, divulgado em 29 de março de 2006, Osmar Serraglio rejeitou a tese defendida pelo PT e pelo Planalto de que os pagamentos irregulares integraram mero esquema de caixa dois para custear despesas de campanhas eleitorais.

Em seu relatório, Serraglio afirmou: "Em verdade, é reduzir-se em demasia a inteligência dos brasileiros imaginar que será bastante dizer que os milhões não foram distribuídos a parlamentares, mas sim corresponderiam a caixa dois de campanhas." Em outro trecho, acrescentou: "Sem argumento para explicar o inexplicável, a defesa dos beneficiários foi a admissão de um crime, para evitar a confissão de outros praticados: a não contabilização das despesas de campanha, conhecida na sociedade como 'caixa dois', e não a prática de corrupção. Aliás, a tese do caixa dois só apareceu meses depois do início do escândalo, e já então de forma orquestrada."

É importante registrar que não há consistência na tese de pagamentos de mensalão para financiar campanhas eleitorais. A frequência dos repasses, os valores e as datas (em 2005 não houve sequer eleição) atestam que, em boa parte dos casos, as somas foram embolsadas pelos políticos. Ainda conforme o relatório, o fundo Visanet, gerido pelo Banco do Brasil, foi a principal origem do dinheiro do "valerioduto". O banco adiantava repasses à agência DNA, e isso permitiu pagamentos em espécie. As irregularidades nas operações do fundo somaram R$ 23,9 milhões e provocaram pedidos de indiciamento do ex-chefe da Secretaria de Comunicação da Presidência da República, Luiz Gushiken (PT), e do diretor de marketing do banco, Henrique Pizzolato.

A CPMI solicitou o indiciamento de 118 pessoas, entre ex-ministros, parlamentares, dirigentes e assessores de partidos políticos, integrantes da cúpula do PT entre 2003 e 2004, funcionários públicos, empresários, publicitários, representantes de fundos de pensão, dirigentes dos bancos Rural, BMG, Santos e do Brasil, além de operadores do mercado financeiro. Entre os pedidos de indiciamento, 38 estavam ligados a irregularidades em fundos de pensão, 35 ao esquema nos Correios, 25 ao "valerioduto" e 17 apontavam os nomes de deputados ou ex-deputados.

O relator da CPMI, Osmar Serraglio, poupou Luiz Inácio Lula da Silva.

Além da CPMI dos Correios, foi instalada no Congresso, em 20 de julho de 2005, uma CPI para investigar as denúncias sobre a distribuição das "mesadas". A CPI do Mensalão, contudo, não contou com a participação da maioria dos parlamentares e encerrou os trabalhos em novembro sem aprofundar as investigações e sem aprovar o relatório final. Não houve vontade política para prosseguir com os trabalhos: 148 deputados votaram pela sua prorrogação, mas eram necessárias 171 assinaturas para que isso ocorresse.

Em 11 de abril de 2006, o procurador-geral da República, Antonio Fernando de Souza, divulgou as conclusões do inquérito conduzido pela PGR sobre o mensalão. Quarenta pessoas foram denunciadas ao STF. "Os denunciados operacionalizaram desvio de recursos públicos, concessões de benefícios indevidos a particulares em troca de dinheiro e compra de apoio político, condutas que caracterizam os crimes de quadrilha, peculato, lavagem de dinheiro, gestão fraudulenta, corrupção e evasão de divisas", escreveu Souza.

O procurador-geral afirmou também que as investigações "evidenciaram o loteamento político de cargos públicos em troca de apoio às propostas do governo, prática que representa um dos principais fatores do desvio e da má aplicação de recursos públicos, com o objetivo de financiar campanhas milionárias nas eleições, além de proporcionar o enriquecimento ilícito de agentes públicos e políticos, empresários e lobistas que atuam nessa perniciosa engrenagem".

E admitiu ter tido dificuldade para esclarecer o esquema, "em razão de expedientes adotados pelos próprios investigados, que se utilizaram de uma elaborada engenharia financeira, facilitada pelos bancos envolvidos, notadamente o Banco Rural, onde o dinheiro público mistura-se com o privado, perpassa por inúmeras contas para fins de pulverização até o seu destino final, incluindo muitas vezes saques em favor do próprio emitente e outras intrincadas operações com *offshores* e empresas titulares de contas no exterior, tendo como destino final os paraísos fiscais".

Em outro trecho, Souza mencionou o ex-deputado Roberto Jefferson, para quem "as diretorias e outros cargos relevantes na administração pública, resultantes da composição político-partidária, têm a função de arrecadar dinheiro do próprio órgão público, pela sistemática do desvio e superfaturamento, e também de pressionar empresas privadas que se relacionam com esses órgãos a fazer 'doações'". Para Souza, José Dirceu "foi o principal articulador dessa engrenagem, garantindo-lhe habitualidade e sucesso".

O procurador-geral da República, Antonio Fernando de Souza, poupou Luiz Inácio Lula da Silva.

O STF abriu diversos processos criminais contra os 40 denunciados pelo procurador-geral. Os julgamentos paralisaram o país. O Supremo debruçou-se sobre o caso do mensalão em agosto de 2012 e só terminou o julgamento dos últimos recursos possíveis aos condenados em março de 2014. Ao defender a ação judicial contra José Dirceu, o ministro Joaquim Barbosa, relator do processo, afirmou que o ex-ministro da Casa Civil "era o mentor e o comandante supremo da trama": "Está suficientemente demonstrado na denúncia que José Dirceu seria o mentor, o chefe incontestável do grupo, a pessoa a quem todos os demais prestavam deferência."

José Dirceu havia sido o principal auxiliar do presidente Lula. Mas é inverossímil a suposição de que Dirceu engendraria um esquema de tamanha complexidade e amplitude envolvendo tantos políticos e partidos e estruturado numa política de desvio sistemático de dinheiro público sem a anuência do presidente. Lula e seu governo foram os beneficiários da maioria parlamentar criada e consolidada por meio do pagamento de mensalões. Joaquim Barbosa concluiu que José Dirceu era o "chefe incontestável do grupo". Os fatos e a lógica, porém, indicam que, embora Dirceu controlasse as operações em torno do mensalão, a posição de "comandante supremo" cabia ao presidente Lula.

O publicitário Marcos Valério, operador do mensalão, subordinado a José Dirceu, pagaria o pato. O Supremo o condenou a 37 anos de prisão. Já Dirceu, condenado a sete anos e 11 meses, ficou encarcerado por menos de um ano.

As digitais de Palocci na quebra do sigilo bancário de Francenildo
O novo superministro de Lula caiu por envolver-se na "Casa dos Prazeres"

Após a destituição de José Dirceu da Casa Civil, em 21 de junho de 2005, Dilma Rousseff (PT) ocuparia o cargo. Mas o superministro agora seria Antonio Palocci (PT), à frente da pasta da Fazenda. Em 27 de março do ano seguinte, Palocci também cairia, sob a acusação de ter mandado violar o sigilo bancário de um homem simples, Francenildo dos Santos Costa, caseiro da mansão em Brasília que ficaria conhecida como "Casa dos Prazeres". Ali, a turma de Palocci se divertia com garotas de programa. O erro fatal de Palocci foi deixar vazar o sigilo bancário de Francenildo por acreditar que o dinheiro encontrado na conta bancária do caseiro resultara de uma injeção de suborno. Não era suborno. A quantia havia sido depositada pelo pai do trabalhador.

A agenciadora das jovens, Jeany Mary Corner, contou à imprensa que um assessor de extrema confiança de Palocci, Rogério Buratti, montara um esquema em que elas transportavam dinheiro dentro de revistas acondicionadas em envelopes. As garotas saíam por Brasília entregando as "correspondências" e, dessa forma, teriam levado mensalões de R$ 50 mil a oito deputados. Jeany também embolsou R$ 50 mil, mas para manter o silêncio. Justificou-se:

– Fiquei no anonimato todo esse tempo. Fui muito digna. Diferente de outros que abriram a boca. Por isso pedi ajuda. Isso é chantagem?

Já Francenildo declararia ao repórter Rubens Valente, da *Folha*, em 8 de junho de 2009:

– Nós estamos no Brasil, e no Brasil hoje em dia acontece tudo em termos de política. O cara apronta, apronta, e ainda sai livre da acusação, é candidato, faz o que quer. Isso é a política no Brasil.

Os sanguessugas, as ambulâncias superfaturadas e a reeleição de Lula
No segundo mandato, mais suspeitas de ações criminosas nos Correios

Apesar dos desdobramentos do escândalo do mensalão, expostos nos jornais e telejornais de todo o país, Lula conseguiu o que, naquele momento, parecia impossível. Sobreviveu politicamente. Mais do que isso, não perdeu a popularidade e se tornou o favorito à própria sucessão. Provavelmente teria sido reeleito já no primeiro turno das eleições de 2006, não fosse a eclosão de mais um escândalo político.

Deu-se assim: dois homens foram presos num hotel em São Paulo em 15 de setembro de 2006 com o equivalente a R$ 1,7 milhão. Um deles portava 109 mil dólares, além de R$ 758 mil. O outro carregava R$ 410 mil e mais 139 mil dólares. Um terceiro levara o dinheiro ao hotel. Câmeras de segurança o filmaram no *lobby*. Tratava-se de Hamilton Lacerda, um coordenador da campanha de Aloizio Mercadante (PT) ao governo de São Paulo naquele ano. Hamilton parecia tenso. Em uma das mãos, carregava uma mala preta de viagem com a alça em volta do ombro esquerdo, a fim de reforçar a proteção da carga preciosa.

Escutas telefônicas que conduziram a Polícia Federal à prisão dos dois sujeitos haviam registrado diálogos sobre a compra de documentos falsos que associavam dois candidatos do PSDB a operações de superfaturamento na aquisição de ambulâncias por prefeituras. Os candidatos eram Geraldo Alckmin, que na época concorria à Presidência da República, e José Serra, que disputava o governo de São Paulo. Já as operações envolvendo ambulâncias eram um esquema criminoso que estourara meses antes e ficaria conhecido como "máfia dos sanguessugas". Como os sujeitos presos no hotel tratavam da compra e venda de documentos, a imprensa batizou o caso de "escândalo do dossiê".

As imagens da dinheirama empilhada estampadas nos jornais fizeram malograr a chance de Mercadante ganhar a eleição. A PF investigou cinco pessoas ligadas ao PT, mas ninguém foi responsabilizado. O jornal *O Globo* perguntou a Lula se ele procurara saber com os envolvidos no escândalo – pessoas de seu círculo – quem tivera a ideia de comprar um dossiê falso para incriminar candidatos do PSDB e qual seria a origem do dinheiro. A resposta:

– Não perguntei nem perguntarei.

Conduzida pela Polícia Federal, a Operação Sanguessuga foi deflagrada em 4 de maio de 2006. Prendeu dezenas de pessoas, todas acusadas de participar da compra de ambulâncias para prefeituras. O grupo dava o golpe a partir do Ministério da Saúde, onde despachava a funcionária Maria da Penha Lino, chamada a depor. Descobriu-se que dezenas de parlamentares apresentaram emendas ao Orçamento prevendo a aquisição das tais ambulâncias. Tudo acertado com a empresa Planam, com sede em Mato Grosso, denunciada por articular o esquema.

Enquanto os políticos protocolavam as emendas, a Planam procurava as prefeituras. Com o dinheiro garantido pelo Congresso, prefeitos coniventes encaminhavam solicitações ao Ministério da Saúde, a fim de obter os novos veículos. Tudo combinado. "Empresas fantasmas" participavam das licitações. Asseguravam que os "melhores" preços eram os indicados pela Planam. Graças à negociata, compraram mais de mil ambulâncias. Para subornar os políticos, os operadores da Planam levavam altas quantias em maletas acomodadas no porta-malas de um automóvel. Representante de Maria da Penha Lino, o advogado Eduardo Mahon comentou durante sessão da CPI das Sanguessugas o depoimento de sua cliente, no trecho em que ela havia descrito a forma como o dinheiro era distribuído no Congresso:

– Na garagem, pegavam as malas e colocavam o dinheiro no paletó, nas meias e na cueca. Passavam pelo detector de metais da chapelaria. Não dava nada. Subiam à Câmara. Iam de gabinete em gabinete fazendo os acertos. Acabava o dinheiro, voltavam e pegavam mais. Na caradura.

Em agosto daquele ano, a CPI Mista dos Sanguessugas aprovaria um relatório parcial apontando a ligação de 69 deputados e três senadores com a "máfia dos sanguessugas". Apesar do envolvimento de quase 500 prefeituras no esquema e de fraudes que teriam alcançado R$ 110 milhões, o relatório final, de autoria do senador Amir Lando (PMDB), não solicitou o indiciamento de ninguém.

Os presidentes do Senado, Renan Calheiros (PMDB), e da Câmara, o deputado Aldo Rebelo (PCdoB), decidiram deixar o encargo das investigações por conta da Procuradoria-Geral da República, que acionou o STF. Mas os inquéritos criminais teriam como alvo apenas 15 parlamentares, cujos nomes não foram divulgados. No fim, como tem ocorrido na maioria das ações criminais a cargo do Supremo, nenhum congressista foi punido.

Ao se reeleger, Lula orientou que o comando dos Correios ficasse, dessa vez, apenas nas mãos do PMDB – o principal partido da base aliada em sua segunda gestão. Eis que, já em agosto de 2007, a Polícia Federal desencadeou a Operação Selo e prendeu suspeitos de fraudar licitações, vender produtos e fornecer serviços aos Correios. Ou seja, dois anos e três meses após a divulgação do vídeo com o suborno do funcionário ligado ao então deputado Roberto Jefferson – episódio que deflagrou o escândalo do mensalão –, nada havia mudado nos Correios nem nas práticas políticas no país.

Em outubro de 2008, a Polícia Federal pôs em ação a Operação Déjà Vu, com o objetivo de desmantelar um esquema fraudulento de licitações, venda e transferência de agências franqueadas dos Correios com a conivência de funcionários da estatal. Suspeitava-se de um rombo de R$ 30 milhões por ano. Os investigadores acusaram 15 pessoas por crimes de extorsão, tráfico de influência, corrupção ativa, corrupção passiva, advocacia administrativa, formação de quadrilha, falsidade ideológica e descaminho. Foram apreendidos R$ 500 mil em dinheiro vivo e cinco automóveis de luxo. A operação apurou ainda indícios de crimes em franquias para remeter mercadorias ao exterior.

Em 2005, no inquérito que investigava a corrupção nos Correios, a PF já registrara que, "ao longo dos anos, vem ocorrendo, tanto nos Correios quanto em outras empresas estatais do país, uma espécie de 'loteamento' dos cargos em comissão a pessoas dos mais diversos matizes políticos que se alternam no poder. Através desse instrumento censurável, busca-se angariar recursos financeiros junto às empresas privadas fornecedoras de serviços e produtos ao aparelho estatal, em compensação aos ajustes escusos realizados pelos gestores de tais empresas. Esses recursos, geralmente provenientes de 'caixa dois', são, em parte, destinados a partidos políticos infiltrados nas empresas públicas à custa da dilapidação do erário levada a cabo por meio de fraudes de toda ordem realizadas em licitações".

Em 15 de novembro daquele ano, no sugestivo dia da proclamação da República, o filósofo Roberto Mangabeira Unger publicou na *Folha* um artigo intitulado "Pôr fim ao governo Lula", que trazia o seguinte trecho: "Afirmo que o governo Lula é o mais corrupto de nossa história nacional. Corrupção tanto mais nefasta por servir à compra de congressistas, à politização da Polícia Federal e das agências reguladoras, ao achincalhamento dos partidos políticos e à tentativa de dobrar qualquer instituição do Estado capaz de se contrapor a seus desmandos." Em 2007, no início de seu segundo mandato como presidente, Lula nomearia Mangabeira Unger ministro extraordinário de Assuntos Estratégicos. O que o levou a nomear para um cargo de primeiro escalão um crítico que, um ano e meio antes, pedira o seu *impeachment*, sob o argumento de que seu governo era "o mais corrupto da história"? Coisas da política.

Em seu primeiro governo, Lula nomeou como assessor especial o escritor Carlos Alberto Libânio Christo, o Frei Betto, que deixou o cargo após um ano e declarou ao jornal *O Estado de S. Paulo*: "Nem sob os anos da ditadura a direita conseguiu desmoralizar a esquerda como esse núcleo petista fez em tão pouco tempo. Na ditadura, apesar de todo o sofrimento, perseguições, prisões e assassinatos, nós saímos de cabeça erguida e certos de que tínhamos contribuído para a redemocratização do país. Agora, não. Esses dirigentes desmoralizaram o partido e respingaram lama por toda a esquerda brasileira."

3. A Lava Jato e os petroladrões

O megaesquema de corrupção na Petrobras revela um mar de lama que engole o Brasil e assombra o mundo

A prisão do doleiro Alberto Youssef durante uma investigação sobre lavagem de dinheiro, em 17 de março de 2014, conduziria a Polícia Federal a um ex-diretor da Petrobras, Paulo Roberto Costa, que também seria preso. Essa segunda prisão daria início a uma série de revelações e acontecimentos em torno de um esquema de desvio de dinheiro na estatal que marcariam o país e ficariam conhecidas como Operação Lava Jato. O nome da operação aludia ao Posto da Torre, em Brasília, que, além de comercializar combustíveis, dispunha de casa de câmbio e lavanderia de roupas. Ali, a PF descobriu uma base de pagamento de propinas.

A Lava Jato escancarou um mundo de depósitos em contas secretas de paraísos fiscais, em meio a contratos fictícios, operações simuladas, licitações fraudulentas, cartéis de empresas, notas fiscais frias e "empresas fantasmas". Quantias milionárias circularam em carros-fortes e jatinhos. Dinheiro de caixa dois viajou em sacolas e malas e ficou escondido em bunkers. Cédulas de dólar, euro e real foram distribuídas em hotéis, restaurantes e sedes de partidos políticos.

Multinacionais e instituições financeiras de vários países participaram da montagem de uma complexa estrutura voltada para ocultar a origem e o destino de recursos que deveriam financiar o desenvolvimento do Brasil. À medida que as investigações e as delações premiadas firmadas pelos acusados com o Ministério Público Federal evoluíam, o país se dava conta da existência de um quadro de corrupção sistêmica em parte significativa do aparato do Estado, envolvendo empresas públicas e privadas e os principais partidos políticos brasileiros, além de dezenas de parlamentares.

Paulo Roberto Costa, o Paulinho, como Lula o chamava, comandara a estratégica Diretoria de Abastecimento da Petrobras por oito anos, de 2004 a 2012. Para não ficar preso, fez acordo com a Justiça em agosto de 2014. Aceitou devolver os 23 milhões de dólares advindos de repasses ilegais feitos pela Construtora Norberto Odebrecht – um dinheiro escondido em 12 contas de cinco bancos na Suíça. Responsável por obras em refinarias, aluguel de plataformas, manutenção de gasodutos, importação de combustíveis e locação de navios petroleiros, Paulo Roberto Costa reconheceria diante dos investigadores que os contratos milionários assinados em sua diretoria embutiam em média 3% de propina. O rateio era assim: 1% ia para o PP, que o indicara para o cargo; e 2% para o PT, legenda que, afinal, comandava o país.

Em diversas circunstâncias, o PMDB e outras legendas também puseram a mão na dinheirama subtraída da Petrobras, o que era facilitado pela prorrogação indefinida de obras, gerando contratos aditivos e novos custos. Isso permitia que certos políticos, empresários e agentes públicos desviassem ainda mais recursos do orçamento da estatal. Paulo Roberto Costa entregou ao MPF o cartel de empresas que agia na Petrobras, por meio do qual as contratadas dividiam entre si as obras, antes das licitações, conforme suas conveniências. Delatou dezenas de pessoas, entre políticos, empresários, operadores financeiros e funcionários da empresa. Em seus depoimentos constam frases contundentes como:

– Desde o governo Sarney, governo Collor, governo Itamar, governo Fernando Henrique Cardoso, governo Lula, governo Dilma, todos os diretores da Petrobras e diretores de outras empresas, se não tivessem apoio político, não chegavam a diretor.

– O que acontecia na Petrobras acontece no Brasil inteiro. Nas rodovias, nas ferrovias, nos portos, nos aeroportos, nas hidrelétricas.

– É uma grande falácia afirmar que existe doação de campanha [*eleitoral*] no Brasil porque, na verdade, são empréstimos [*das empresas*] cobrados posteriormente, a juros altos, dos beneficiários das contribuições [*os políticos*], quando estiverem no exercício dos cargos.

– Sem o efetivo pagamento [*das propinas*], a empresa é sancionada, não sendo chamada para as próximas licitações, como também são criados entraves na execução do contrato, dificultando a realização de aditivos.

Paulo Roberto Costa listou, com os respectivos cargos e partidos à época da denúncia, os políticos que receberam valores superiores a R$ 1 milhão desviados da Petrobras com a anuência de sua própria diretoria. Foram eles:

> Sérgio Cabral (PMDB), governador do estado do Rio de Janeiro, R$ 30 milhões; Eduardo Campos (PSB), governador de Pernambuco, R$ 20 milhões, valor intermediado por Fernando Bezerra (PSB), ex-ministro da Integração Nacional de Dilma Rousseff (PT); deputado Sérgio Guerra (PSDB), R$ 10 milhões; deputado João Pizzolatti (PP), R$ 5,5 milhões; deputado Pedro Corrêa (PP), R$ 5,3 milhões; deputado Mário Negromonte (PP), R$ 5 milhões; deputado Nelson Meurer (PP), R$ 4 milhões; deputado Antonio Palocci (PT), ex-ministro de Lula (PT) e Dilma (PT), R$ 2 milhões; Roseana Sarney (PMDB), governadora do Maranhão, R$ 2 milhões; Lindbergh Farias (PT), ex-prefeito de Nova Iguaçu, no Rio de Janeiro, R$ 2 milhões; senadores Benedito de Lira (PP), Humberto Costa (PT) e Edison Lobão (PMDB), R$ 1 milhão cada, e deputada Gleisi Hoffmann (PT), R$ 1 milhão.

Com base nas delações de Paulo Roberto Costa e, posteriormente, de Alberto Youssef, o procurador-geral da República, Rodrigo Janot, denunciou 50 políticos por suspeitas de corrupção e lavagem de dinheiro. O número chegaria a 55. Ministro do STF, Teori Zavascki autorizou as investigações. Os valores desviados para parlamentares tinham como contrapartida o apoio dos políticos no âmbito do Congresso Nacional, prática adotada desde 2003, já no primeiro mandato de Lula, com a distribuição do "mensalão". Em março de 2015, um ano depois da criação da força-tarefa do MPF para a Lava Jato, o procurador Deltan Dallagnol, que coordenava os trabalhos, falou à *Folha de S. Paulo* sobre as dificuldades enfrentadas nas investigações:

– A corrupção é feita entre quatro paredes e envolve um pacto de silêncio entre corruptor e agente público corrupto. Devemos lembrar também que os corruptos escondem a propina que receberam em paraísos fiscais que só cooperam quando temos prova da corrupção, a qual não alcançamos sem a cooperação. Mesmo quando descobrimos que o agente público tem muito mais dinheiro do que ganhou oficialmente ao longo da vida, é extremamente difícil descobrir quais foram as práticas corruptas em que se envolveu.

A Refinaria Abreu e Lima: de 2 bilhões de dólares para 20 bilhões de dólares
O Complexo Petroquímico do Rio de Janeiro ficou sete vezes mais caro

Além de "acertos" em obras de reforma e ampliação em 15 refinarias, havia os projetos de construção da Refinaria Abreu e Lima, em Pernambuco, e do Complexo Petroquímico do Rio de Janeiro (Comperj). Os custos iniciais da Abreu e Lima giravam em torno de 2 bilhões de dólares, mas pularam para inacreditáveis 20 bilhões de dólares com o tempo. Nesse caso, três consórcios de empreiteiras fecharam negócios de R$ 9,1 bilhões, dos quais R$ 273 milhões viraram propina (3% do total): R$ 182 milhões para o PT e R$ 91 milhões para o PP.

Já a previsão de gastos no Comperj não ultrapassava 6,5 bilhões de dólares. Ao autorizar o início das obras, em 2006, o presidente Lula ressaltou a importância da refinaria de insumos petroquímicos e da unidade de refino de combustíveis que seriam erguidas. Prometeu concluir tudo até 2011. No mundo real, porém, as obras foram paralisadas em 2015, faltando ainda R$ 4,3 bilhões de investimentos da primeira fase. Os serviços deveriam ir até 2020 (14 anos após o anúncio das obras), alcançando 30,5 bilhões de dólares. Atingiriam 47,7 bilhões de dólares, sem a entrega das obras. Talvez este seja o maior escândalo da história da Petrobras.

Houve muitas outras irregularidades. Na Refinaria Presidente Getúlio Vargas, no Paraná, por exemplo, três consórcios com nove empresas assumiram as obras, estimadas em R$ 6,6 bilhões. Como em outros contratos firmados pela Petrobras, houve preços superfaturados e repasses ilegais de 3%, nesse caso totalizando R$ 198 milhões.

A delação premiada do doleiro Alberto Youssef confirmaria o esquema de desvios que manchou a Petrobras. Especialista em transportar dinheiro, efetuar remessas ilegais para o exterior, celebrar contratos fraudulentos e lidar com empresas *offshore* em paraísos fiscais, ele era uma espécie de Banco

Central do crime organizado. O esquema mandava 150 milhões de dólares por ano para outros países. O doleiro vivia em apartamento luxuoso em São Paulo, controlava agências de viagem e hotéis, usava mais de 50 empresas. Circulava com malas de dinheiro oriundas de empreiteiras contratadas pela Petrobras. Consultorias forjadas justificavam entradas e saídas de milhões em suas mãos, enquanto contratos de câmbio simulavam importações. Youssef era o braço direito de Paulo Roberto Costa na Diretoria de Abastecimento.

Cena de cinema: Rafael Ângulo Lopez, de 60 anos, era o chefe das "mulas" de Youssef. Ele se prepara para transportar cinco mil cédulas no corpo (500 mil dólares em notas de 100 dólares; ou até 2,5 milhões de euros em cédulas de 500 euros): embrulhava maços de notas com papel plástico de embalar alimentos. Com um alfinete, furava os pacotes e os prensava com as mãos. Tirava assim o ar dos embrulhos, compactando-os e diminuindo o tamanho de cada um. Colocava coletes ortopédicos e meias elásticas no próprio corpo, a fim de comprimi-lo. Fixava os pacotes nas pernas, no tórax e nas costas, com fita de alta aderência. Por fim, vestia roupas largas e escuras para disfarçar e rumava para o aeroporto.

Do depoimento de Youssef prestado aos investigadores da Lava Jato:

– O dinheiro vivo era levado em aviões comerciais e fretados. Eu mesmo viajei com dinheiro preso no corpo e nunca tive problema nos aeroportos. [...] Eu não fui o criador dessa organização. Fui a engrenagem para que pudesse haver o recebimento e os pagamentos aos agentes públicos.

Ao lado da Diretoria de Abastecimento, integravam o esquema a Diretoria de Serviços e a Diretoria Internacional. A primeira concentrava de 20% a 30% do orçamento da Petrobras. Apadrinhada pelo PT, a Diretoria de Serviços, chefiada por Renato Duque, uma escolha do então ministro da Casa Civil, José Dirceu (PT), administrava cerca de 60% dos recursos da estatal. Nesse caso, os 3% de propina, conforme a delação de Paulo Roberto Costa, seguiam integralmente para o partido. Não à toa, Duque mantinha um vínculo direto com o tesoureiro do PT, João Vaccari Neto. Já a Diretoria Internacional, apadrinhada pelo PMDB, teve à frente Nestor Cerveró e, mais tarde, Jorge Luiz Zelada. A Internacional ficava com 10% do orçamento, carreando os 3% desviados da seguinte forma: 1% para o PMDB e 2% para o PT. Nesse caso, o operador financeiro era Fernando Soares, mais conhecido como Fernando Baiano.

Renato Duque negou o quanto pôde sua participação no esquema. Mas seu principal auxiliar, o gerente Pedro Barusco, confessou uma série de crimes. Embolsava 40% da propina que não seguia para os agentes políticos; Duque ficava com 60% dessa parte. Em sua delação premiada, anunciada em 17 de novembro de 2014, Barusco admitiu o recebimento de percentuais em mais de 70 contratos assinados entre 2005 e 2010, durante a gestão Lula. E ainda entregou aos procuradores uma planilha com registros de 89 contratos da Petrobras, totalizando R$ 97 bilhões. Esses contratos geraram R$ 1,2 bilhão em propina, dos quais R$ 455 milhões ficaram com o PT. Dos R$ 374 milhões repassados ao longo de 2010, ano da eleição de Dilma, R$ 120 milhões teriam sido direcionados para o PT. Para não ser preso, Barusco concordou em devolver 97 milhões de dólares depositados em 19 contas na Suíça e outros R$ 6 milhões escondidos no Brasil.

Youssef cuidou de delatar as empresas que montaram cartéis para realizar obras e prestar serviços de engenharia à Petrobras. As grandes: Odebrecht; Andrade Gutierrez; UTC; OAS; Camargo Corrêa; Galvão Engenharia; Engevix; Iesa; Mendes Júnior; Setal; Mitsui Toyo; Skanka; Queiroz Galvão; e Tomé Engenharia. As de porte médio: Jaraguá Equipamentos; Construcap; Engesa; Delta; e Toshiba. Após as empreiteiras dividirem entre si as obras, a lista com as condições de cada uma seguia para Renato Duque, para que ele pudesse convidá-las oficialmente. Quando os contratos abrangiam a Diretoria de Abastecimento, Paulo Roberto Costa também recebia a listagem para dar o seu "de acordo", conforme combinado com o cartel. O doleiro explicaria aos procuradores da Lava Jato:

– As comissões eram obrigatórias, e quem não pagasse sofria retaliação.

Youssef prestou dezenas de depoimentos à Lava Jato. Em um deles, diria:

– Não tinha como operar um esquema desse tamanho se não houvesse o aval do Executivo. Não era possível que funcionasse se alguém de cima não soubesse, as peças não se moviam.

Em outro momento, seria taxativo:

– Era impossível governar sem o esquema. O Lula era refém do esquema.

O doleiro Youssef teve a delação premiada homologada

em 19 de dezembro de 2014, reduzindo, assim, a sua pena. Devolveu R$ 55 milhões desviados e ficou três anos preso.

As sucessivas delações premiadas desnudaram a roubalheira, expondo uma realidade que não podia mais ser negada. Como consequência, houve uma correria de empresários – todos prontos para fazer delações e melhorar a sua situação com a Justiça. Com base nas confissões de Paulo Roberto Costa e Alberto Youssef, o MPF denunciou 36 suspeitos em 11 de dezembro de 2014, entre os quais 25 executivos de sete empreiteiras. Todos haviam sido presos. As acusações incluíam 154 atos de corrupção, 105 atos de lavagem de dinheiro e desvios de R$ 286 milhões. O juiz federal Sergio Moro acolheu as denúncias do MPF e manteve as prisões:

> *Os denunciados da OAS*: Agenor Franklin Magalhães Medeiros, Fernando Augusto Stremel Andrade, João Alberto Lazzari, José Aldemário Pinheiro Filho (Léo Pinheiro), José Ricardo Nogueira Breghirolli e Mateus Coutinho de Sá Oliveira. *Os denunciados da Camargo Corrêa*: Dalton Avancini, Eduardo Hermelino Leite e João Ricardo Auler. *Os denunciados da UTC*: João de Teive e Argollo e Ricardo Ribeiro Pessoa. *Os denunciados da Mendes Júnior*: Alberto Elísio Vilaça Gomes, Ângelo Alves Mendes, José Humberto Cruvinel Resende, Rogério Cunha de Oliveira e Sérgio Cunha Mendes. *Os denunciados da Galvão Engenharia*: Dario de Queiroz Galvão Filho, Eduardo de Queiroz Galvão, Erton Medeiros da Fonseca e Jean Alberto Luscher Castro. *Os denunciados da*

Engevix: Carlos Eduardo Strauch Albero, Gerson de Mello Almada, Luiz Roberto Pereira e Newton Prado Júnior.
O denunciado da Sanko Sider: Márcio Andrade Bonilho.

Os primeiros executivos a delatar foram Julio Camargo e Augusto Ribeiro de Mendonça Neto, ambos ligados à Toyo Setal, detentora de contratos de R$ 5 bilhões com a Petrobras. Os dois confessaram suborno de R$ 150 milhões direcionados a Duque e Barusco, na Diretoria de Serviços. Na sede da Toyo Setal, em São Paulo, entregava-se dinheiro vivo a três emissários de Duque, conhecidos como Tigrão, Melancia e Eucalipto.

O conteúdo das delações de Julio Camargo e Mendonça Neto foi liberado em 3 de dezembro de 2014. Segundo consta em suas declarações, certa vez Duque pediu R$ 4 milhões em doações oficiais ao PT. Camargo repassou o valor ao ministro José Dirceu, incluindo R$ 1 milhão em horas de voo realizadas nos dois aviões de propriedade do empresário. Dirceu usou os jatinhos 113 vezes entre 2010 e 2011. No caso da Refinaria Henrique Lage, em São Paulo, os delatores pagaram R$ 6 milhões a Duque e Barusco. Em contrapartida, fecharam contratos de R$ 1 bilhão.

Já para as obras da Refinaria Presidente Getúlio Vargas, Duque e Barusco exigiram R$ 12 milhões da Toyo Setal. Quanto às obras da Refinaria Abreu e Lima, a Diretoria de Serviços autorizou 12 contratos de R$ 6,6 bilhões. Ao todo, Duque e Barusco ficaram com R$ 95 milhões em troca de contratos em cinco obras. Fernando Baiano, operador do PMDB, levou R$ 102 milhões. A propina da Toyo Setal circulava em malas de dinheiro, mas também era injetada na forma de depósitos bancários em contas no exterior.

De acordo com os dois delatores, Fernando Baiano recebeu 40 milhões de dólares em "comissões" para intermediar dois contratos de fornecimento de navios-sonda da Samsung – propina destinada ao diretor da Internacional, Nestor Cerveró, que a repartia com políticos peemedebistas. O cartel teria se formado no fim dos anos 1990, ainda no governo FHC (1995-2002), fortalecendo-se a partir de 2003, no início do governo Lula. Camargo relatou que Fernando Baiano representava próceres do PMDB: os deputados Michel Temer e Eduardo Cunha. O primeiro se tornaria presidente da República e o segundo, presidente da Câmara. E havia um terceiro nome, o do então presidente do Senado, Renan Calheiros.

Temer, Cunha e Calheiros formavam uma "irmandade" nos assuntos da Petrobras, segundo o relatório do MPF a respeito de Julio Camargo: "Na área interna, o depoente negociava diretamente com Paulo Roberto Costa. Fernando Soares – era corrente – representava o PMDB. Depois o PMDB também 'entrou para fortalecer' Paulo Roberto Costa. Ambos então 'ficaram muito fortes'. Fala-se de Renan Calheiros, Eduardo Cunha, Michel Temer, José Carlos Bumlai (que seria muito amigo do ex-presidente Lula)."

Em seu depoimento, Julio Camargo também mencionaria o tesoureiro do PT, João Vaccari Neto:

– O doutor Vaccari me procurou em 2008, 2010 e 2012 dizendo que precisava de doações, como todo partido precisa. Perguntou se eu poderia ajudar. Evidentemente, era do meu interesse obter sucesso com os contratos.

Julio Camargo explicou melhor aos procuradores da Lava Jato:

– O PT era o partido do governo, que nomeava diretores na Petrobras ou aprovava nomes de outros partidos. Fazia parte você estar bem com o PT.

Na delação do presidente da Transpetro, a confissão de R$ 100 milhões ao PMDB
Sérgio Machado distribuiu mensalões que chegaram a R$ 300 mil

Os desvios não se limitavam à Petrobras. Duas de suas subsidiárias também estavam envolvidas: a BR Distribuidora e a Transpetro. A BR Distribuidora sofreu fatiamento. Servia ao senador Fernando Collor (PTB) e a um grupo de cinco deputados do PT: Cândido Vaccarezza, José Mentor, Jilmar Tatto, Vander Loubet e André Vargas. Mais tarde, Nestor Cerveró também seria transferido para essa subsidiária. A Transpetro tinha como presidente Sérgio Machado, cujo principal aliado era o senador Renan Calheiros (PMDB). Machado sustentou-se no cargo por 11 anos, ao longo dos mandatos de Lula e Dilma. Paulo Roberto Costa o denunciou aos procuradores ao relatar que, entre 2009 e 2010, quando novos contratos para afretamento de navios eram assinados, recebeu um convite para ir ao apartamento de Machado, no Rio de Janeiro.

– [Lá] recebi R$ 500 mil em espécie diretamente de Sérgio Machado – confessou Paulo Roberto.

Sérgio Machado deixaria a presidência da Transpetro no fim de 2014 e, para se livrar da prisão, faria acordo com o MPF, tornando-se o delator do esquema na empresa. Machado confessou desvios de R$ 115 milhões. Mais de R$ 100 milhões foram para o PMDB: R$ 32 milhões para Renan Calheiros; R$ 24 milhões para Edison Lobão; R$ 21 milhões para Romero Jucá; R$ 18,5 milhões para José Sarney; R$ 4,2 milhões para Jader Barbalho e R$ 1,5 milhão para Henrique Eduardo Alves. Com a posse de Edison Lobão no Ministério de Minas e Energia, em 2008, o presidente da Transpetro formalizaria a distribuição de mensalões, cujos valores variavam de R$ 200 mil a R$ 300 mil.

O primeiro repasse a José Sarney, realizado em 2006, somou R$ 500 mil, mas o ex-presidente da República (1985- -1990) também teria recebido R$ 2,2 milhões em doações eleitorais ilícitas. Sérgio Machado afirmou que dava R$ 200 mil por vez a Romero Jucá – chegava a levar o dinheiro até o seu gabinete no Senado. Algumas vezes, Machado dirigiu-se também à casa de Renan Calheiros, em Brasília, para entregar pacotes de R$ 300 mil. Providenciou-lhe R$ 8,2 milhões na forma de doações oficiais, mas houve desentendimentos. Calheiros reivindicava mais. O próprio Edison Lobão pedia mais: R$ 500 mil mensais, o maior mensalão. Machado entregava R$ 300 mil no escritório do filho do ministro, Márcio Lobão, no Rio de Janeiro, mas Edison Lobão embolsou R$ 2,7 milhões ilícitos sob a forma de doações eleitorais.

O presidente da Transpetro procurava extrair o máximo de recursos ilegais das empresas contratadas pela subsidiária, a fim de repassá-los aos políticos que o mantinham no cargo.

A empresa que não pagasse estava fora de futuras contratações. De acordo com seus depoimentos, negócios da Transpetro rendiam até 3% de propina. Já nos estaleiros, as comissões ilegais chegavam a 5%. E o dinheiro passava por quase 20 empresas até chegar a um banco suíço. Bem antes disso, Machado solicitava uma senha ao empresário. Com o código secreto e o local definido para a entrega (hotel ou escritório, em São Paulo ou no Rio de Janeiro), um emissário com nome falso recebia a propina enviada pela empresa. Assim, o político não ficaria sabendo qual empresa fornecera o dinheiro e o empresário tampouco saberia o nome do político que enfiara no bolso a quantia. Só Machado, gestor do esquema, conhecia as duas pontas.

O "custo político" em negócios envolvendo o governo existia no Brasil desde 1946, relatou Machado, exemplificando que, ao longo de 70 anos, pagamentos de propina tiveram o seguinte parâmetro: 3% nos contratos federais; de 5% a 10% nos estaduais; e de 10% a 30% nos municipais. Nesse contexto de corrupção generalizada, a Petrobras constituía, em sua opinião, um "organismo bastante regulamentado e disciplinado", em comparação com outras estatais, departamentos e autarquias existentes no país.

– A Petrobras é a madame mais honesta dos cabarés do Brasil – resumiria o ex-presidente da Transpetro.

Com o acordo na Justiça, Machado cumpriu pena de dois anos e três meses em regime fechado, mas em sua residência, em Fortaleza, com tornozeleira eletrônica. Após esse período, prestou serviços sociais. Pagou multa de R$ 75 milhões.

O caso Sérgio Cabral e o roubo de milhões de reais, diamantes e ouro
Empresário teve que comprar anel de R$ 800 mil para a mulher do governador

Por sua abrangência e ousadia, o caso Sérgio Cabral tornou-se emblemático. Com o tempo, o MPF recuperaria R$ 270 milhões da organização criminosa liderada pelo ex-governador do estado do Rio de Janeiro – inclusive barras de ouro e diamantes em cofres no exterior. Só na Suíça, dois cofres continham 29 diamantes e quatro quilos de ouro no valor de 2,5 milhões de dólares. Havia dinheiro em dez contas bancárias de seis países diferentes.

Cabral foi preso em 17 de novembro de 2016. O MPF o acusou de embolsar mensalões de R$ 200 mil a R$ 500 mil ao longo de seus dois mandatos como governador (2007-2010 e 2011-2014), ambos pelo PMDB. Beneficiara-se diretamente de R$ 40 milhões em propina. O patrimônio de sua mulher, a advogada Adriana Ancelmo, evoluiu de R$ 1,9 milhão, em 2005, para R$ 21,7 milhões em 2015. Repercutiu o caso do anel de R$ 800 mil. A pedido de Cabral, Fernando Cavendish, dono da Delta Engenharia, comprou a joia para Adriana.

Um dos delatores da Andrade Gutierrez denunciou que um emissário de Cabral recebeu propina oriunda do contrato de terraplenagem do Comperj. Outro delator, da Odebrecht, revelou que Cabral tinha o codinome "Proximus" na contabilidade da companhia. Estava registrado nas planilhas secretas da Odebrecht: "R$ 1 milhão para Proximus." Fizeram o repasse usando a senha "Tomate". Como combinado, o enviado encarregado de receber o dinheiro se apresentou com a senha "Orelha".

Cabral montara esquemas milionários de desvios em diversos setores de seu governo, como a Secretaria de Saúde e a de Transportes. Nesta última, desde o tempo em que tinha uma cadeira na Assembleia Legislativa do Rio de Janeiro, onde Cabral cumpriu três mandatos consecutivos como deputado estadual, de 1991 a 2002. Aliado do governador, o prefeito Eduardo Paes (PMDB), eleito para o cargo duas vezes seguidas, em 2008 e 2012, também acabou envolvido na derrama. Para facilitar contratos e obras referentes às Olimpíadas de 2016, realizadas no Rio de Janeiro, a Odebrecht teria entregue a Paes R$ 11 milhões no país e outros R$ 5 milhões no exterior.

A denúncia sobre o envolvimento de Eduardo Paes – o Nervosinho, conforme consta nas planilhas secretas da Odebrecht – foi feita por Benedicto Barbosa da Silva Júnior, o homem forte do chamado "departamento de propina" da empreiteira. O prefeito negou. Segundo o delator, Paes teria negociado ainda R$ 3 milhões para a campanha eleitoral do deputado federal Pedro Paulo (PMDB) em 2010.

Ao mencionar repasses de R$ 7,7 milhões feitos pela Andrade Gutierrez a Cabral para que o governo fluminense favorecesse a empreiteira em seus contratos, os procuradores do MPF concluíram, em seu relatório, que a propina "elevou o padrão de vida de Sérgio Cabral a um nível impensável, digno de um magnata do setor privado e sem qualquer relação com o padrão econômico que um servidor público, mesmo um governador de estado, pode pensar em ter". Em fevereiro de 2022, Cabral foi condenado pela 22ª vez. Dessa feita, o juiz Marcelo Bretas, da 7ª Vara Federal do Rio de Janeiro, sentenciou-o a quatro anos, sete meses e 18 dias de prisão por sonegar R$ 10,4 milhões no Imposto de Renda. Juntas, as penas do ex-governador somavam, então, mais de 400 anos de prisão. Um recorde.

Sucessor de Cabral, Luiz Fernando Pezão (PMDB) também foi flagrado em ilegalidades. Em junho de 2021, Marcelo Bretas o condenou a 98 anos, 11 meses e 11 dias de prisão por corrupção, lavagem de dinheiro e associação criminosa. Conforme a denúncia do MPF, Cabral teria pago R$ 150 mil por mês a Pezão, incluindo 13º salário no mesmo valor, ao longo dos sete anos e três meses em que ele foi seu vice-governador (2007-2014). Ao todo, R$ 15,6 milhões. Além disso, Pezão teria recebido propina da Federação das Empresas de Transporte de Passageiros do Estado do Rio de Janeiro (Fetranspor) até junho de 2015, quando já ocupava o cargo de governador havia um ano e dois meses. Total embolsado proveniente da empresa: R$ 11,4 milhões.

Além dos danos aos cofres públicos, os desvios sistemáticos e em larga escala ao longo de décadas levaram à degradação institucional, política, econômica e social do estado do Rio de Janeiro.

A multinacional holandesa e os pagamentos irregulares à Petrobras
A SBM Offshore injetou 139 milhões de dólares no esquema da estatal

O caso da multinacional holandesa SBM Offshore, de *leasing* de plataformas de petróleo, foi o primeiro, entre as grandes empresas contratadas pela Petrobras, a ganhar as páginas dos jornais por conta de corrupção. Antes mesmo da deflagração da Operação Lava Jato. Ainda em fevereiro de 2014, a imprensa na Holanda apontou suspeita de repasses de propina feitos pela SBM à estatal brasileira. Dois meses depois, a própria multinacional admitiria pagamentos de 139 milhões de dólares a um esquema criminoso dentro da Petrobras. Para evitar responder a um processo por suborno em seu país, a SBM fez acordo com autoridades holandesas e pagou 240 milhões de dólares. Assim, encerrou as investigações.

A SBM fornecia navios-plataforma de exploração de petróleo em alto-mar alugados pela Petrobras. Os contratos alcançaram mais de 20 bilhões de dólares naquele ano. Apesar de a Justiça na Holanda ter confirmado as operações de suborno, a presidente da estatal no Brasil, Maria das Graças Foster, negou por meses a existência de quaisquer irregularidades até que, enfim, admitiu a corrupção. Pedro Barusco reconheceu que de 1997 (governo FHC, do PSDB) a 2010 (final dos anos Lula, do PT) embolsou 22 milhões de dólares da SBM. Só em 2007, de um contrato de R$ 1,2 bilhão, pegou 1%, isto é, R$ 12 milhões. Após confessar ter mantido uma política de pagamento de propina em troca de contratos no

Brasil, a multinacional SBM propôs indenizar a Petrobras em 1,7 bilhão de dólares.

Rodrigo Janot, procurador-geral da República, pediu a saída de Maria das Graças Foster da empresa em 10 de dezembro de 2014, argumentando que "corruptos e corruptores precisam conhecer o cárcere e devolver os ganhos espúrios que engordaram suas contas, à custa da esqualidez do Tesouro Nacional e do bem-estar do povo". Maria das Graças Foster só sairia dois meses depois, após irritar a presidente Dilma. Na ocasião, foi fechado um balanço da companhia em que se constatavam perdas de R$ 88,6 bilhões entre 2004 e 2012, período em que Paulo Roberto Costa comandava a Diretoria de Abastecimento. Do total, R$ 4 bilhões teriam sido tragados pela corrupção.

Quando tornaram público o balanço auditado, algum tempo depois, as perdas com práticas corruptas já atingiam, oficialmente, R$ 6,2 bilhões. Na verdade, mais. A Petrobras admitiu R$ 44,6 bilhões em prejuízos – R$ 21,8 bilhões só no Comperj; R$ 9,1 bilhões na Refinaria Abreu e Lima e R$ 2,8 bilhões nas refinarias Premium 1, no Maranhão, e na Premium 2, no Ceará, idealizadas na administração Lula. Estas duas, mal concebidas, tiveram seus projetos cancelados. O problema de Maria das Graças Foster foi apontar que quase 90% das perdas ocorreram na gestão de José Sérgio Gabrielli à frente da estatal. Ao contabilizar tais prejuízos, ela desferiu "fogo amigo" contra Gabrielli, próximo do ex-presidente Lula, e Dilma a demitiu.

Os R$ 6,2 bilhões lançados no balanço da Petrobras como perdas causadas pelos custos da corrupção eram uma estimativa aproximada. Os responsáveis pelo cálculo pegaram R$ 207 bilhões em negócios da Petrobras e calcularam desvios de 3%. Chegaram ao número da propina, mas não consideraram as perdas da empresa provocadas pelos lucros exorbitantes das empreiteiras, que, em troca do pagamento de suborno, cobravam somas despropositadas para executar obras. Tudo com a anuência daqueles que deveriam salvaguardar os interesses da estatal e do Brasil. Como separar a corrupção da má gestão, se esta é intencional e financiada por corruptores?

Um laudo do setor técnico-científico da Polícia Federal em Curitiba jogou luz sobre o problema. Os peritos consideraram que as majorações indevidas e os lucros abusivos alcançavam até 20% dos valores dos contratos da Petrobras. Por esse cálculo, os pagamentos irregulares teriam atingido até R$ 42 bilhões. Peritos analisaram desembolsos a 27 empresas que agiram em cartel entre 2004 e 2014. Juntas, elas receberam R$ 215,7 bilhões. É elucidativo o trecho a seguir, extraído do laudo da PF: "Considerando que em ambiente cartelizado a competitividade fica praticamente descartada, estima-se que os percentuais de lucros excessivos aplicados pelas empreiteiras cartelizadas possam ter variado entre o mínimo de 3%, correspondente aos valores repassados a partidos políticos e aos ex-funcionários da Petrobras, podendo chegar a até 20%."

Para ficar claro: a corrupção na Petrobras, apenas no período analisado de dez anos pode ter chegado a R$ 42 bilhões.

Demitida Maria das Graças Foster, a presidente Dilma colocou em sua vaga, em 6 de fevereiro de 2015, Aldemir

Bendine, um ex-presidente do Banco do Brasil nomeado por Lula. Em menos de quatro meses, a Odebrecht acusaria Bendine de exigir R$ 3 milhões para não prejudicar os interesses da empreiteira na Petrobras. Conforme se descobriria posteriormente, a empresa cedeu à chantagem, forjando serviços de consultoria e fazendo três pagamentos de R$ 1 milhão, em espécie, em junho e julho daquele ano. Bendine, o Cobra, conforme era nomeado nas planilhas secretas, seria preso em 27 de julho de 2017.

A negociata na compra da Refinaria de Pasadena, um golpe internacional
O escândalo revelou os meios usados para roubar e os prejuízos ao Brasil

Voltemos a 2005. A compra da Refinaria de Pasadena, nos Estados Unidos, expôs como nunca antes a cultura de corrupção enraizada na Petrobras. A história começou quando a multinacional belga Astra Oil adquiriu a refinaria por 42,5 milhões de dólares. Um ano depois, o Conselho de Administração da Petrobras, presidido pela então ministra da Casa Civil, Dilma Rousseff (PT), decidiu comprar metade de Pasadena. Por 360 milhões de dólares. No fim de uma disputa judicial nos Estados Unidos, a estatal brasileira torrou 1,2 bilhão de dólares para ficar com toda a refinaria – os belgas haviam gastado quase 30 vezes menos.

Paulo Roberto Costa confirmou as suspeitas vinculadas a Pasadena. Declarou ter embolsado 1,5 milhão de dólares para não questionar a ausência de fundamentação técnica no projeto e não frustrar a negociata por trás da compra da refinaria. Já o operador Fernando Baiano, em sua delação, diria ter entregado 2 milhões de dólares a Paulo Roberto por Pasadena. Paulinho recebia os repasses em restaurantes e shoppings, mas não lá dentro. Só no carro, quando o diretor de Abastecimento se postava na saída do estacionamento, ou num posto de combustíveis, já na direção de casa. Baiano levava o dinheiro em mochilas ou sacolas.

Acusado no caso de Pasadena e por desviar parte de 30 milhões de dólares da contratação de dois navios-sonda em 2005 e 2006, Nestor Cerveró percorreu um caminho tortuoso para esconder a compra de uma cobertura em Ipanema avaliada em R$ 7,5 milhões – um duplex de 300 metros quadrados, com sete quartos e piscina –, onde viveu por cinco anos. Para camuflar a posse e forjar aparência legal, abriu *offshore* no Uruguai, usou "laranja" no Brasil e criou "sede fantasma" para alugá-lo da *offshore*. A inquilina? Sua esposa. A Justiça determinou o confisco do duplex. Cerveró comandou a Diretoria Internacional de 2003 a 2008. Foi preso.

O sucessor de Cerveró, Jorge Luiz Zelada, ocupou o cargo até 2012. Também foi preso, acusado de ter transferido 7,5 milhões de euros de um banco suíço para Mônaco a fim de evitar o bloqueio do dinheiro na Suíça. A quantia já havia passado pelo Panamá, outro paraíso fiscal. Em Mônaco, Zelada acumulava 10,3 milhões de euros em nome de uma empresa *offshore*.

Então presidente da Petrobras, em 2011 Gabrielli escolheu Barusco para comandar a Diretoria de Operações da Sete

Brasil, empresa criada pelo governo federal no início do governo Dilma para construir 28 sondas de exploração do pré-sal. Tratava-se de um projeto orçado em R$ 24 bilhões. Barusco confessaria o recebimento de 5 milhões de dólares em propinas pagas por empresas contratadas pelo programa de sondas de perfuração em águas profundas. Afirmou que Renato Duque pôs as mãos em outros 6 milhões de dólares, enquanto João Vaccari Neto, tesoureiro do PT, ficou com 4,5 milhões de dólares. O dinheiro vinha do estaleiro Kepell Fels, de Singapura.

Por meio de acordo de leniência anunciado em 22 de dezembro de 2017 e fechado com autoridades do Brasil, dos Estados Unidos e de Singapura, o Kepell Fels concordou em pagar uma multa de R$ 1,4 bilhão, sendo R$ 692 milhões ao Brasil – supostamente o dobro do que desembolsou ao subornar agentes públicos e políticos brasileiros. Na mesma época, o já ex-presidente da Sete Brasil, João Carlos de Medeiros Ferraz, reconheceu que recebeu propina de 1,9 milhão de dólares em 2012, dinheiro proveniente de estaleiros contratados para construir navios-sonda que seriam alugados à Petrobras. Disse que aceitou as "gratificações" em um "momento de fraqueza". E que chegou a rechaçá-las, mas "avisos em tom intimidatório de que seria mais seguro para ele aceitá-las" levaram-no a entrar no esquema. Os repasses providenciados por Barusco rechearam contas na Suíça.

Enfim, calculou-se em 240 milhões de dólares os valores desviados da Sete Brasil (1% dos contratos). E Ferraz teria que devolver R$ 22,2 milhões.

A prática de fechar acordo de delação premiada e de leniência também se estendeu às grandes empreiteiras brasileiras.

Os acordos da cúpula da Camargo Corrêa foram os primeiros entre o grupo das maiores empreiteiras. Conforme as confissões de seu presidente, Dalton Avancini, e de seu vice, Eduardo Hermelino Leite, realizadas em abril de 2015, a empresa assinou dez contratos com a Petrobras entre 2007 e 2012. Nesse período, encaminhou R$ 63 milhões em propina à Diretoria de Serviços e outros R$ 47 milhões à Diretoria de Abastecimento. Avancini admitiria que existia um cartel formado pelas maiores empreiteiras, de cujas negociações ele participava. Hermelino Leite tentaria fundamentar a formação do cartel:

– Um cenário de menos competitividade é um cenário favorável.

A Camargo Corrêa pagou uma multa de R$ 104 milhões e devolveu R$ 700 milhões à Petrobras, à Eletronuclear e à Eletrobras, para compensar licitações fraudulentas, corrupção, práticas de cartel e lavagem de dinheiro em obras da Refinaria Abreu e Lima, da Usina Nuclear de Angra 3, no Rio de Janeiro, e da Usina Hidrelétrica de Belo Monte, no Pará. O acordo de leniência foi o maior assinado no país – até então. Os R$ 700 milhões dariam imunidade aos executivos da empreiteira.

Cristiano Kok, presidente do Conselho de Administração da Engevix, declararia à *Folha de S. Paulo*, em 19 de março de 2015:

– Os políticos aparelham a máquina com gestores incompetentes e obtêm vantagens pessoais para os partidos. A versão divulgada é a de que a Petrobras foi assaltada por um bando de empreiteiras. A verdade é que os políticos aparelharam a Petrobras para arrancar dinheiro das empreiteiras.

A admissão de culpa do dono da UTC e o pagamento de multa de R$ 50 milhões
Após cinco meses na prisão, o empresário Ricardo Pessoa chorou porque iria para casa

Um ano depois do início da Operação Lava Jato, o Ministério Público da Suíça anunciou o congelamento de 400 milhões de dólares em diversos bancos no país. Vasculhou 300 contas em 30 instituições. A maioria dos donos dessas contas – executivos da Petrobras, empresários e políticos – mantinha relações com a estatal brasileira. Com o desenrolar das investigações, o bloqueio na Suíça atingiria a marca de 800 milhões de dólares.

Em maio de 2015, após passar cinco meses em um presídio, Ricardo Pessoa, dono da UTC e coordenador do "clube" de empreiteiras que fraudavam contratos na Petrobras, desabou em choro ao saber que iria para casa. Em prisão domiciliar, assinou acordo de delação premiada e acertou o pagamento de uma multa de R$ 50 milhões. Reconheceu que a transformação da pequena UTC em uma das maiores empreiteiras do país e grande fornecedora da estatal ocorrera mediante pagamentos de R$ 64,6 milhões para políticos. Dinheiro repassado via doações eleitorais ou como caixa dois. Só o PT recebeu R$ 22,3 milhões entre 2006 e 2014.

Ricardo Pessoa admitiu pagamentos ilegais de R$ 176 milhões, ao todo, entre 2002 e 2014. Fez acertos por meio de contratos simulados ou de valores superfaturados de serviços de terraplenagem, advocacia e consultoria. Pagou com notas fiscais de operadores que participavam do esquema. Relatou a injeção de R$ 2,4 milhões em espécie no comitê de reeleição de Lula em 2006. Nas eleições municipais de 2012, foram mais R$ 2,4 milhões em caixa dois, dessa vez para eleger o prefeito de São Paulo, Fernando Haddad (PT). Em 2014, doaria R$ 7,5 milhões para a reeleição de Dilma. As duas maiores entregas: R$ 20 milhões ao senador Fernando Collor (PTB), no esquema da BR Distribuidora; e R$ 15 milhões ao tesoureiro do PT, João Vaccari Neto. Demais repasses:

> Senador Gim Argello (PTB), R$ 5 milhões; ex-ministro José Dirceu (PT), R$ 3,1 milhões; senador Ciro Nogueira (PP), R$ 2 milhões; senador Edison Lobão (PMDB), R$ 1 milhão; presidente da Transpetro, Sérgio Machado, R$ 1 milhão; governador de Alagoas, Renan Filho (PMDB), R$ 1 milhão; deputado Arthur Lira (PP), R$ 1 milhão; deputado José de Filippi Júnior (PT), R$ 750 mil; senador Aloysio Nunes Ferreira (PSDB), R$ 500 mil; deputado Paulinho da Força (SD), R$ 500 mil; senador Benedito de Lira (PP), R$ 400 mil; deputado Eduardo da Fonte (PP), R$ 300 mil; senador Aloizio Mercadante (PT), R$ 250 mil; ex-deputado Valdemar Costa Neto (PR), R$ 200 mil; deputado Luiz Sérgio (PT), R$ 200 mil e deputado Júlio Delgado (PSB), R$ 150 mil.

No que concerne aos supracitados R$ 5 milhões embolsados por Gim Argello, Ricardo Pessoa esclareceu que o suborno serviu para enterrar a CPI da Petrobras, em 2014, e garantir que ele não seria chamado a depor. Conforme Pessoa contou, Argello tinha "influência" sobre o presidente da Comissão, o senador Vital do Rêgo (PMDB), e o relator, deputado Marco Maia (PT). E ainda: um executivo da UTC combinou com José de Filippi Júnior, tesoureiro da campanha de Lula em 2006, um repasse de R$ 2,4 milhões. Para assegurar sigilo, o emissário que carregava a bolada chegou ao comitê do PT e declarou a senha "Tulipa". Ouviu a resposta "Caneco", o que significava passe livre para levar o dinheiro até a sala de Filippi. Em um de seus depoimentos, assim Ricardo Pessoa se referiu a outro tesoureiro petista, João Vaccari Neto:

– Bastava a empresa assinar um novo contrato com a Petrobras que o Vaccari aparecia para lembrar: "Como fica nosso entendimento político?"

Vaccari usava a palavra "pixuleco" para tratar de propina. Virou anedota nacional, e o termo batizou um boneco de Lula vestido de presidiário. O tesoureiro gostava de pegar dinheiro na UTC aos sábados pela manhã. Evitava chamar atenção, mas chegava em um carro de luxo. Preocupado em não falar por temer ser gravado, escrevia os valores em pedaços de papel. Acondicionava o dinheiro numa mochila preta, sempre atento ao entorno. Sumia com as evidências.

– Vaccari picotava a anotação e distribuía os pedaços em lixos diferentes – contou o dono da UTC.

No ano eleitoral de 2014, Ricardo Pessoa decidiu elevar o valor das "doações" de R$ 20 milhões para R$ 54 milhões, a fim de ampliar sua capacidade de relacionamento e incrementar os negócios. Aos investigadores, ele explicaria:

– As doações políticas propiciam maior acesso aos tomadores de decisões, facilitando os objetivos e interesses de uma maneira eficaz e célere. [...] O relacionamento com autoridades eleitas propicia a abertura de portas e legitimidade para propor a discussão de oportunidades de negócio.

A apreensão de três carrões de luxo nas imagens da televisão
Juntos, os veículos valiam R$ 6,8 milhões e pertenciam a Fernando Collor

Três automóveis de luxo do senador Fernando Collor (PTB) foram apreendidos em 14 de julho de 2015. Fotografias dos carros, estacionados em sua cinematográfica mansão conhecida como Casa da Dinda, no Distrito Federal, rechearam o noticiário da televisão e dos jornais. Valiam R$ 6,8 milhões. As imagens do Lamborghini Aventador LP 700 – 4 Roadster, de R$ 3,9 milhões, marcariam a Lava Jato. O carrão prateado, com motor de 700 cavalos, acelerava de zero a 100 km/h em três segundos. A Polícia Federal o levou com a Ferrari 458 Itália, avaliada em R$ 1,9 milhão, e o Porsche Panamera S, que custava R$ 1 milhão. Por ironia, os automóveis foram confiscados na mesma Casa da Dinda na qual, em meados de 1992, foi achado o célebre Fiat Elba comprado por PC Farias. Na época, o imbróglio envolvendo a compra do carro popular ajudou a derrubar Collor do poder.

Em 2014, Collor declarara possuir 13 veículos. Entre eles constavam: uma BMW 760, de R$ 714 mil; uma Ferrari Scaglietti, de R$ 556 mil e um Citröen C6, de R$ 322 mil. A Casa da Dinda ficou famosa quando seu proprietário ocupou a Presidência da República (1990-1992). A mansão tornou-se um símbolo da época. Tesoureiro da campanha de Collor, Paulo César Farias, o PC Farias, havia bancado a reforma da residência com 2,5 milhões de dólares de "contas fantasmas".

No Brasil de 2015, a PF analisou 110 mil operações bancárias em 11 contas do senador, de sua mulher e de empresas suspeitas ligadas à família. Encontrou evidências da lavagem de dinheiro em depósitos feitos em espécie – valores fracionados e baixos – para despistar a origem e o destino. Foram 469 transferências de R$ 2 mil (totalizando R$ 938 mil). Só em 16 de agosto de 2011, registraram-se 35 depósitos de R$ 2 mil. Houve outras 46 operações de R$ 1,5 mil. Trinta anos após ser apeado do poder, e apesar das evidências reveladas pela PF, Fernando Collor passou incólume pelo escândalo do petrolão.

Outro escândalo foi a contratação do estaleiro Samsung Heavy, da Coreia do Sul, para construir um navio-sonda para a Petrobras. A história surgiu em 2015 e, constatou-se depois, 616 milhões de dólares do contrato teriam sido superfaturados. Mas os desvios não acabaram aí. A Petrobras contratou a Schahin, sem concorrência, para operar o navio-sonda fabricado pela Samsung. Para isso, a Schahin arrendou o navio-sonda da Petrobras por 765 milhões de dólares, dinheiro emprestado pela própria Petrobras. E a estatal ainda se comprometeu a pagar 1,6 bilhão de dólares à Schahin pela operação do navio-sonda. A transação também incluiu bônus antecipados por performance. Os extras gerariam sobrepreço de 79 milhões de dólares em dez anos. Difícil de entender?

A repórter Josette Goulart explicou melhor, na edição de 31 de maio de 2015 de *O Estado de S. Paulo*: "É como se você comprasse um carro de luxo e quisesse ter um serviço de chofer. Em vez de contratar um motorista, acaba vendendo o carro ao vizinho. Como ele não tem dinheiro para pagar à vista, fica acertado que o pagamento será em 12 vezes. Nesse mesmo período, ele passa a ser seu chofer cobrando duas taxas: uma pelo serviço de motorista e outra pelo aluguel do carro. O valor da prestação que ele lhe deve, no entanto, é metade do quanto recebe de você por mês pelas duas taxas. No fim das contas, ao fim deste período de um ano, ele fica com o carro e ainda ganha com as taxas que cobrou."

O dia 19 de junho de 2015 foi histórico. A PF prendeu os presidentes das duas maiores empreiteiras do país: Marcelo Bahia Odebrecht, da Odebrecht, e Otávio Marques de Azevedo, da Andrade Gutierrez. O então juiz Sergio Moro determinou ainda a prisão de outros dez executivos. Da Odebrecht: Alexandrino Alencar, César Ramos Rocha, Cristina Maria da Silva Jorge, João Antônio Bernardi Filho, Márcio Faria da Silva e Rogério Santos de Araújo. Da Andrade Gutierrez: Antônio Pedro Campelo de Souza, Elton de Azevedo Júnior, Flávio Lúcio Guimarães e Paulo Roberto Dalmazzo.

Cerca de cinco meses depois, conforme anunciado em 27 de novembro de 2015, a Andrade Gutierrez fecharia um acordo de leniência. Prontificou-se a pagar R$ 1 bilhão de multa por fraudes e suborno. Segundo Otávio Marques de Azevedo, a empreiteira deu R$ 71,9 milhões ao PT em três eleições: R$ 15,7 milhões em 2010; R$ 21,5 milhões em 2012 e R$ 34,7 milhões em 2014. Do total de R$ 20 milhões transferidos para a campanha de Dilma em 2014, informou o executivo, metade teve origem em desvios nos contratos do Comperj, de Angra 3 e de Belo Monte.

Também houve desvios nas obras de três estádios que se preparavam para a Copa do Mundo de 2014: Maracanã, no Rio de Janeiro; Mané Garrincha, no Distrito Federal e Arena Amazonas, no Amazonas. Além de suborno aos seguintes governadores: Agnelo Queiroz (PT), do Distrito Federal; Eduardo Braga (PMDB) e Omar Aziz (PSD), ambos do Amazonas e Sérgio Cabral (PMDB), do Rio de Janeiro. Segundo os executivos da Andrade Gutierrez, os dois governadores do Amazonas embolsaram R$ 48 milhões: Eduardo Braga, R$ 30 milhões; seu sucessor, Omar Aziz, R$ 18 milhões. Apenas o estádio do Maracanã renderia R$ 60 milhões em comissões ilegais, mas Cabral também cobrou por outras obras no Rio. Abocanharia mensalões de R$ 350 mil.

O acordo de leniência da Andrade Gutierrez revelou, ainda, outros desvios: na campanha eleitoral de 2010, o deputado Antonio Palocci (PT) representou a então ministra da Casa Civil, Erenice Guerra (PT), nos acertos ilegais de Belo Monte. Decidiu-se que Andrade Gutierrez, Odebrecht e Camargo Corrêa ficariam fora da concorrência. Só depois se integrariam ao consórcio. Ao todo, Belo Monte propiciaria R$ 150 milhões em propina (1% do valor das obras), dividida entre PT e PMDB. Orçada em R$ 15 bilhões, a hidrelétrica já custava R$ 31,5 bilhões no início de 2016. A Andrade Gutierrez entregou R$ 15 milhões a Delfim Netto (PMDB), ex-ministro dos governos militares e conselheiro informal de Lula – a "gratificação" pagou assessoria em Belo Monte.

No caso de Angra 3, Flávio David Barra, da Andrade Gutierrez Energia, repassou R$ 5,6 milhões ao ministro Edison Lobão (PMDB) – levou R$ 600 mil em dinheiro até a casa de Márcio Lobão, filho do ministro, no Rio de Janeiro. Dos contratos em Angra 3, o PMDB recebia 2% e o PT ficava com 1%, enquanto 1,5% eram distribuídos entre os executivos da Eletronuclear. Estes agiriam sob ordens do presidente da estatal, o almirante Othon Luiz Pinheiro da Silva, nomeado por Lula sob influência do então deputado federal Michel Temer (PMDB). Ilegalidades em Angra 3 condenariam o militar a 43 anos de prisão, mas o caso sofreria uma reviravolta, como veremos adiante.

O caixa dois da Andrade Gutierrez era gerenciado por Adir Assad. Preso pela Lava Jato, Assad afirmou ter realizado repasses de R$ 100 milhões à estatal paulista Dersa – Desenvolvimento Rodoviário S.A. e relacionou a propina ao governador José Serra (PSDB). O dinheiro ilícito era entregue a Paulo Vieira de Souza, o Paulo Preto, diretor do Dersa, que usava um cômodo em sua casa como depósito de dinheiro. Empregados dele levariam boladas de papel-moeda para tomar sol e evitar que mofassem. Assad carregava dinheiro em malas e dispunha as cédulas em camadas. Para disfarçar, entremeava-as com roupas, plásticos e papéis. Chamava seu método de "lasanha", como o tradicional prato italiano. Em cada mala, um "recheio" que ia de R$ 150 mil a R$ 170 mil. Lasanha de propina.

Em 2012, a Andrade Gutierrez pagou R$ 30 milhões para abafar o depoimento de Assad à CPI que investigou o empresário do jogo Carlos Augusto Ramos, o Carlinhos

Cachoeira. A criação dessa Comissão teria sido incentivada por Lula para, conforme a delação do senador Delcídio do Amaral (PT), desviar a atenção dos julgamentos do escândalo do mensalão pelo STF naquele ano eleitoral. De qualquer forma, Assad depôs no Congresso Nacional:

– Foi uma maravilha. Cheguei lá, todos os deputados estavam no celular, para não fazerem perguntas. Pareceu que fui lá dar uma palestra.

O terremoto da delação premiada dos executivos da Odebrecht
A empreiteira tinha "departamento de propina" para corromper políticos

Quando Lula assumiu a Presidência, em 2003, a Odebrecht já era a maior empreiteira do país. Faturava R$ 17,3 bilhões por ano. Onze anos depois, em 2014, o faturamento alcançava R$ 107,7 bilhões – mais de seis vezes o valor do início dos anos Lula. Entre 2007 e 2015, o Banco Nacional de Desenvolvimento Econômico e Social (BNDES) deu quase 70% dos recursos destinados a obras no exterior para a companhia. De um total de R$ 12 bilhões, R$ 8,2 bilhões foram para a Odebrecht.

Mesmo com as investigações e o acúmulo de evidências, executivos da empresa resistiram a confessar seus crimes. Até que uma funcionária de terceiro escalão, Maria Lúcia Guimarães Tavares, fez um acordo de delação premiada em 1º de março de 2016. A secretária gerenciava o Setor de Operações Estruturadas, que ficaria conhecido como "departamento de propina". Ali, planilhas registravam pagamentos de R$ 91 milhões, dinheiro repassado por doleiros em São Paulo e no Rio de Janeiro. Os beneficiários eram identificados por codinomes. Alguns exemplos:

> Eduardo Cunha (PMDB), Caranguejo; Humberto Costa (PT), Drácula; Jaques Wagner (PT), Passivo; Jarbas Vasconcelos Filho (PMDB), Viagra; Jorge Picciani (PMDB), Grego; José Sarney (PMDB), Escritor; Lindbergh Farias (PT), Lindinho; Manuela D'Ávila (PCdoB), Avião; Raimundo Colombo (PSD), Ovo; Renan Calheiros (PMDB), Justiça; Romero Jucá (PMDB), Cacique; Sebastião Almeida (PT), Sumido; e Sérgio Cabral (PMDB), Proximus.

As confissões dos executivos da Odebrecht provocaram um terremoto em Brasília. Cláudio Melo Filho, diretor de Relações Institucionais, citou 54 políticos. Estava no cargo desde 2004. Negociava o "toma lá, dá cá" com senadores e deputados, sempre em defesa dos interesses de seus patrões. Políticos buscavam se aproximar, mas o diretor tratava de selecionar apenas os de relevância política. O então deputado Geddel Vieira Lima (PMDB) apresentou Melo Filho ao também deputado Michel Temer em 2005. Naquele ano, o executivo da Odebrecht conheceu outro deputado, Eliseu Padilha, o Primo, e, ainda, o senador Romero Jucá, o Caju. Todos do PMDB. O diretor de Relações Institucionais da empresa confessaria às autoridades:

– Todos os assuntos que tratei no Congresso se iniciaram com Romero Jucá. Na maioria das vezes, eu não tratava com mais ninguém. Ele me orientava sobre quais passos adotar e quais parlamentares seriam acionados. Jucá agia em nome próprio e do grupo que representava, formado por Renan Calheiros, Eunício Oliveira e membros do PMDB.

Antes de se tornar presidente da República, Temer liderou o PMDB na Câmara dos Deputados. Em seu grupo político também estava Moreira Franco, o Angorá. Ainda conforme Melo Filho, a pessoa mais destacada desse grupo para falar com agentes privados e centralizar arrecadações financeiras era Eliseu Padilha.

– Ele atua como verdadeiro preposto de Michel Temer e muitas vezes fala em seu nome – revelou à época o executivo. – Padilha concentra arrecadações financeiras desse núcleo do PMDB para posteriores repasses internos.

No governo Temer (2016-2018), Romero Jucá, que já fora ministro e líder no Senado dos presidentes Lula e Dilma, viraria ministro do Planejamento. Eliseu Padilha ficaria com a Casa Civil. Moreira Franco se tornaria secretário de Parcerias em Investimentos. De acordo com Melo Filho, Temer atuava de forma muito mais indireta, "não sendo seu papel, em regra, pedir contribuições para o partido, embora isso tenha ocorrido de maneira relevante no ano de 2014".

Melo Filho afirmou que, no decorrer de 12 anos, repassou um total de R$ 22 milhões a Jucá, dinheiro supostamente dividido, entre outros, com Calheiros e Geddel, o Babel, autor de "exigências" para destravar verbas no Ministério da

Integração Nacional, comandado por ele durante parte dos anos Lula. Na gestão Dilma, Geddel tornou-se vice-presidente da Caixa Econômica Federal (CEF). Melo Filho detalhou os entendimentos com Geddel nessa época:

– A sua dedicação a nossos pleitos sempre era retribuída com pagamentos, especialmente em momentos de campanha eleitoral, mas não apenas. A relação com Geddel não se resumia a apoio financeiro em períodos eleitorais. Era muito mais forte que isso. Geddel recebia pagamentos qualificados em períodos eleitorais e em períodos não eleitorais.

Ainda segundo o delator, Geddel embolsou R$ 5,3 milhões. Na Bahia, o governador Jaques Wagner (PT) levou R$ 9,5 milhões, e seu sucessor, Rui Costa (PT), eleito em 2014, recebeu R$ 10 milhões da Odebrecht. Outros nomes agraciados (apenas os que receberam mais de R$ 1 milhão): Gim Argello (PTB), o Campari, R$ 2,8 milhões; Eunício Oliveira (PMDB), o Índio, R$ 2,1 milhões; Ciro Nogueira (PP), o Cerrado, R$ 1,6 milhão e Marco Maia (PT), o Gremista, R$ 1,3 milhão.

Em meio aos maiores acordos de leniência de todos os tempos até então, a Odebrecht e sua petroquímica Braskem aceitaram pagar R$ 6,9 bilhões em 21 de dezembro de 2016 para reparar ações de suborno e fraudes no Brasil, na Suíça e nos Estados Unidos. Ao todo, R$ 5,3 bilhões ficaram no Brasil, enquanto R$ 1,6 bilhão foram divididos entre Suíça e Estados Unidos. Com juros e correção, o valor alcançaria R$ 11,4 bilhões. De acordo com o Departamento de Justiça norte-americano, os pagamentos ilegais da Odebrecht renderam contratos para obras no valor de R$ 11 bilhões.

Autoridades nos Estados Unidos indicaram que o "departamento de propina" pagara R$ 50 milhões à campanha de Dilma em 2010. Em contrapartida, a Braskem obteve benefício em programa de créditos tributários do governo. A vantagem ilícita teria sido encaminhada pelo ministro da Fazenda, Guido Mantega (PT). Também teria havido o envolvimento de Antonio Palocci (PT), antecessor de Mantega no cargo. Para os norte-americanos, Palocci era um consultor da Braskem.

Os caciques do PSDB e os milhões de reais na parceria com a Odebrecht
Aécio Neves, José Serra e Geraldo Alckmin teriam obtido vantagens ilícitas

As confissões dos executivos da Odebrecht alcançaram políticos importantes também do PSDB. O governador de Minas Gerais, Aécio Neves, o Mineirinho, teria sido beneficiado com repasses clandestinos de R$ 63 milhões vinculados à construção da Cidade Administrativa, sede do governo, concluída em 2010. Já no caso da Usina Hidrelétrica de Santo Antônio, em Rondônia, Aécio botaria a mão em R$ 50 milhões – R$ 30 milhões da Odebrecht e R$ 20 milhões da Andrade Gutierrez –, de acordo com delações premiadas. Dois outros caciques do PSDB destacaram-se nas delações da Odebrecht, ambos ex-governadores de São Paulo: José Serra, o Careca, que recebeu R$ 23 milhões em caixa dois, e Geraldo Alckmin, o Apóstolo, que levou R$ 2 milhões.

As delações apontaram ainda repasses a políticos de outros partidos, como Gilberto Kassab (PSD), o Projeto, que ficou com R$ 14 milhões, e Tião Viana (PT), o Menino da Floresta, que recolheu R$ 2 milhões. Do tempo em que foi ministro da Aviação Civil de Dilma, o peemedebista Moreira Franco obteve R$ 3 milhões ilícitos da Odebrecht. Ministro da Indústria, Comércio Exterior e Serviços no governo Temer, Marcos Pereira presidia o PRB em 2014 – ganhou R$ 7 milhões para que seu partido, ligado à Igreja Universal do Reino de Deus, apoiasse a reeleição de Dilma. O dinheiro fazia parte de um pacote de R$ 30 milhões para comprar apoio de PCdoB, PROS e PDT.

Em depoimento à Justiça Eleitoral em 1º de março de 2017, Marcelo Odebrecht disse que, dos R$ 150 milhões entregues para a reeleição da presidente, R$ 120 milhões foram em caixa dois. Além disso, ele terceirizou parte dos repasses. Após o limite legal das doações, usou como intermediária a Cervejaria Itaipava, do grupo Petrópolis, e mascarou as contribuições. O esquema rendeu R$ 17,5 milhões em doações oficiais a Dilma. Tratou-se de caixa dois, mas "travestido" de caixa um. Ou caixa três. A "barriga de aluguel" cuidou de R$ 117 milhões no exterior. Para Marcelo Odebrecht, a Itaipava exerceu papel de "laranja" ao doar de forma oficial no lugar da empreiteira. A rigor, colocou-se como testa de ferro: sabia muito bem o que fazia, além de ser remunerada pelo serviço.

Hilberto Silva Mascarenhas controlava o Setor de Operações Estruturadas da empreiteira, cuja movimentação, de 2006 a 2014, chegou a 3,4 bilhões de dólares. Os pagamentos partiram de 60 milhões de dólares em 2006 e alcançaram 420 milhões de dólares em 2010, sete vezes mais. A partir de 2011, com a posse de Dilma, os valores atingiriam 520 milhões de dólares, 730 milhões de dólares, 750 milhões de dólares e, apesar de a Lava Jato já estar em andamento, somariam 450 milhões de dólares em 2014. O "sistema" não temia a Lava Jato.

Fernando Migliaccio, braço direito de Mascarenhas, explicou aos investigadores que, por motivo de segurança, a Odebrecht dividia os valores em pacotes de, no máximo, R$ 500 mil, chamados por ele de "tranches". Exemplificou com a propina encaminhada a Mônica Moura, mulher do marqueteiro que atuava para o PT, João Santana, quando ela precisou de R$ 1,5 milhão num único dia. Ela então recebeu R$ 500 mil de manhã, R$ 500 mil à tarde e R$ 500 mil à noite. Mascarenhas acrescentou que João Santana embolsou 16 milhões de dólares da Odebrecht por campanhas eleitorais em El Salvador, Angola, Venezuela, República Dominicana e Panamá. Ao todo, somando as campanhas de 2010, 2012 e 2014 no Brasil e no exterior, João Santana arrecadou entre 50 e 60 milhões de dólares.

O delator confirmou a suspeita da Polícia Federal de que Palocci e Mantega eram, respectivamente, Italiano e Pós-Itália nas planilhas secretas da empreiteira. E Lula era o Amigo, codinome inspirado na proximidade do líder petista com Emílio Odebrecht, pai de Marcelo Odebrecht e patriarca da empresa:

— Existia uma conta-corrente para Italiano por ele ter apoiado a empresa. O dinheiro ficava para ele usar à medida que o PT precisasse. Pagar o marqueteiro da campanha de Dilma era necessidade. Ele [*Palocci*] autorizava.

O diretor Benedicto Barbosa da Silva Júnior confessou que a empreiteira obteve um financiamento de R$ 429 milhões do fundo de investimentos (FGTS) da CEF mediante pagamento de suborno. A liberação ocorreu após o deputado Eduardo Cunha (PMDB) intermediá-la. Para viabilizar o negócio, Cunha pediu R$ 4 milhões. Os métodos da Odebrecht de "fazer negócios" levaram à abertura de procedimentos investigatórios em nove países: Peru, Colômbia, Equador, Panamá, Venezuela, Argentina, México, Guatemala e República Dominicana. As investigações nesses países comprovaram que a empresa exportou seus métodos para conquistar contratos públicos mediante propina.

Em 11 de abril de 2017, o Brasil tomou conhecimento de uma investigação de proporções inéditas determinada pelo ministro Edson Fachin, relator da Lava Jato no STF. A pedido da Procuradoria-Geral da República, Fachin mandou abrir 76 inquéritos contra 98 pessoas. Entre os políticos citados, havia 39 deputados federais, 24 senadores, oito ministros, três governadores, dois prefeitos e 20 suspeitos sem foro privilegiado.

As colaborações premiadas de 78 executivos da Odebrecht ficaram conhecidas como "a delação do fim do mundo". Os pagamentos criminosos somaram R$ 451 milhões – só PT, PMDB e PSDB receberam, respectivamente, R$ 205 milhões, R$ 112 milhões e R$ 52 milhões. De acordo com os depoimentos, foram R$ 225 milhões em troca de obras e mais R$ 170 milhões por medidas provisórias, emendas e resoluções legislativas. Alguns dos políticos que receberam pagamentos indevidos citados nas colaborações: Fernando Pimentel (PT), R$ 13,5 milhões; Blairo Maggi (PP), R$ 12 milhões; Marconi Perillo (PSDB), R$ 8 milhões; Ivo Cassol (PP), R$ 2 milhões; Paulo Rocha (PT), R$ 1,5 milhão; Alexandre Padilha (PT), R$ 1 milhão; Lúcio Vieira Lima (PMDB), R$ 1 milhão e César e Rodrigo Maia (DEM), R$ 950 mil.

Enredados pelas delações da Odebrecht, políticos negaram o recebimento de suborno a fim de se desvencilhar dos crimes de corrupção, lavagem de dinheiro e organização criminosa. Quando muito, alguns admitiram o recebimento de caixa dois para sustentar campanhas eleitorais. Jamais enriquecimento ilícito. No Brasil desses 20 anos retratados nestas páginas, era quase impossível ser preso por caixa dois.

Nas confissões do grupo J&F, R$ 1 bilhão para 1.829 políticos
As injeções de dinheiro apoiaram 28 partidos e foram realizadas de 2006 a 2017

Em 24 de março de 2017, o empresário Joesley Batista, do grupo J&F, gravou uma conversa telefônica mantida com o senador Aécio Neves (PSDB). Na ocasião, os dois acertaram um repasse de R$ 2 milhões ao político, que alegava precisar pagar o advogado que o defendia na Lava Jato. Esse foi o fio da meada para várias negociatas que levariam executivos do grupo J&F a fechar delações premiadas. O mais importante dessa colaboração é que as confissões ocorreram em um momento em que ações criminosas delatadas estavam acontecendo. A Polícia Federal as acompanhava de perto, em sigilo – eram as chamadas "operações controladas".

A imprensa teve acesso, por exemplo, a uma das filmagens feitas pela polícia de São Paulo que trazia imagens de Frederico Pacheco Medeiros, o Fred, primo de Aécio, recebendo das mãos do executivo Ricardo Saud, do J&F, uma mala abarrotada com R$ 500 mil. No total, eram quatro contendo o mesmo valor. Três destinavam-se a Mendherson Souza Lima, assessor do senador Zezé Perrella (PMDB), que as transportou de carro de São Paulo a Belo Horizonte. O dinheiro foi conduzido a uma empresa de Gustavo Perrella, filho do senador. A PF filmou tudo.

Executivos do J&F relatariam a entrega de R$ 60 milhões a Aécio Neves em 2014, ano em que ele disputou a Presidência com Dilma Rousseff. Aécio indicava as empresas que emitiriam notas fiscais frias. A quantia serviria para comprar apoio de partidos e obter endosso ao PSDB na eleição. Em troca do pagamento, Aécio atuaria a favor de pleitos do grupo J&F que, entre 2006 e 2017, desembolsou mais de R$ 1 bilhão para os partidos.

O esquema beneficiou 1.829 políticos. Planilhas apresentadas pelos delatores mencionaram representantes de 28 partidos. Só na campanha eleitoral de 2014 foram distribuídos quase R$ 600 milhões para candidatos de todo o país. Naquele ano, o J&F ajudou a eleger 179 deputados estaduais, 166 deputados federais, 28 senadores e 16 governadores. Em contrapartida, obteve acesso livre e privilegiado aos políticos e, sempre que necessário, recebia aval a medidas de interesse do grupo empresarial.

Duas firmas *offshore* com sede no Panamá entregavam dinheiro em euros, dólares e francos suíços em um banco na Suíça. Foram nove mil repasses por intermédio de doleiros. Conforme as denúncias de Ricardo Saud, o grupo J&F "esquentava" dinheiro no Brasil com notas fiscais frias emitidas por mais de 100 escritórios de advocacia. Planilhas do J&F registraram a partilha de R$ 21,7 milhões por determinação de Michel Temer. Gilberto Kassab, por sua vez, teria ficado com R$ 38,4 milhões. Ele teria contratos superfaturados de aluguel de caminhões com as empresas de Joesley, que lhe pagou mensalões de R$ 350 mil por sete anos – o equivalente a cerca de R$ 20 milhões.

Outros aquinhoados com milhões:

Silval Barbosa (PMDB), R$ 42,3 milhões; Reinaldo Azambuja (PSDB), R$ 28,4 milhões; André Puccinelli (PMDB), R$ 24,1 milhões; Antônio Carlos Rodrigues (PR), R$ 9,5 milhões; Antônio Andrade (PMDB), R$ 7 milhões; José Serra (PSDB), R$ 6,7 milhões; Alexandre Padilha (PT), R$ 6,6 milhões; Vital do Rêgo (PMDB), R$ 6 milhões; Eduardo Braga (PMDB), R$ 6 milhões; Jader Barbalho (PMDB), R$ 6 milhões; Paulinho da Força (SD), R$ 5,2 milhões; Zeca do PT (PT), R$ 3,1 milhões; Marta Suplicy (PT), R$ 3 milhões e Ciro Nogueira (PP), R$ 2,8 milhões.

A maior quantia foi para o PT. Contas no exterior abrigaram 150 milhões de dólares para uso do partido, além de R$ 112 milhões que circularam no Brasil. Em 2005, no primeiro mandato de Lula, a JBS, principal empresa do J&F, ainda era uma empresa nacional, seu faturamento era de R$ 4 bilhões anuais. Naquele ano, com o empréstimo de 80 milhões de dólares do BNDES, a companhia comprou a Swift argentina. Em 2007, o BNDES concedeu financiamento de R$ 1,1 bilhão, permitindo que a JBS adquirisse a Swift norte-americana.

Em 2008, de novo com dinheiro do BNDES e dos fundos de pensão Petros, da Petrobras, e Funcef, da Caixa Econômica Federal, a JBS comprou a australiana Tasman por R$ 1 bilhão. Em 2009, um grande salto: com 2 bilhões de dólares emprestados do BNDES, a JBS tornou-se dona da norte-americana Pilgrim's e do frigorífico brasileiro Bertin. E em 2010, último ano da segunda gestão Lula, o BNDES adquiriu debêntures da JBS no valor de mais 2 bilhões de dólares, contribuindo para que o grupo J&F se tornasse o maior produtor de carnes do mundo. De acordo com os depoimentos de Joesley Batista ao Ministério Público Federal, em troca desse aporte o empresário fez um depósito em benefício de Lula no valor de 50 milhões de dólares em conta na Suíça.

Guido Mantega, presidente do BNDES e ministro da Fazenda de Lula e Dilma, atuou como intermediário entre BNDES, fundos de pensão e JBS. Conforme a delação premiada de Joesley Batista, o grupo J&F devolvia 4% do que recebia em financiamentos de bancos públicos no Brasil, por meio de depósitos em contas no exterior. Com isso, Lula e Dilma obtiveram 150 milhões de dólares para atividades políticas e campanhas eleitorais. Mantega era quem definia a movimentação das contas. Em 2011 o ministro influenciou, mais uma vez, o BNDES. Dessa vez, R$ 2 bilhões foram emprestados à Eldorado Celulose, do grupo J&F. Em troca, Joesley depositou 30 milhões de dólares na conta reservada a Dilma na Suíça, supostamente usada para gastos políticos e eleitorais.

Ao todo, R$ 10 bilhões do BNDES e de seu braço BNDES-Par alavancaram o J&F. O grupo diversificou as áreas de atuação. Além da Eldorado Celulose, passou a controlar a Vigor, o Banco Original e a Âmbar Energia. Em dez anos, o faturamento do J&F pulou de R$ 4 bilhões para R$ 170 bilhões. Joesley afirmou aos procuradores que o empresário Victor Sandri, o Vic, embolsou 70 milhões de dólares de propina em nome de Mantega entre 2006 e 2008, um dinheiro subtraído dos empréstimos do BNDES. Mantega e Sandri eram sócios e dividiam as comissões, ainda segundo Joesley.

Em outubro de 2014, preocupado com o saldo elevado de R$ 300 milhões depositados nas "contas-correntes" de Lula e Dilma gerenciadas por Mantega, Joesley procurou o ex-presidente no Instituto Lula, em São Paulo. Sobre esse encontro, o empresário contaria o seguinte:

– O Lula não estava me pedindo dinheiro nem nada. Mas eu fui lá porque estava preocupado com essa história da conta dele, de estar gastando dinheiro dele, supostamente, se fosse ele mesmo. Aí eu fui lá e só contei a história para ele. Eu disse: "Presidente, eu vim aqui, e tal, porque estou muito preocupado, a gente vai ser o maior doador de campanha, disparado. Eu tenho atendido o partido, o Guido, todo mundo, e tal, tem pedido, mas, enfim, já está em 300 e tantos milhões. O senhor está consciente da exposição que vai dar isso, do risco de exposição e tal?"

Joesley relataria também que, no período eleitoral de 2014, a presidente Dilma, em reunião no Palácio do Planalto, pediu R$ 30 milhões para a campanha de Fernando Pimentel (PT) ao governo de Minas Gerais. Joesley entregou a quantia. E, de acordo com o executivo Ricardo Saud, o J&F entregou mensalões de R$ 300 mil a Pimentel em 2013 e 2014, época em que ele era ministro de Dilma. As delações do grupo J&F incluíram operações realizadas com a CEF e propinas pagas ao deputado Eduardo Cunha (PMDB), entre outros políticos. Além disso, Joesley telefonou a vários deputados e pediu que elegessem Cunha como presidente da Câmara em 2015. O empresário obteve mais de R$ 5 bilhões em financiamentos da CEF.

Em 2015, no segundo mandato de Dilma, a última operação bilionária: o J&F fez um empréstimo de R$ 2,7 bilhões na CEF para adquirir a Alpargatas da empreiteira Camargo Corrêa. A transação proporcionou R$ 4 milhões em propina ao dirigente do PRB Marcos Pereira, que viria a ser ministro de Michel Temer. Pereira foi flagrado em gravação feita por Joesley. No áudio entregue à Lava Jato, o político mencionava repasse de "650". O empresário citava outro valor, "1.730 dividido por três", e Pereira dizia "576".

– O Marcos Pereira me procurou – depôs Joesley. – Falei está bom, está certo, R$ 6 milhões. Marcos, como a gente faz? A gente conversando ali, já tava confusão de Lava Jato, não sei o quê. Durante 2016 eu fiz pagamentos de R$ 500 mil. Fui eu diretamente que fiz a ele. De R$ 500 mil em dinheiro. Enfim, de tempos em tempos ele me cobrava, me mandava mensagenzinha. Tudo bem, e tal? Eu já entendia o que era, né? E aí, à medida que eu ia conseguindo, eu combinava com ele lá em casa, e foi sendo feito.

As delações de Joesley repercutiram também fora do Brasil. José Ugaz, presidente da ONG Transparência Internacional, com sede em Berlim, atuou como procurador na investigação contra o ex-presidente do Peru, Alberto Fujimori, preso havia então 12 anos. Ugaz comparou as confissões de Joesley ao caso que levou à prisão de Fujimori:

– Setores conservadores diziam que era imoral negociar com os corruptos. Eu sempre sustentei que imoral é não chegar aos crimes, não repatriar o dinheiro e manter a impunidade.

No caso brasileiro, boa parte das investigações envolvendo políticos que se apropriaram de dinheiro ilícito no âmbito do petrolão não prosperou. Vários dos denunciados chegaram a ir para a cadeia, mas, na maioria das vezes, cumprindo prisões preventivas que, em algum momento, eram relaxadas. Os processos a que responderam não levaram, em sua maioria, a sentenças e condenações judiciais. Não foram até o fim. De certa forma, o crime de colarinho-branco compensou. Na prática, o sistema de justiça não puniu os métodos ilegais de se fazer política no Brasil.

4. O IMPEACHMENT DA PRESIDENTE

O PT desiste de proteger Eduardo Cunha no Conselho de Ética e o deputado abre o processo para cassar Dilma Rousseff

Em sua delação premiada no âmbito da Lava Jato, o doleiro Alberto Youssef citou um episódio ocorrido em 2014 envolvendo o deputado federal Eduardo Cunha (PMDB). Na época, embora fosse diretor de Abastecimento da Petrobras, Paulo Roberto Costa intermediou, em nome da Diretoria Internacional, controlada pelo PMDB, o aluguel de plataformas marítimas das multinacionais Samsung e Mitsui Toyo. Representadas no Brasil pelo lobista Julio Camargo, cabia a ele providenciar, entre as empresas, propinas para o PMDB com recursos desviados dos contratos da Petrobras. Declarou Youssef em um de seus depoimentos:

– [*O repasse*] se destinava ao pagamento de vantagem indevida a integrantes do partido PMDB, notadamente o deputado federal Eduardo Cunha.

O deputado seria personagem importante no cenário político do segundo mandato de Dilma Rousseff (PT), contribuindo, decisivamente, para o *impeachment* da presidente. Eleito presidente da Câmara em fevereiro de 2015, um mês após a posse de Dilma, Cunha tinha o poder de autorizar o início de um processo de impedimento contra ela.

Youssef foi o primeiro a revelar a participação de Cunha no esquema de corrupção montado na Petrobras. Segundo o doleiro, em certa ocasião Julio Camargo deixou de pagar a propina combinada com o operador do PMDB, Fernando Baiano, e este, para pressionar o executivo, pediu ajuda a Cunha. O deputado entrou em ação e resolveu a questão: 2 milhões de dólares foram então depositados em uma empresa *offshore* de Hong Kong. No Brasil, Youssef entregaria o equivalente em cédulas de real a Fernando Baiano.

De sua cadeira na presidência da Câmara, Cunha reagiu ao vazamento de trechos dos depoimentos de Youssef publicados com destaque nos jornais. Fez um duro ataque ao procurador-geral da República, Rodrigo Janot, cuja denúncia, abrangendo dezenas de políticos, entre os quais o próprio Cunha, fora acolhida pelo Supremo Tribunal Federal em 6 de março de 2015. Cunha acusou Janot de proteger o Palácio do Planalto ao transferir a crise do petrolão para o Congresso Nacional. O procurador-geral respondeu:

– Os cidadãos, nessa hora sombria e turva de nossa história, saberão distinguir entre o bem e o mal, entre a decência e a vilania.

Julio Camargo confirmaria à Justiça Federal, em 16 de julho, a participação de Cunha nos esquemas fraudulentos. De acordo com Camargo, Fernando Baiano o procurara para dizer que Cunha o pressionava, solicitando 10 milhões de dólares, "dívida" de um pacote de 40 milhões de dólares a serem pagos pelo estaleiro controlado pela Samsung. Desse total, 5 milhões de dólares seriam encaminhados a Eduardo Cunha.

As confissões de Camargo sacudiram Brasília. Acossado diante da sequência de revelações, o presidente da Câmara faria de tudo para se preservar. Transformou-se, então, no líder da oposição contra Dilma. Outro ingrediente aguçava a tensão: o tesoureiro João Vaccari Neto já havia virado réu na Lava Jato, denunciado por corrupção e lavagem de dinheiro. Protegido pela alta direção do PT, no entanto, ainda se mantinha como chefe das finanças no partido. Só foi afastado do cargo após sua prisão preventiva, decretada em 15 de abril daquele ano, por tempo indeterminado. Amargaria um longo período na cadeia.

No rastro do petrolão, um levantamento do Datafolha apontou, em 6 de agosto, o mais alto índice de reprovação a um presidente da República já registrado pelo instituto de pesquisa, um dos mais importantes do país: 71% da população considerava o governo Dilma "ruim" ou "péssimo". Somente 8% o avaliavam como "ótimo" ou "bom". Outro dado: 66% dos entrevistados eram a favor da cassação da presidente. O recorde negativo anterior pertencia a Fernando Collor, que, às vésperas do *impeachment*, no fim de 1992, obteve 68% de "ruim/péssimo" e 9% de "ótimo/bom".

Em 2015, o cenário econômico no país era preocupante, com uma inflação de 10,7%, um índice de desemprego que já atingia 11,2% e uma taxa de juros alta, de 14,2%. Responsabilizada pela grave crise que tomava conta do país, a presidente se fragilizava mais ainda à frente de um governo alvo de permanente devassa causada pelos desdobramentos da Lava Jato. Em 16 de agosto, milhares de brasileiros foram às ruas em protesto contra a corrupção. Em São Paulo, uma multidão apoiou a continuidade das investigações. Em meio aos manifestantes em Brasília, destacava-se um boneco gigante com as feições de Lula vestido de presidiário; era o Pixuleco.

Em 20 de agosto, mais um elemento de tensão: chegava aos jornais a primeira denúncia formal de Janot contra Eduardo Cunha, por corrupção passiva e lavagem de dinheiro. Conforme a acusação enviada ao STF, os navios-sonda *Petrobras 10.000* e *Vitória 10.000* haviam sido contratados em 2006 e 2007 no estaleiro Samsung sem licitação. Para forjar aparência legal, a multinacional da Coreia do Sul celebrara contratos fictícios com a empresa de Julio Camargo, que desembolsou pagamentos irregulares. Fernando Baiano intermediou os repasses e, assim, o dinheiro chegou a Cunha e à Diretoria Internacional, de Nestor Cerveró.

Segundo a denúncia, "Eduardo Cunha ocultou e dissimulou a natureza, origem, localização, disposição, movimentação e propriedade de valores provenientes, direta e indiretamente, do crime contra a administração, mediante o recebimento fracionado no exterior, em conta de *offshores* e por meio de empresas de fachada, mediante simulação de contratos". Ato contínuo, Cunha veio a público declarando-se absolutamente inocente e ameaçando abrir um processo de *impeachment* contra a presidente da República. Na época, em análise feita para a BBC Brasil, o cientista político norte-americano Mattew Taylor classificaria a ameaça de Cunha como uma "tentativa vingativa" de desviar a atenção das denúncias que o encurralavam.

Pelo seu lado, o governo Dilma procurou aplacar a crise com a liberação de R$ 500 milhões em emendas parlamentares – dinheiro para obras e serviços indicados por deputados e senadores. A distribuição de recursos para emendas era, e continua sendo, uma estratégia amplamente usada pelo governo federal para obter apoio no Congresso. Com o adendo de que, em algumas ocasiões, os contratos firmados a partir dessas emendas resultavam, e continuam resultando, em pagamentos de "comissões" para políticos corruptos. O ministro da Aviação Civil, Eliseu Padilha (PMDB), não escondeu sua euforia com a quantia destinada a obras nos redutos eleitorais:

– Isso é dinheiro na veia da economia. [...] Já pagamos R$ 300 milhões, temos agora R$ 500 milhões. Teremos mais.

Em pouco tempo, Dilma anunciaria um total de R$ 2,2 bilhões em emendas. E prometeria mais para "obras" de interesse dos políticos, desde que eles parassem com a ideia fixa de afastá-la do cargo. Em 1º de setembro de 2015, o jurista Hélio Bicudo apresentou um pedido de *impeachment* contra Dilma. Um dos fundadores do PT, Hélio Bicudo havia deixado o partido em 2005, inconformado com a comprovação da existência do mensalão no Congresso. Entre os motivos que expôs para cassar a presidente, o jurista arrolou as investigações da Lava Jato e a compra da Refinaria de Pasadena. Para ele, o ex-presidente Lula era o principal responsável pela corrupção. Também assinariam a petição o jurista Miguel Reale Júnior e a advogada Janaína Paschoal.

Milhões de dólares em contas secretas atribuídas ao presidente da Câmara
O deputado Eduardo Cunha teria escondido dinheiro desviado em paraísos fiscais

Pouco depois da denúncia contra Eduardo Cunha enviada ao Supremo pelo procurador-geral da República, Rodrigo Janot, uma nova revelação complicaria a situação do presidente da Câmara. Em delação premiada selada com a PGR em 9 de setembro de 2015, Fernando Baiano contaria que ele, na condição de operador do PMDB, entregara cerca de R$ 5 milhões em dinheiro vivo no escritório de Cunha, no Centro do Rio de Janeiro, e pagara cinco ou seis parcelas a Altair Alves Pinto, uma espécie de faz-tudo do presidente da Câmara. Cunha ainda teria sido beneficiado com R$ 300 mil em horas de voo nos jatos a serviço de Julio Camargo, conforme contaria o próprio Camargo aos investigadores. Mas Cunha só teve tempo de fazer dez viagens (R$ 122 mil). Veio a Operação Lava Jato.

João Augusto Rezende Henriques, outro lobista que agia na Petrobras, também admitiria ter feito as transferências de dinheiro a Eduardo Cunha. Nesse caso, na compra de parte de um bloco de exploração de petróleo na costa do Benin, África, um negócio fechado em 2011 pela estatal, ainda no primeiro governo Dilma. Enquanto isso, na Suíça, o Ministério Público investigava fundos vinculados ao deputado e identificava parentes do parlamentar como beneficiários de quatro contas. As autoridades suíças bloquearam 5 milhões de dólares atribuídos ao político. Mesmo assim, ele negava possuir contas na Suíça.

Documentos enviados ao Brasil indicaram que o contrato da Petrobras no Benin, no valor de 34,5 milhões de dólares, alimentou as contas bancárias da família Cunha. Segundo as informações recebidas, Rezende Henriques fez cinco repasses em favor do deputado, num total de 1,3 milhão de francos suíços. De 2007 a 2015, os depósitos que caíram nas contas de Eduardo Cunha somaram R$ 31,2 milhões. Praticamente metade desse total foi sacada: R$ 15,8 milhões. Era intensa a movimentação em suas contas, com depósitos e retiradas em dólares, euros e francos suíços.

A *offshore* Orion SP, de Eduardo Cunha, mantinha ligações com outras duas *offshores*, a Triumph SP e a Netherton Investments – esta última, a "conta-mãe", tinha sede em Singapura. Outra empresa, a PVCI, controlava a Netherton Investments. Constituída em Edimburgo, na Escócia, por meio de um escritório em Douglas, capital da Ilha de Man, um paraíso fiscal britânico, a Triumph SP era um *trust*, ou "conta de confiança", movimentada por terceiros com a finalidade de não expor o beneficiário. A situação de Cunha no Brasil se complicava.

Em 14 de outubro de 2015, o ex-presidente Lula desembarcou na Capital Federal com a missão, segundo a mídia, de salvar o mandato de Cunha. Dizia-se que, em troca, o presidente da Câmara abandonaria a ideia de derrubar Dilma Rousseff da Presidência. A revista *Época* confirmaria que Lula defendia um acordo do PT com outros partidos, tendo em vista barrar a tramitação do processo aberto no Conselho de Ética da Câmara contra Cunha para investigar possível quebra de decoro parlamentar por parte do presidente da Casa.

Para tentar esfriar a temperatura política, o novo ministro da Casa Civil, Jaques Wagner (PT), próximo de Lula, acionou o vice-presidente de Dilma, Michel Temer (PMDB), para conversar com Cunha. Conforme noticiado, em um almoço realizado ainda no dia 14 na residência oficial do vice, o Palácio do Jaburu, Cunha, Temer e Renan Calheiros (PMDB), presidente do Senado, discutiram a repercussão das notícias sobre as contas secretas na Suíça. Em comum, todos queriam travar a Lava Jato.

José Eduardo Cardozo (PT), ministro da Justiça escolhido por Dilma, era de sua total confiança, mas, de acordo com *O Estado de S. Paulo*, sofria críticas de Lula e de parte do PT, que o acusavam de não controlar a Polícia Federal. Cunha então pediu a queda de Cardozo e sugeriu que Temer ocupasse o ministério. Dilma simplesmente não tomou conhecimento da demanda de Cunha, que continuava a ter em mãos o poder de fazer andar pedidos de *impeachment*. Não à toa, ele teria avisado, durante o almoço no Jaburu:

– Se eu for bem tratado, pode ser que tenha boa vontade com o governo.

Em conversas reservadas, ministros de Dilma consideravam Cunha uma "fera ferida". Capaz de tudo. Em 16 de outubro, a revista *IstoÉ* publicaria que a ideia de substituir Cardozo por Temer já fora acalentada pelo próprio Lula. A reportagem, de Marcelo Rocha e Débora Bergamasco, trazia a reação do ex-governador do Rio Grande do Sul, Tarso Genro (PT), ao "acordão Cunha-PT". Para Genro, a parceria significava "entregar a alma ao diabo". Já para Cunha, um novo ministro da Justiça exerceria maior controle sobre a PF, ajudaria a segurar o ímpeto de Rodrigo Janot e blindaria petistas e peemedebistas contra os vazamentos de informação da Lava Jato.

Ainda segundo a *IstoÉ*, Lula reunira-se com deputados do PT no dia anterior (15 de outubro). Em tom inflamado, pediria apoio a Cunha e orientara o presidente do partido, Rui Falcão, a conter o movimento "Fora, Cunha". Enquanto Lula articulava, o Supremo autorizava mais um inquérito contra Eduardo Cunha. No mesmo dia, o ministro Teori Zavascki acolheria o pedido de Janot. Além de Cunha, o MPF mirava sua filha mais velha, a publicitária Danielle Dytz da Cunha, e a mulher do político, a jornalista Cláudia Cordeiro Cruz. Os três seriam investigados por corrupção e lavagem de dinheiro no caso das contas secretas na Suíça.

Para contornar a crise, Dilma já fizera uma reforma ministerial em sua segunda gestão apenas nove meses após a posse. Lula e Temer participaram das articulações para definir o novo ministério, tendo em vista a sustentação política no Congresso e melhores condições de governabilidade, mas, principalmente, impedir um processo de *impeachment*. O deputado Celso Pansera (PMDB), próximo a Cunha, tornou-se ministro de Ciência e Tecnologia. O deputado

Marcelo Castro (PMDB), também ligado a Cunha, ministro da Saúde. A presidente tirou da Casa Civil o aliado Aloizio Mercadante (PT) e o colocou de volta na Educação, enquanto Jaques Wagner (PT) ficou com a Casa Civil. Lula emplacou Ricardo Berzoini (PT) na Secretaria de Governo e pediu que Edinho Silva (PT) fosse mantido na Comunicação Social.

Ainda assim, o cerco a Dilma prosseguiu. O Planalto sabia que o presidente da Câmara não titubearia em deflagrar o processo de cassação da presidente para tirar de si o foco do noticiário político em torno das denúncias de corrupção. Por outro lado, caso encaminhasse o pedido de *impeachment*, Eduardo Cunha perderia seu maior trunfo. A ação seguiria seu curso no Congresso Nacional e ele se tornaria descartável, inclusive para os adversários do PT. Poderia ser cassado.

Cerceado pelas denúncias em série, Cunha rompeu com o governo em 17 de julho de 2015. Apesar da ruptura formal, não autorizou a abertura do processo de *impeachment*. Ficou trabalhando para sobreviver. Pelo seu lado, o PT, não obstante as várias denúncias contra Cunha no Conselho de Ética, nada fazia nas sessões para destituí-lo. A estratégia do partido era não favorecer o início do processo de cassação da presidente. Em meio à agitação na Câmara, novas delações de Fernando Baiano traziam mais dor de cabeça para Lula.

Agora, as confissões do operador do PMDB citavam o pecuarista José Carlos Bumlai, muito próximo do ex-presidente por conta, entre outros, de negócios relacionados à exploração de petróleo do pré-sal. Enquanto os jornais exibiam fotografias de Bumlai, a revista *Veja* revelava, em 14 de agosto de 2015, a existência de uma conta bancária atribuída a Lula com R$ 27 milhões, cujos fundos decorreriam de pagamentos por palestras feitas pelo ex-presidente em eventos patrocinados por empreiteiras contratadas pelo governo.

Um laudo da Polícia Federal confirmou repasses de seis empreiteiras investigadas pela Lava Jato para o Instituto Lula (criado em 2011 para cuidar do acervo histórico dos governos do ex-presidente) e para a firma de palestras e eventos LILS (iniciais do nome de Lula) entre 2011 e 2014, num total de R$ 17,2 milhões. A Camargo Corrêa deu R$ 4,5 milhões; a Odebrecht, R$ 4 milhões; a Andrade Gutierrez, R$ 3,6 milhões; a OAS, R$ 3,6 milhões; a Queiroz Galvão, R$ 1,2 milhão e a UTC, R$ 357 mil.

Àquela altura, as suspeitas sobre a atuação de Bumlai e as palestras milionárias proferidas por Lula não constituíam as únicas fontes de preocupação do ex-presidente. Uma nova operação da Polícia Federal, batizada de Zelotes, provocaria uma crise sem precedentes entre Lula e Dilma. Em movimento conjunto, a Polícia Federal, o Ministério Público Federal e a Receita Federal deflagraram, em 26 de outubro de 2015, uma ação de busca e apreensão na sede da LFT Marketing Esportivo, de propriedade de Luís Cláudio Lula da Silva, o filho caçula do ex-presidente.

Reportagem de destaque assinada por Catia Seabra, Gustavo Uribe e Valdo Cruz na *Folha de S. Paulo* daria conta de que Lula, revoltado, responsabilizava Dilma pela Zelotes. Em conversas com aliados, o ex-presidente teria dito que a ação na firma de Luís Cláudio era "uma demonstração de desgoverno da presidente ou uma prova de que Dilma orientara seu ministro da Justiça, José Eduardo Cardozo, a unicamente protegê-la", mesmo que ele, Lula, "tivesse que pagar o preço disso". Ainda de acordo com aliados do ex-presidente ouvidos pelo jornal, Lula estava cada vez mais convencido de que Dilma permitia investigações contra ele, seu padrinho político, para se preservar.

Lula não se conformava com o fato de os policiais federais terem conduzido uma ação na firma de seu filho, mas não nas grandes empresas que eram, de fato, o foco da Zelotes. "Passou do limite", teria desabafado Lula. Para ele, faltava pulso firme do Ministério da Justiça no controle da Polícia Federal. Na opinião do ex-presidente, segundo as declarações de aliados dadas aos repórteres, Dilma destruíra a economia, o PT e, agora, queria acabar com o seu legado "para construir a imagem de que teria combatido a corrupção".

No relatório da CPI da Petrobras, nenhum político foi citado por ilegalidade
Segundo o relator, deputado Luiz Sérgio (PT), não havia provas para denunciar

Chegava ao fim mais uma CPI para investigar casos de corrupção na Petrobras – foram três: a primeira em 2009, outra em 2014 e uma terceira em 2015. Quanto a esta última, o deputado Luiz Sérgio (PT) leu seu relatório em 19 de novembro daquele ano. Não citou políticos. Para ele, não havia provas contra o presidente da Câmara dos Deputados, Eduardo Cunha (PMDB). Nem tampouco informações que comprometessem o ex-presidente Lula (PT), a presidente Dilma (PT) e os ex-presidentes da Petrobras José Sérgio Gabrielli e Maria das Graças Foster.

No mesmo dia, o PT ajudaria Cunha ao atrasar uma vez mais a tramitação do processo de cassação do seu mandato. Uma reunião do Conselho de Ética da Câmara foi marcada, por exemplo, pela ausência de três integrantes do PT, donos dos votos decisivos para determinar o futuro de Cunha. Enquanto o protegiam, ele sustava o pedido de *impeachment* contra Dilma. O deputado Valmir Prascidelli (PT), um dos faltosos, justificaria assim a sua ausência:

– Eu tenho um problema, uma hérnia de disco, e não consegui desmarcar a fisioterapia.

Quatro dias depois, entretanto, deputados do PT desafiaram a orientação do governo Dilma de salvar Cunha e admitiram, publicamente, a "tendência" de votar pela admissibilidade do processo de cassação do parlamentar. A inflexão resultava, em parte, da pressão por parte da opinião pública e de segmentos do PT, inconformados com o apoio do partido ao deputado no Conselho de Ética. Mas o reposicionamento também refletia uma mudança de estratégia que, no fim, teria como consequência a abertura do processo de *impeachment* contra a presidente da República.

Em 1º de dezembro de 2015, após almoço no Palácio do Jaburu com Michel Temer, Cunha anunciou que abriria uma ação para cassar Dilma. O deputado estava irritado com mais uma denúncia contra ele, dessa vez a partir da revelação de que o banco BTG Pactual, de André Esteves, lhe pagara R$ 45 milhões para ter seus interesses atendidos por medida provisória. Cunha acusou o ministro José Eduardo Cardozo de arquitetar essa acusação. Enquanto isso, os jornais informavam que fazia uma semana que o Planalto trabalhava para que os representantes do PT no Conselho de Ética votassem a favor de Cunha.

No mesmo 1º de dezembro, no entanto, o presidente do PT, Rui Falcão, recomendou ao partido se posicionar contra Eduardo Cunha no processo movido contra ele que tramitava no Conselho de Ética. No dia seguinte, pela manhã, lideranças do PMDB ainda estiveram na casa do ministro da Casa Civil, Jaques Wagner, em Brasília, com o intuito de cobrar o compromisso de que o PT votaria a favor de Cunha no Conselho. Ouviram do ministro a garantia de que os votos do PT seriam pelo arquivamento do processo. À tarde, porém, o deputado Sibá Machado, líder do PT na Câmara, anunciou o fechamento da questão: o PT votaria contra Eduardo Cunha.

Durante a madrugada, por 11 votos a 9, a Comissão de Ética decidiu manter a ação que investigava o deputado por mentir ao negar que possuía contas bancárias na Suíça. Cunha deu o troco. Ainda naquele 2 de dezembro de 2015, fez andar o processo de *impeachment* elaborado por Hélio Bicudo, Reale Júnior e Janaína Paschoal, peça jurídica centrada em "pedaladas fiscais". Indignada, à noite Dilma faria um discurso à nação em que frisaria:

– Não possuo contas no exterior nem ocultei do conhecimento público a existência de bens pessoais.

O noticiário explosivo acabou servindo para abafar a repercussão causada dias antes pela prisão de duas pessoas próximas a Lula: a do pecuarista Bumlai, em 24 de novembro, e a de Delcídio do Amaral (PT), líder do governo no Senado, no dia 25.

Em meio à turbulência política, porém, o cerco a Cunha continuaria, agora em função de suspeitas que o ligavam à Caixa Econômica Federal. Segundo os depoimentos dados à PGR pelos executivos Ricardo Pernambuco e Ricardo Pernambuco Júnior, da Carioca Engenharia, divulgados em 15 de abril de 2016, Cunha exigira R$ 52 milhões para autorizar a liberação de R$ 3,5 bilhões da Caixa (fundo de investimentos do FGTS) em obras do Porto Maravilha, no Rio de Janeiro. Cunha teria embolsado a propina em 36 prestações.

Com a finalidade de quitar uma parte dos valores prometidos, Ricardo Pernambuco transferira 3,9 milhões de dólares para contas bancárias de Cunha em Israel, Estados Unidos e Suíça. Em e-mail endereçado ao filho, Pernambuco Júnior, o pai se referiu de forma cifrada ao envio de 181 mil francos suíços para uma conta do deputado na Suíça: "Sobre o envio ao nosso amigo de livro de 181 páginas sobre túneis suíços, seria conveniente confirmar se recebeu o livro e se gostou das fotos."

Em sua delação, Pernambuco Júnior relatou ainda uma reunião ocorrida no Hotel Sofitel de Copacabana, no Rio de Janeiro, em 2011. Na ocasião, Cunha explicou a executivos da Odebrecht, OAS e Carioca Engenharia como desejava que fossem feitas as transferências no exterior e prometeu enviar posteriormente um envelope lacrado à sede da Carioca, em São Paulo, com os dados das contas bancárias.

Rodrigo Janot denunciaria Cunha por corrupção, argumentando que o político "atuava como *longa manus* [executor de ordens] dos emissários, interessado em fazer legislações que os beneficiassem, em claro detrimento do interesse público. E Eduardo Cunha recebia valores, seja por doações oficiais, para si ou aos deputados que o auxiliavam (também este o motivo pelo qual possuía tantos seguidores), ou por meio de pagamentos ocultos".

Em sua petição ao STF, Janot citaria ainda o envolvimento do presidente da Câmara na aprovação pelo Congresso de uma medida provisória que beneficiara a Odebrecht. Tratava-se da MP nº 584, de 2012, com incentivos tributários às Olimpíadas de 2016. Segundo Janot, Cunha acertara R$ 1,9 milhão com o presidente da empreiteira OAS, Léo Pinheiro, em troca de favorecimento à empresa. "Cunha cobrou o pagamento de valores que, pelo teor das conversas anteriores, era em duas partes: R$ 1,5 milhão e R$ 400 mil", especificaria o procurador-geral da República em sua petição.

Em meio a rumores de que a Lava Jato quebraria os sigilos bancário, telefônico e fiscal de Lula e faria operações de busca e apreensão em suas propriedades e nas de seus familiares, um grupo de parlamentares petistas dirigiu-se ao gabinete do ministro da Justiça para reclamar da Polícia Federal. Ouviu de Cardozo a explicação de que ele só poderia impedir atos legais dos investigadores se houvesse violação de direitos. Os parlamentares não gostaram da resposta.

Depois de sobreviver a várias tentativas de derrubada, Cardozo finalmente não resistiu às pressões de Lula e do PT para que seu ministério tivesse maior controle sobre as ações da Polícia Federal. Seu desligamento da pasta da Justiça foi anunciado em 29 de fevereiro de 2016. Ao afastar Cardozo, empossado então como advogado-geral da União, Dilma acalmou Lula, o PT e se preservou. Segundo reportagem publicada em *O Globo* no dia seguinte à demissão, um auxiliar da presidente informara ao jornal que a paciência de Lula se esgotara. Ainda conforme o auxiliar, o ex-presidente acreditava haver uma máquina trabalhando contra ele e ameaçara "soltar as rédeas do PT" sobre Dilma. Agora, esperava mais demonstrações a seu favor – a derrubada do ministro fora apenas "o primeiro passo".

Uma reportagem de Débora Bergamasco publicada na edição digital da *IstoÉ* de 3 de março daquele ano reproduziria uma conversa entre Lula e Dilma ocorrida em 12 de fevereiro. Nela, Lula teria ameaçado cortar não só o seu próprio apoio à presidente, mas também o da militância petista e o dos movimentos sociais caso Cardozo não fosse demitido. Duas semanas depois, Dilma reuniu-se com os ministros Jaques Wagner e Ricardo Berzoini para discutir a saída de Cardozo, consumada dias depois.

A demissão do ministro da Justiça não interrompeu as investigações da Polícia Federal, e Lula sofreu condução coercitiva em 4 de março de 2016. Respondeu 103 vezes "Não sei" durante o interrogatório na PF. Os agentes o questionaram sobre R$ 2,4 milhões em caixa dois que teriam sido recebidos pelos organizadores de sua campanha de reeleição, em 2006. Dinheiro da UTC, conforme confissão do empresário Ricardo Pessoa, que teria providenciado a entrega da soma. Resposta do ex-presidente:

– Deixa eu lhe falar uma coisa, um presidente da República que se preze não discute dinheiro de campanha. Se ele quiser ser presidente de fato e de direito, ele não discute dinheiro de campanha.

Conforme Hélio Bicudo costumava dizer, os problemas começam justamente com as contribuições de campanha. Para o jurista, os destinos do governo atrelam-se aos interesses dos doadores e a situação fica mais grave se o dinheiro for irregular, isto é, originário de caixa dois. Após depor por três horas, Lula dirigiu-se à sede do PT, em São Paulo. Na prática, lançou ali sua candidatura a presidente da República nas eleições de 2018 dizendo:

– Tentaram matar a jararaca, mas não acertaram na cabeça, acertaram o rabo. A jararaca está viva, como sempre esteve.

Em 13 de março de 2016, nove dias após a condução coercitiva, manifestações reuniram cerca de três milhões de pessoas em 250 cidades, com protestos contra a presidente Dilma, críticas a Lula e apoio às investigações contra os esquemas de corrupção montados no país. Foi um recorde histórico. Em São Paulo, 500 mil ocuparam a avenida Paulista. No Rio de Janeiro, uma multidão se concentrou em Copacabana. Em Curitiba, "sede" da Operação Lava Jato, 200 mil foram às ruas. Por volta de 100 mil protestaram em cada uma das seguintes capitais: Vitória, Recife, Porto Alegre, Campo Grande, Brasília, Goiânia, Belém, Fortaleza, Manaus e Florianópolis. Não houve conflitos.

A nomeação de Lula como ministro: um ato para salvá-lo da Lava Jato
Com o cargo, o ex-presidente obteria foro privilegiado e não seria investigado

Em 16 de março de 2016, três dias após as manifestações populares contra Dilma e contra a corrupção, a presidente nomeou Lula ministro da Casa Civil. No ato da presidente, tudo parecia indicar que se tratava de uma tentativa de obstruir a Justiça, pois o cargo daria foro privilegiado a Lula. No bojo da crise, uma decisão do juiz Sergio Moro, não relacionada diretamente à Lava Jato, causaria polêmica: o magistrado retirou o sigilo de interceptações telefônicas de Lula feitas pela Polícia Federal e elas vieram a público, o que era ilegal.

A interceptação telefônica de maior repercussão foi uma ligação curta entre Dilma e o ex-presidente, na qual ela o informava sobre o envio de seu termo de posse como ministro, para que ele o tivesse em mãos. Interpretou-se, então, que o documento poderia ser usado por Lula como salvo-conduto, caso ele fosse alvo de nova ação da PF no âmbito da Lava Jato.

Importante registrar: esse rápido diálogo entre Dilma e Lula, ocorrido no mesmo dia da nomeação do ex-presidente, foi gravado após o término do prazo estipulado em autorização judicial para a realização dos grampos. Tratou-se, portanto, de uma ação ilegal. A divulgação do diálogo teria consequência imediata: o ministro Gilmar Mendes, do STF, anularia a posse do ex-presidente como ministro.

Após a crise, Lula se instalou em uma suíte do luxuoso hotel Royal & Golden Tulip, em Brasília, transformada numa espécie de quartel-general do "Fica, Dilma". Poucas informações sobre as articulações políticas que se deram naquele período vazaram para os jornalistas. A reportagem publicada no jornal *O Estado de S. Paulo* de 3 de abril de 2016, no entanto, trouxe uma declaração de Lula:

– Nunca pensei que a situação estivesse tão crítica. Estamos comendo o pão que o diabo amassou.

O jornal *El País* de 12 de abril relatou que Lula, "articulador informal" da presidente Dilma, promoveu várias reuniões com deputados e senadores. A frequência de políticos nas dependências do hotel era tanta que o espaço começou a ser tratado como uma extensão da Presidência da República. Duas semanas antes de a Câmara apreciar a admissibilidade do processo de cassação de Dilma, cerca de 170 deputados diziam-se indecisos. Tudo apontava que o ex-presidente prometera poucas benesses aos políticos nessas reuniões, já que, ao votarem, em 17 de abril, só cerca de 30 passaram para o lado dos que se opunham ao *impeachment*. Assim, por 367 votos a favor e 137 contrários, foi aprovada a investigação de Dilma pelo Senado.

Um episódio ocorrido no mês anterior pode fornecer uma pista do que deve ter provocado tal reviravolta. A fim de municiar seu acordo de delação premiada, Sérgio Machado, ex-presidente da Transpetro, entregara à Lava Jato a gravação de uma conversa telefônica que mantivera com o senador Romero Jucá (PMDB), um dos principais interlocutores do vice-presidente Temer. As palavras de Jucá dirigidas a

Machado indicavam que deter as investigações promovidas pela Lava Jato era um dos objetivos das articulações, o que só seria obtido com o afastamento da presidente.

– Tem que mudar o governo para poder estancar essa sangria – disse Romero Jucá.

Os 137 votos obtidos por Dilma para impedir a abertura do processo de *impeachment* equivaleram a apenas 26,7% dos deputados federais. Ela precisava de ao menos 171 votos (33,3% do total) mais um. Curioso é que, em seu segundo mandato, a presidente contava com 58,2% de apoio na Câmara, isto é, 298 deputados. Perdeu 161 votos, portanto. Para este repórter, a promessa (secreta) de trabalhar para inviabilizar as investigações de corrupção teria contribuído para levar Temer a obter o apoio decisivo ao *impeachment* entre diversos setores do Congresso, incomodados com a devassa provocada pela Lava Jato.

Em 12 de maio de 2016, o Senado decidiria, por 55 votos a 22, afastar Dilma da Presidência, a princípio por até seis meses, período em que o processo tramitaria. Temer assumiu como presidente em exercício, nomeando Romero Jucá como ministro do Planejamento. Mas, com a divulgação do diálogo com Sérgio Machado, Temer sentiu-se forçado a exonerar o amigo, que ficou apenas 12 dias no cargo.

Na noite de 26 de junho, um domingo, o então presidente em exercício recebeu, em sigilo, Eduardo Cunha, afastado do mandato de deputado federal desde 5 de maio. Cunha negaria à imprensa esse encontro no Jaburu, mas Temer o admitiria, informando a *O Estado de S. Paulo* que a reunião servira para avaliar o "atual cenário político". À luz do dia seguinte, porém, Temer anunciaria a liberação de R$ 3,3 bilhões em emendas parlamentares para saciar a sede de sua base de apoio no Congresso. Preparou, assim, o terreno do *impeachment* de Dilma.

Em 7 de julho, Eduardo Cunha renunciou à presidência da Câmara, uma manobra para tentar salvar o mandato. Na ocasião, a Procuradoria-Geral da República o acusava por 18 atos de corrupção e outros 321 de lavagem de dinheiro apenas no âmbito das investigações em torno do esquema estruturado no fundo de investimentos (FGTS) da Caixa Econômica Federal.

Em 31 de agosto, o Senado cassou a presidente Dilma por 61 votos a 20. Com um discurso revoltado, a ex-presidente declarou ter sido apeada do poder por um grupo de políticos corruptos sob investigação – faltou esclarecer, porém, se ela se referia também a integrantes de seu próprio partido. No mesmo dia, Michel Temer assumiria em definitivo a Presidência da República, após exercer o cargo de presidente interinamente por pouco mais de três meses.

Em 12 de setembro, o fim de Eduardo Cunha: 450 deputados cassaram o mandato do político. Dez foram contra. Nove se abstiveram. A pedido do MPF, o juiz Sergio Moro mandou prendê-lo por tempo indeterminado. O magistrado julgou que, em liberdade, ele poderia obstruir investigações, intimidar testemunhas e fugir para o exterior usando recursos ilegais. Em sua fundamentação, Moro escreveria que "a dimensão e o caráter serial dos crimes, estendendo-se por vários anos, é característico do risco à ordem pública".

Em 2 de fevereiro de 2017, Michel Temer pegou um avião em Brasília e se dirigiu a São Paulo para visitar Lula no Hospital Sírio-Libanês, onde a mulher do ex-presidente, Marisa Letícia Lula da Silva, estava internada em estado grave. Porém, com receio de ser hostilizado, sondou Lula antes de embarcar para lá. Lula autorizou a visita. O presidente então viajou acompanhado de quatro senadores do PMDB, todos políticos da relação de ambos: Renan Calheiros, Romero Jucá, José Sarney e Eunício Oliveira. Apesar do discurso do PT de que Temer e seu partido teriam dado um "golpe" contra Dilma e dos clamores de "Fora Temer" de manifestantes na frente do hospital, Lula recebeu bem os visitantes. Uma fotografia divulgada pela Presidência naquele dia mostrou Lula e Temer trocando um abraço apertado. Marisa Letícia faleceria no dia seguinte.

Na conversa que manteve com o presidente Temer, relatada aos jornais, Lula defendeu a tese de que divergências não deveriam impedir o diálogo. Criticou o que chamou de "república de Curitiba", em referência à "cidade-sede" da Lava-Jato, e bateu na tecla de que o STF estava "acovardado" diante da operação. Também envolvido no cipoal exposto pelas investigações, Temer não dispôs de forças para embaralhar a Lava Jato. Muito menos para interrompê-la. De todo modo, estava de bem com os políticos. Em 25 de outubro de 2017, a Câmara impediu, por 251 votos contra 233, o envio ao Supremo de denúncia contra Temer, por organização criminosa e obstrução de Justiça. Com o resultado, ele ficou livre para exercer o poder por mais 14 meses. Temer completaria o mandato.

5. Michel Temer e a mala de R$ 500 mil

Num dos maiores escândalos do petrolão, filmagem da PF mostra uma entrega de propina, mas o sistema de justiça não pune

Um grande escândalo viria a público em 17 de maio de 2017 envolvendo o então presidente da República, Michel Temer (PMDB). Em uma "ação controlada", a Polícia Federal filmou o deputado Rodrigo Rocha Loures (PMDB), tido como braço direito do presidente, recebendo uma mala recheada com R$ 500 mil em propina. A notícia foi publicada pelo jornalista Lauro Jardim, de *O Globo*, e replicada em todo o país.

Assessor especial da Presidência da República, Rocha Loures deixara o cargo para tomar posse como deputado federal em 8 de março, logo após Temer nomear o deputado Osmar Serraglio (PMDB) como ministro da Justiça. Suplente de Serraglio na Câmara, Rocha Loures ocupou, então, a cadeira do parlamentar. A relação entre Rocha Loures e Temer era antiga. Em 2009, o assessor já ajudara o então deputado Temer a eleger-se presidente da Câmara, coordenando a sua campanha. Ao lado do chefe, dirigira, ainda, a Assessoria Parlamentar da Vice-Presidência da República, na primeira gestão Dilma.

Em 6 de março de 2017, o empresário Joesley Batista, dirigente do grupo J&F, solicitou a Rocha Loures um encontro com Temer. Por orientação de Temer, a reunião não oficial e fora da agenda foi marcada para o dia seguinte, tarde da noite, no Palácio do Jaburu, onde Temer preferiu continuar morando mesmo após assumir a Presidência. Investigado pela Lava Jato, Joesley queria fechar um acordo de delação premiada com a Procuradoria-Geral da República e decidira gravar clandestinamente um diálogo comprometedor com o presidente para ter o que oferecer aos procuradores.

Na conversa, que durou 39 minutos, o empresário pleiteou uma ajuda nos trâmites com o Conselho Administrativo de Defesa Econômica, do Ministério da Justiça (Cade), e Temer apontou o mesmo Rodrigo Rocha Loures como seu representante e a pessoa que Joseley deveria procurar para tratar da questão dali em diante.

– Pode passar por meio dele, viu? [...] É da minha mais estrita confiança – dizia Temer a Joesley na gravação.

O caso que afligia Joesley naquele momento referia-se

a uma de suas empresas, a Âmbar Energia, que adquirira a Usina Termelétrica Governador Mario Covas, em Cuiabá. Joesley, porém, considerava alto o preço do combustível que precisava comprar para movimentar a usina – gás natural importado pela Petrobras da Bolívia e revendido no Brasil. Seu objetivo, portanto, era acionar o Cade para forçar a Petrobras a baixar o preço, ou então obter autorização do governo brasileiro para comprar o produto diretamente da Bolívia. Joesley já vinha reclamando dos frequentes reajustes do gás comercializado pela estatal, o que ceifava seus lucros.

Autorizado por Temer, o empresário reuniu-se com Rocha Loures em 16 de março, nove dias depois da reunião no Palácio do Jaburu. Mais uma vez, Joesley gravou a conversa, que durou 57 minutos. O executivo explicou que sua empresa perdia R$ 1 milhão por dia com as condições impostas pela Petrobras. Na frente mesmo de Joesley, o homem da estrita confiança de Temer telefonou então ao presidente do Cade, Gilvandro Vasconcelos de Araújo. Assuntou-o, insinuando interesse por alguma solução em favor do J&F. Após a ligação, Joesley foi bastante objetivo com Rocha Loures:

– O Temer mandou eu falar, então eu vou falar é com você. Nós vamos abrir [*efetuar repasse de dinheiro*] esse negócio aí, 5%.

A proposta de Joesley era fechar um contrato de 20 anos com a Petrobras para o fornecimento de gás em moldes que atendessem ao J&F. Em sua avaliação, o negócio renderia ao menos R$ 6 bilhões. Em troca, ele oferecia R$ 500 mil por semana ao longo dos 20 anos. Como seriam 1.042 semanas, o repasse chegaria a R$ 521 milhões. Tudo levava a crer que Rocha Loures, um deputado do chamado "baixo clero", era apenas intermediário do presidente. Michel Temer é que seria o real beneficiário do acerto.

Na prática, o Cade foi deixado de fora e a questão acabou sendo resolvida diretamente com a Petrobras. Menos de um mês depois, em 13 de abril de 2017, a Petrobras assinaria um contrato de compra e venda de gás com a Âmbar Energia em condições favoráveis a Joesley, mas com vigência até o fim daquele ano. Em 24 de abril, Rocha Loures reuniu-se com Ricardo Saud, alto executivo do grupo J&F. Munido de gravador, Saud manifestou a intenção de ampliar para 20 anos o prazo do contrato recém-assinado. Rocha Loures o tranquilizou – o objetivo era chegar a 30 anos.

– Este é o patamar com que a Petrobras vai ter que operar com eles [*Âmbar Energia*] daqui para a frente – disse o deputado. – Eles [*Petrobras*] não podem mudar, eles não podem recuar porque nós determinamos que este é o procedimento.

Quatro dias depois, em 28 de abril, Saud entregou, em São Paulo, a primeira remessa de R$ 500 mil ao intermediário de Temer. As imagens feitas pela Polícia Federal mostraram Rocha Loures apressado, saindo de uma pizzaria. Puxava uma mala de rodinhas. Colocou-a num táxi, entrou no veículo e desapareceu. Por que a Polícia Federal, que filmou a ação naquela "operação controlada", não prendeu Rocha Loures em flagrante?

A imprensa e as investigações, e a exceção no caso da mala de rodinhas
Jornais não vincularam a propina ao acerto entre Temer e o empresário

Desde o escândalo do mensalão, em 2005, diversos órgãos da imprensa contribuíram com revelações decisivas para elucidar crimes de corrupção. Em vários episódios, o jornalismo esteve à frente das investigações. A partir de 2014, o mesmo se deu, em certa medida, com o petrolão, ainda que nesse caso o fator mais importante para o esclarecimento dos crimes cometidos contra a Petrobras e outros setores do governo tenha sido a sucessão de delações premiadas e de acordos de leniência. Porém, diante da mala entregue a Rodrigo Rocha Loures, a imprensa falhou ao deixar de vincular a propina de R$ 500 mil a mais um crime envolvendo a Petrobras e, ainda mais grave, ao próprio presidente da República.

As delações dos executivos do J&F revelaram com clareza que foram feitos pagamentos a Michel Temer na negociata com o Cade e a Petrobras – novamente a Petrobras, depois de três anos de Lava Jato. Apesar disso, os jornais não exploraram esse ponto. Telejornais reprisaram inúmeras vezes a corridinha de Rocha Loures puxando a mala com dinheiro entrando em um táxi como se fosse apenas o ilícito de um político do "baixo clero", sem mencionar que aquela entrega decorria do acerto fechado entre Temer e Joesley Batista no Palácio do Jaburu, à noite, em conversa gravada pelo empresário. A imprensa não pressionou para ver o contrato entre a Petrobras e a Âmbar Energia. Não se interessou pelas pistas que atrelariam a Temer o contrato suspeito assinado entre o grupo J&F e a Petrobras. Protegeu o presidente. Cabe perguntar: o que os jornais fariam se, em vez de Temer, a situação envolvesse os petistas Lula e Dilma?

As investigações mostrariam que Rocha Loures não estava à vontade no papel de "mula". Receava por sua segurança. Num dos diálogos gravados por Ricardo Saud, no qual ambos discutiam quem levaria os repasses e quem os pegaria, Rocha Loures indicou que um tal "Edgar" poderia retirar a bolada, pois "todos os outros caminhos estavam congestionados". É possível que, ao falar em "caminhos congestionados", Rocha Loures se referisse a dois operadores de Temer: o coronel da PM aposentado João Baptista Lima Filho e o advogado José Yunes. Ambos já estavam sob investigação justamente por manterem relações suspeitas com o presidente da República. Por isso não seria conveniente que nenhum dos dois fosse retirar as entregas de dinheiro do grupo J&F. Disse Rocha Loures na conversa com Saud:

– Vou pedir para o "Edgar" primeiro, consultar com ele e ver se o procedimento para ele... Ele fica em São Paulo e faz a gerência.

Nesse ponto, o executivo do J&F ponderou:

– Eu não vou arriscar. Se for você, levo lá em Brasília para você, levo onde quiser. Agora, se for outra pessoa, vou mandar outra pessoa fazer. Mas como ele quer? Fala "presidente, tá lá", e tá. Nós não vamos falhar.

Rocha Loures sugeriu a emissão de notas fiscais, mas Saud não queria deixar rastros:

– O negócio está bom. Semana que vem tem um milhão

e meio. Podemos fazer a nota, mas quanto ia dar de imposto? Trezentos paus. Ou então, para mim, se esse Edgar for um cara confiável, sabe qual é o melhor jeito? Ele vai lá no estacionamento. Já foi lá, né?

O estacionamento a que Saud se referia ficava ao lado de um projeto social do J&F, em São Paulo. Saud desejava repassar em caixa dois, sem qualquer registro, e perguntou:

– É o Edgar que trabalha para o presidente? Bom, se é da confiança do chefe, não tem problema.

Rocha Loures aquiesceu e complementou:

– Mas primeiro eu vou falar com ele.

"Ele", claramente, era Temer – responsável por definir os procedimentos.

Saud reiterou:

– Já tenho 500 mil. E semana que vem tem mais 500. Então, você tem um milhão aí. Isso é toda semana. Vê com "ele".

Em 1º de junho de 2017, Serraglio reassumiu seu mandato na Câmara e Rocha Loures perdeu o foro privilegiado. No dia seguinte, o procurador-geral da República, Rodrigo Janot, pediu a prisão preventiva de Rocha Loures, suspeito de corrupção passiva e organização criminosa. Classificou-o como "homem de total confiança, verdadeiro *longa manus* do presidente da República". Em menos de 24 horas, o ministro Edson Fachin, do STF, decretou sua prisão e declarou no despacho: "O agente aqui envolvido teria encontrado lassidão em seus freios inibitórios e prosseguiria aprofundando métodos nefastos de autofinanciamento em troca de algo que não lhe pertence, que é o patrimônio público."

Recluso no Complexo Penitenciário da Papuda, no Distrito Federal, Rocha Loures se calou. Ficou encarcerado por quase um mês, até Fachin ordenar sua soltura e determinar o uso de tornozeleira eletrônica e a entrega do passaporte. O ministro proibiu o ex-assessor da Presidência e ex-deputado de manter contato com investigados, réus ou testemunhas e o obrigou ao recolhimento domiciliar noturno. Já o presidente Michel Temer não sofreu maiores consequências. Apesar de denunciado pela PGR, a Câmara barraria o pedido do STF para investigá-lo.

A ligação entre Lula e Temer e os "negócios" do governo
A "solução Michel" previa enfraquecer delações e acabar com prisões

As suspeitas de participação de Michel Temer (PMDB) em esquemas de propina começaram a ser reveladas ainda antes de sua chegada à Presidência. Em 2009, durante a Operação Castelo de Areia, anulada depois pelo Superior Tribunal de Justiça, a Polícia Federal encontrou documentos atribuídos à empreiteira Camargo Corrêa que citavam 21 vezes o nome de Temer ao lado de quantias que somavam 345 mil dólares. A propina teria sido repassada entre 1996 e 1998, quando Temer exercia seu mandato de deputado federal. Em 2014, ano de sua reeleição como vice da presidente Dilma, a Polícia Federal apreendeu uma planilha na sede da mesma Camargo Corrêa, em São Paulo, ligando Temer a dois pagamentos suspeitos – no total, 80 mil dólares vinculados a supostos desvios em obras nos municípios paulistas de Araçatuba e Praia Grande.

Registre-se outro caso noticiado pelos jornais envolvendo Temer. Em 2015, o ex-presidente Lula estava descontente com a manobra, atribuída ao PMDB, de convocar para depor na CPI da Petrobras o presidente do Instituto Lula, Paulo Okamotto. Em 12 de junho daquele ano, irritado, Lula telefonou para o ainda vice-presidente Temer, com quem mantinha boas relações, e chamou o episódio de "temporada de caça" à possibilidade de uma candidatura dele, Lula, à Presidência da República em 2018. A conversa surtiu efeito. Não chamaram Okamotto para ser interrogado.

Situação anterior também confirmava a influência de Temer, então presidente do PMDB, em assuntos do governo Lula. Corria o ano de 2008 e o partido fechava o cerco contra Nestor Cerveró, à frente da Diretoria Internacional da Petrobras. Desejava substituí-lo. O próprio Cerveró narraria o caso anos mais tarde, ao propor um acordo de delação premiada. Segundo reportagem da revista *Época* de 12 de setembro de 2015, Cerveró afirmou à Polícia Federal que, para permanecer no cargo, teria que providenciar repasses de 700 mil dólares por mês – o dinheiro, conforme seu relato, seria distribuído a cerca de 50 deputados do PMDB.

Ainda segundo Cerveró, seria impossível, porém, atender às condições impostas pelos peemedebistas. Então, em uma tentativa de não perder o posto na estatal, ele pediu ajuda ao operador da legenda, Fernando Baiano, que, por sua vez, recorreu ao pecuarista José Carlos Bumlai, amigo de Lula.

Os três se reuniram com Temer em São Paulo para discutir o que fazer, mas não teve jeito. Cerveró caiu e Jorge Luiz Zelada foi nomeado como novo diretor Internacional, em 3 de março de 2008. Segundo essa versão, portanto, Cerveró não teria perdido o cargo na Petrobras em decorrência da escandalosa compra da Refinaria de Pasadena, e sim por não entregar os mensalões exigidos pelo PMDB. De todo modo, os "bons serviços" prestados por Cerveró levariam Lula a acomodá-lo na diretoria da BR Distribuidora, subsidiária da estatal.

Preso em 2015 por tentar impedir a delação premiada de Cerveró, o senador Delcídio do Amaral (PT) acabaria por fazer a sua própria delação, na qual revelaria a atuação de Temer nos bastidores da Petrobras. O senador vinculou Temer a Zelada e ao lobista João Augusto Rezende Henriques, ambos suspeitos de organizarem desvios em contratos da empresa. De acordo com Delcídio, Rezende Henriques chegou a ser apadrinhado por Temer para suceder Cerveró na Diretoria Internacional nos anos Lula. Rezende Henriques foi diretor da BR Distribuidora entre 1998 e 2000, no governo FHC, período em que teria montado um esquema para desviar dinheiro da aquisição de etanol manipulando margens de preço do combustível. Na época, Temer presidia a Câmara dos Deputados. Da delação de Delcídio, homologada e divulgada em 15 de março de 2016:

– Jorge Zelada foi chancelado por Michel Temer e pela bancada do PMDB na Câmara. João Augusto [*Rezende Henriques*] sempre atuou nas "sombras" de Jorge Zelada.

Em outra frente, José Antunes Sobrinho, executivo da Engevix, também comprometeu Temer. Preso em setembro de 2015, o empresário, que negociava uma delação premiada, disse que o então vice-presidente da República teria embolsado propina em troca de vantagens dadas à empreiteira em contratos com estatais. De acordo com o jornal *O Globo* de 20 de junho de 2016, Sobrinho esteve duas vezes em 2012 no escritório de Temer, em São Paulo. Nos encontros, Temer se fazia acompanhar do coronel João Baptista Lima Filho, o coronel Lima, dono da firma Argeplan. Supostamente influenciada por Temer, a Eletronuclear acabaria fechando contrato com a multinacional finlandesa AF Consult, que se tornaria sócia da pequena Argeplan. Negócio grande. A AF Consult receberia R$ 162 milhões para tocar obras na Usina Nuclear de Angra 3. Fechada a contratação, ainda conforme o relato de Sobrinho, o coronel Lima pediu R$ 1 milhão para a reeleição de Temer como vice. Sobrinho usou uma fornecedora da Engevix para pagar.

Outro caso que trouxe desconforto para Temer ocorreu em abril de 2016. Rodrigo Janot solicitou ao Supremo que investigasse determinadas "doações oficiais". Embora formalmente servissem para custear campanhas, algumas eram suspeitas de serem propinas repassadas após arranjos ilegais em contratos públicos. Janot mirava a concessão do Aeroporto de Guarulhos, em São Paulo, sob a administração da OAS, de Léo Pinheiro. Além de Temer, Janot citou o envolvimento dos peemedebistas Eduardo Cunha, Geddel Vieira Lima e Moreira Franco num acordo espúrio com a empreiteira.

Em sua petição ao STF, Janot detalharia: "Léo Pinheiro afirmou que explicaria, pessoalmente, para Cunha, mas o pagamento dos R$ 5 milhões a Michel Temer estava ligado a Guarulhos." E o procurador-geral foi mais longe: afirmou que um "acordão" viria com a "solução Michel" após o *impeachment* de Dilma. Para ele, o objetivo do "acordão" era enfraquecer a ferramenta da delação premiada, reverter a decisão do Supremo que autorizava a prisão após julgamentos em segunda instância e alterar regras nos acordos de leniência. Dessa forma, segundo Janot, os políticos minariam a Lava Jato.

Em delação divulgada em 10 de dezembro de 2016, o diretor de Relações Institucionais da Odebrecht, Cláudio Melo Filho, também incluiu Temer como beneficiário de propina. Em seus depoimentos, citou-o 43 vezes. Um dos casos mais graves teria ocorrido em 2014, ano da reeleição da chapa Dilma-Temer. Em suas confissões, Melo Filho mencionou um jantar ocorrido em maio no Jaburu, durante o qual ficou sentado ao lado de Temer, do empresário Marcelo Odebrecht e do ministro da Aviação Civil, Eliseu Padilha (PMDB). Ali Melo Filho teria entendido o papel de Padilha como representante dos interesses de Temer, pois, conforme relatou, o vice-presidente encarregou Padilha de receber R$ 4 milhões, a serem entregues posteriormente por Marcelo Odebrecht. Dinheiro, supostamente, para custear as eleições daquele ano.

Moreira Franco antecedeu Padilha no Ministério da Aviação Civil. Ainda segundo Melo Filho, Padilha, naquele mesmo ano de 2014, cobrou do diretor da Odebrecht "repasses" originalmente solicitados por Moreira Franco, também muito próximo de Temer. Provavelmente para proteger Moreira Franco, citado 34 vezes na delação de Melo Filho, Temer, já presidente, nomeou-o, em 3 de fevereiro de 2017, ministro da Secretaria-Geral da Presidência da República. Com o cargo no primeiro escalão, Moreira Franco ficou protegido por foro privilegiado – o mesmo expediente que Dilma teria tentado no ano anterior, sem sucesso, ao nomear Lula como ministro-chefe da Casa Civil, a fim de livrá-lo da Lava Jato.

Melo Filho afirmou também que, no jantar do Jaburu, o grupo não acertou apenas os R$ 4 milhões que seriam distribuídos pela empreiteira. Ao todo, Marcelo Odebrecht se comprometeu a dar R$ 10 milhões, sendo R$ 6 milhões para a campanha de Paulo Skaf (PMDB) ao governo de São Paulo em 2014. O marqueteiro de Skaf, Duda Mendonça, admitiria, mais tarde, ter sido remunerado pela Odebrecht por meio de caixa dois. Ao saber que seria delatado por executivos da empreiteira, Duda Mendonça procurou a PGR em 3 de novembro de 2016 e tentou fechar um acordo – fecharia depois com a Polícia Federal. Ao todo, Duda Mendonça recebeu R$ 10 milhões pela campanha de Skaf – dinheiro de caixa dois (R$ 6 milhões na campanha e R$ 4 milhões após o pleito).

Em 2005, Duda Mendonça já havia confessado o recebimento de caixa dois após a eleição de Lula, mas não sofreu maiores consequências. Nove anos se passaram e o publicitário voltou a embolsar dinheiro desviado. Ao mandar uma mensagem de celular sobre o jantar no Jaburu a um dos executivos que trabalhavam para ele na Odebrecht, Marcelo confirmou os repasses ao marqueteiro. No texto, interceptado pela Lava Jato, o empresário explicava que Paulo Skaf informaria a "MT" sobre o "crédito" (o dinheiro entregue a Duda Mendonça). MT seria Michel Temer.

Dos demais R$ 4 milhões definidos naquele jantar, o deputado Eduardo Cunha ficaria com uma parte. O ministro Eliseu Padilha pediria ao operador Lúcio Bolonha Funaro, preso depois pela Lava Jato, que entregasse a soma no escritório do advogado José Yunes, amigo de Temer havia 50 anos. Com a repercussão da notícia, Temer demitiu Yunes da função de assessor especial em seu governo.

Em reunião no escritório de Temer, "acertos" em contratações da Petrobras
Na pauta, tratativas para dividir a propina repassada pela Odebrecht

Preso pela Lava Jato em outubro de 2016, o ex-deputado Eduardo Cunha pressionava o presidente Michel Temer, exigindo ser protegido. Para deixar clara a sua intenção, arrolou o presidente como testemunha de sua defesa e fez chegar aos jornais uma série de perguntas incômodas que se referiam a João Augusto Rezende Henriques e à Diretoria Internacional da Petrobras. Nas perguntas, Cunha citava um encontro ocorrido em 15 de julho de 2010 no escritório de Temer, recém-escolhido pela primeira vez como candidato a vice-presidente na chapa de Dilma. Participaram da reunião o próprio Cunha, Rezende Henriques e o executivo Márcio Faria, da Odebrecht, que admitiria esse encontro em sua delação.

O tema da reunião eram as "doações" à campanha eleitoral. Em troca, a Petrobras contrataria a Odebrecht, por 825 milhões de dólares, para um pacote de obras em dez países. Com a finalidade de viabilizar o negócio, segundo relato de Márcio Faria, as empreiteiras Andrade Gutierrez e OAS participariam da concorrência com propostas simuladas, apenas para dar guarida à vitória da Odebrecht. De fato, o contrato foi assinado às vésperas do segundo turno das eleições de 2010, ainda durante o governo Lula.

De acordo com a versão de Márcio Faria, ele se dirigiu ao endereço da reunião, no elegante bairro do Alto de Pinheiros, em São Paulo, sem saber ao certo o motivo do encontro. Surpreendeu-se ao ser informado que o local sediava o escritório de Michel Temer, que comandaria o grupo sentado à cabeceira da mesa. O objetivo de Cunha e Temer era comunicar a ele, Márcio Faria, um representante da Odebrecht, que a assinatura do contrato pressupunha o pagamento posterior de propina – o que Cunha chamou de "uma contribuição muito importante para o partido", o PMDB. Do relato do executivo aos procuradores da Lava Jato:

– Imaginava que esse pessoal não fosse falar um assunto desses comigo.

No final, os pagamentos ilegais vinculados à contratação internacional da Odebrecht alcançaram 65 milhões de dólares (7,8% do total). Como prova dos desvios, a empreiteira entregou à Lava Jato extratos de 50 depósitos em *offshores* no exterior, em valores que iam de 280 mil dólares a 2,3 milhões de dólares. A empresa usou cinco firmas, a maioria registrada em Antígua, no Caribe, para efetuar os acertos. Políticos e agentes da Petrobras receberam a maior parte por meio de *offshores* na Espanha, nas Ilhas Virgens, nas Ilhas Seychelles e em Belize. Segundo a Odebrecht, o PT também se beneficiou da propina dessa contratação. Os repasses ao partido se deram em hotéis de São Paulo. Segundo a delação, os contemplados foram o tesoureiro João Vaccari Neto e os senadores Delcídio do Amaral e Humberto Costa.

As revelações sucessivas chamuscavam o presidente Temer. Com o objetivo de afastar o fantasma de um processo de *impeachment*, ele agiu antes de 2016 acabar. Para garantir o apoio de sua base de sustentação no Congresso, anunciou a liberação de R$ 7,3 bilhões em emendas parlamentares. Dessa forma, zerava os restos a pagar das tais emendas, que se acumulavam desde 2007. Na ocasião, diria:

— Não me canso de repetir que Executivo e Legislativo caminham juntos.

Reeleito em 2017 à presidência da Câmara com o apoio de Temer, o deputado Rodrigo Maia (DEM) virou alvo da Polícia Federal em crimes de corrupção e lavagem de dinheiro. Conforme a investigação, Maia teria embolsado R$ 1 milhão para defender interesses da OAS em 2013 e 2014. Recebeu o dinheiro na forma de doação eleitoral para a campanha do pai, César Maia (DEM), ao Senado. Como contrapartida, uma emenda de Rodrigo Maia favoreceu o Aeroporto de Guarulhos, gerenciado pela OAS.

No celular apreendido com o empresário Léo Pinheiro, da OAS, a mensagem de Rodrigo Maia: "A doação de 250 vai entrar?" Maia voltaria ao tema dias depois, em 26 de setembro de 2014: "Se tiver ainda algum limite pra doação, não esquece da campanha aqui." Como presidente da Câmara dos Deputados, Rodrigo Maia obstruiu todos os pedidos de *impeachment* contra Temer. Não os deixou tramitar.

Na delação de Joesley Batista, repasses a pedido do presidente
O empresário confessou a entrega de R$ 6,5 milhões entre 2010 e 2017

Em sua delação fechada com a PGR, Joesley Batista afirmou ter efetuado repasses para Michel Temer ao longo de sete anos, de 2010 a 2017, totalizando R$ 6,5 milhões. Mas frisou que a soma não incluía as transferências solicitadas por Temer para comprar o silêncio de Eduardo Cunha e do operador do PMDB Lúcio Funaro. Presos no âmbito da Lava Jato, ambos poderiam delatar os envolvimentos do presidente da República com a corrupção. Temer e Joesley eram próximos. Conforme contaria o empresário aos investigadores, seu jato particular chegou a ser cedido ao então vice-presidente e sua mulher, Marcela Temer, para uma viagem de São Paulo a Bahia em 2011. No ano seguinte, Temer assistiu ao casamento de Joesley. Temer ainda participaria da inauguração de uma fábrica do grupo J&F.

Entre os "pedidos" que Temer fez a Joesley estavam repasses a Wagner Rossi (PMDB), após sua exoneração do cargo de ministro da Agricultura de Dilma, em agosto de 2011. O empresário entregou então 12 "mensalinhos" de R$ 100 mil a Rossi. Temer e Rossi eram próximos. A imprensa publicou que a Polícia Federal suspeitava do envolvimento de ambos em atividades ilegais no Porto de Santos, no litoral paulista. Segundo o *Correio Braziliense*, investigadores consideravam o esquema de corrupção em Santos "o calcanhar de aquiles" do presidente.

Michel Temer, porém, tinha ainda outros pontos fracos. Um deles era Funaro, que se preparava para uma delação premiada e apontava suas baterias contra o presidente da República. Conforme notícias publicadas nos jornais, ele declarou que Temer o orientara sobre o que chamou de "comissões expressivas" – de R$ 20 milhões – em desvios de empréstimos do FGTS da Caixa Econômica Federal.

Ricardo Saud, do grupo J&F, também implicaria Temer em sua delação. Relatou que, durante a campanha de reeleição de Dilma, combinara com o ministro Guido Mantega (PT) a entrega de R$ 15 milhões em caixa dois a senadores do PMDB para evitar uma "rebelião" no partido. Ao saber do repasse, do qual não havia sido informado previamente, Temer se disse "indignado" e tomou as rédeas do PMDB, reassumindo a condição de presidente da legenda. Para aplacar a crise, Saud providenciou mais R$ 15 milhões, dessa vez distribuídos de acordo com as indicações de Temer. Desse valor, R$ 1 milhão teriam sido encaminhados ao próprio Temer, pelas mãos do coronel Lima, homem de confiança do candidato à reeleição a vice-presidente.

Em 25 de maio de 2017, um ano e três meses após apresentar pedido de *impeachment* contra Dilma, a Ordem dos Advogados do Brasil (OAB) pediu o afastamento de Temer da Presidência. Conforme dizia Cláudio Lamachia, dirigente da OAB, em sua petição, o presidente cometera crime de responsabilidade e deveria ser afastado do cargo. Nas semanas seguintes à divulgação das delações do grupo J&F, 21 pedidos de *impeachment* contra Temer chegaram à Câmara dos Deputados. Mas o presidente da Casa, Rodrigo Maia (DEM), o Botafogo das planilhas secretas da Odebrecht, barrou o trâmite de todos os processos.

Em 26 de junho, pela primeira vez na história do Brasil, um presidente da República, em pleno exercício do cargo, foi denunciado ao STF. Na denúncia, o procurador-geral da República, Rodrigo Janot, mirava o episódio da mala contendo R$ 500 mil, entregue pelo grupo J&F ao então deputado federal Rodrigo Rocha Loures (PMDB), e pedia a perda do mandato de Temer: "Em nenhum momento o destinatário final da propina era Loures. A vantagem indevida, em verdade, destinava-se a Michel Temer, a quem colaboradores e Loures se referem como 'chefe' ou 'presidente'."

Outro motivo para um possível pedido de *impeachment* contra o presidente residia na gravação da conversa entre Temer e Joesley, à noite, no Palácio do Jaburu. Em certo trecho do diálogo, Joesley abordava a situação de Cunha, preso em Curitiba. Em resposta, Temer comentou que Cunha resolvera "fustigá-lo" – o que Joesley entendeu, conforme explicou aos procuradores da Lava Jato, como sendo um pedido para que ele prosseguisse com os repasses de dinheiro ao ex-deputado. Naquele encontro, Temer acrescentou que perguntas endereçadas a ele e distribuídas por Cunha à imprensa tinham o objetivo de "trutar" – termo usado por marginais que significa ameaçar um comparsa de revelar o seu envolvimento em atos ilegais. Na conversa gravada, Joesley deixava claro que vinha efetuando pagamentos a Cunha:

– Dentro do possível, eu fiz o máximo que deu ali, zerei tudo, o que tinha de alguma pendência daqui para ali zerou [*acertou o pagamento*]. E ele [*Cunha*] foi firme em cima. Ele já estava lá [*na cadeia*]. Veio, cobrou, tal, tal, tal. Pronto, eu acelerei o passo e tirei da frente.

Na sequência, Joesley informava a Temer estar se "defendendo":

– O que é que eu mais ou menos dei conta de fazer até agora? Eu estou de bem com o Eduardo [*Cunha*], ok?

Ou seja, o empresário mantinha em dia os repasses de dinheiro. O comentário do presidente da República:

– É. Tem que manter isso, viu?

A resposta de Joesley, e o diálogo que se seguiu:

– Todo mês.

– O Eduardo também, né?

– Também.

Em resumo: Eduardo Cunha ameaçava a estabilidade do governo. De acordo com o ex-deputado, Temer só chegara ao Palácio do Planalto porque ele, então presidente da Câmara, iniciara o processo de *impeachment* contra a presidente Dilma. Cunha não admitia ser abandonado e exigia propina por ter que amargar a prisão.

Por meio de código, a pergunta sobre "o alpiste dos passarinhos"
Objetivo era deixar Eduardo Cunha e Lúcio Funaro "tranquilos na gaiola"

Ao depor aos procuradores da Lava Jato, Joesley Batista ratificou que Temer tinha ciência da "mesada" paga a Eduardo Cunha e Lúcio Funaro para mantê-los calados na cadeia. Joesley confessou que deu R$ 400 mil por mês a ambos, num total de R$ 5 milhões, porque o presidente Michel Temer e o ex-ministro Geddel Vieira Lima (PMDB) mandaram diversos sinais sobre a necessidade de repassar dinheiro aos dois prisioneiros para que permanecessem "calmos".

Na conversa em que gravou Rodrigo Rocha Loures para embasar seu acordo de delação premiada, Joesley afirmou ao então deputado que informara o presidente da República de sua preocupação com os pagamentos que fazia em favor de Cunha e Funaro:

– Eu disse para o Michel, desde quando Eduardo foi preso e ele [*Funaro*], quem está segurando as pontas sou eu.

Rocha Loures respondeu que, ao "cuidar" da dupla, Joesley havia "estabilizado" Cunha.

Em sua delação, Ricardo Saud contaria que Joesley pretendeu avisar Temer de que gostaria de interromper a entrega de dinheiro a Cunha e Funaro. Por isso levou ao presidente o assunto, mas Temer insistiu em manter os repasses. Ainda segundo Saud, usava-se um código para confirmar se as somas estavam mesmo sendo direcionadas no interesse dos dois presos.

– O dinheiro do Eduardo Cunha tinha terminado, e o Michel Temer sempre pedia para manter eles lá – revelou Saud. – O código era "está dando alpiste para os passarinhos? Os passarinhos estão tranquilos na gaiola?"

Em entrevista à *Época* de 16 de junho de 2017, Joesley reiterou todas as declarações dadas aos investigadores por ele e por Saud. Confirmou ainda que decidiu gravar Temer para deixar registrado que o presidente tinha interesse na compra do silêncio de Cunha e Funaro, e acrescentou que Geddel, "mensageiro" de Temer, lhe cobrava isso com insistência. Além de Geddel, Joesley citaria Eduardo Cunha, Henrique Eduardo Alves, Eliseu Padilha e Moreira Franco, todos do PMDB:

– O Temer é o chefe da "Orcrim" [*Organização Criminosa*] da Câmara. Temer, Eduardo, Geddel, Henrique, Padilha e Moreira. É o grupo deles. Quem não está preso está hoje no Planalto. Essa turma é muito perigosa. Não pode brigar com eles. Nunca tive coragem de brigar com eles.

À revista, Joesley enfatizaria que Temer dava a palavra final:

– A pessoa à qual o Eduardo [*Cunha*] se referia como seu superior hierárquico sempre foi o Temer. Sempre falando em nome do Temer. Tudo que o Eduardo conseguia resolver sozinho, ele resolvia. Quando ficava difícil, levava para o Temer. Essa era a hierarquia.

Por tê-lo chamado de "chefe de uma organização criminosa" nessa entrevista concedida à *Época*, o então presidente da República abriu processo contra Joesley, que, em 15 de setembro de 2021, foi condenado pela 10ª Vara Cível de

Brasília a pagar R$ 300 mil a Michel Temer – ironicamente, dessa vez de forma oficial, e não como repasse.

Ainda em relação ao "financiamento" a Cunha, Saud esmiuçaria diante das autoridades os bastidores da campanha do então deputado à presidência da Câmara, em 2015, quando o grupo J&F repassou R$ 28,5 milhões para elegê-lo. Desse valor, R$ 12 milhões seguiram sob a forma de caixa dois, em dinheiro vivo, para vários deputados; R$ 10,9 milhões foram entregues mediante a emissão de notas fiscais frias; e R$ 5,6 milhões chegaram ao PMDB e a políticos indicados por Cunha como doações. Comentário de Joesley Batista sobre o assunto, em sua delação premiada:

– Dos levantamentos nossos, pelo que eu entendi, ele [Cunha] saiu comprando um monte de deputados Brasil afora.

Eduardo Cunha seria eleito presidente da Câmara com 267 votos. O segundo colocado, Arlindo Chinaglia (PT), o candidato da presidente Dilma, obteve apenas 136.

Em suas tratativas para firmar uma delação e se livrar da prisão, o operador Lúcio Funaro também envolveu Moreira Franco e Geddel. Próximos de Temer, os dois ocuparam cargos de vice-presidente da Caixa Econômica nos governos Lula e Dilma. Funaro teria pagado "comissões" em dinheiro vivo à Moreira Franco e Geddel, e "operações" na Caixa renderiam, só para Geddel, R$ 20 milhões em propina.

Funaro relatou que viajou várias vezes até a Bahia em seu avião ou por meio de voos fretados para entregar malas de dinheiro a Geddel. Fazia os repasses na sala vip de um hangar do Aeroporto de Salvador. O operador do PMDB teria arrecadado perto de R$ 100 milhões para o partido, dinheiro que, segundo ele, alimentou diversas campanhas eleitorais. Advogado do J&F, Francisco de Assis e Silva explicaria à Lava Jato as trocas de mensagens entre ele e Geddel para tratar de Funaro:

– Geddel Vieira Lima fazia a interface entre Joesley e o Palácio. Segundo Joesley, falar com ele [*Geddel*] era o mesmo que falar com Temer.

Geddel foi preso em 3 de julho de 2017, denunciado pelo Ministério Público Federal pelos repasses de dinheiro a Cunha e Funaro e por tentar impedir Funaro de fechar acordo de delação. Como prova, procuradores apontaram que Geddel telefonou 16 vezes a Raquel Pitta, mulher de Funaro. O MPF definiu o político como "criminoso em série" e personagem de um "quadro perturbador de corrupção sistêmica".

Da cadeia, as ordens para nomear ministros do governo
De acordo com Renan Calheiros, Eduardo Cunha mandava em Michel Temer

O senador Renan Calheiros bandeou-se para a oposição ao governo de Michel Temer, após servir ao *impeachment* que afastou Dilma da Presidência. Vale lembrar um trecho do discurso proferido por ele no Senado ao deixar a liderança do PMDB, em 28 de junho de 2017. Nesse texto, Calheiros se refere a uma gravação feita por Sérgio Machado, então presidente da Transpetro, de conversa mantida com o senador Romero Jucá (PMDB): "[...] surgiu uma frase dita pelo senador Romero Jucá, [...] ilegalmente gravado. O ilustre senador [...] afirmou ao seu interlocutor que o *impeachment* [*de Dilma*] não saía porque eu, senador Renan, tinha certeza de que o Eduardo Cunha mandaria no governo Michel Temer. Naquela oportunidade, [...] Jucá afirmou ao seu interlocutor que Eduardo Cunha estaria politicamente morto. [...] Ledo engano [...]. Os últimos acontecimentos comprovam a sua total influência no governo, [...] dando as ordens diretamente do presídio e apequenando o presidente, cuja República periclita nas suas mãos."

Em entrevista à *Folha de S. Paulo* de 10 de julho de 2017, Calheiros explicaria:

– Acho que o papel de Eduardo Cunha na política brasileira foi deletério. Tinha uma visão completamente distorcida da política e da representação. Isso foi terrível do ponto de vista do abuso do poder, da chantagem com atores econômicos. Michel [*Temer*], que era o líder dessa facção, foi alertado em vários momentos.

Ainda sobre Cunha, o ministro Edson Fachin, do STF, recebeu as transcrições de mensagens de 2012 interceptadas pela PF no celular do então deputado federal. Em uma comunicação cifrada entre o ex-ministro Henrique Eduardo Alves (PMDB) e Cunha, divulgadas com autorização de Fachin em 29 de maio de 2018, "Joes" significaria Joesley Batista, e, "convites", valores em propina. A mensagem de Henrique Eduardo Alves, um político do Rio Grande do Norte, a Cunha: "Joes aqui saindo. Confirme dos 3 convites, 1 RN, 2 SP." O comentário de Cunha: "Ou seja, ele vai tirar o de SP e dar a vc? Isso vai dar merda com Michel."

Henrique Eduardo Alves esteve à frente do Ministério do Turismo na gestão Dilma de 16 de abril de 2015 a 28 de março de 2016. Desembarcou do governo do PT quando o PMDB foi para a oposição, ainda antes do *impeachment*. Após o Senado afastar Dilma, ele voltou a ocupar o mesmo ministério em 12 de maio de 2016, dessa vez nomeado por Temer. Mas saiu em 16 de junho, pouco mais de um mês após reassumir o cargo, por ter sido citado na delação premiada de Sérgio Machado, o ex-presidente da Transpetro. Henrique Eduardo Alves seria preso em 6 de junho de 2017, mas pelo envolvimento com um sobrepreço de R$ 77 milhões nas obras de construção do estádio Arena das Dunas, em Natal, em um desdobramento da Lava Jato.

Após o grampo de Joesley, Temer aprendeu a lição. A Agência Brasileira de Inteligência (Abin) forneceu-lhe um novo celular, protegido por criptografia. O dispositivo impedia que ele fosse grampeado. Não só isso. O Gabinete de Segurança Institucional (GSI) instalou no gabinete presidencial do Palácio do Planalto um "misturador de voz", dispositivo que dificultava a compreensão de áudios captados por aparelhos eletrônicos. O sistema foi implantado também no Palácio do Jaburu.

Um episódio marcante ocorreria em 5 de junho de 2017, quando a Polícia Federal enviou a Temer 82 perguntas relativas às delações de executivos do grupo J&F. O ministro Edson Fachin estipulou 24 horas para receber as respostas. A defesa de Temer pediu mais tempo. O STF concedeu 72 horas. Vencido o novo prazo, o advogado de Temer anunciou que ele não responderia. Alegou que o presidente não era obrigado a fazê-lo e que as perguntas partiam da "premissa do cometimento induvidoso de delitos".

Uma das 82 perguntas da PF era a seguinte: "Ricardo Saud, em depoimento prestado na Procuradoria-Geral da República, conforme vídeo amplamente divulgado, afirmou que tratou com Rodrigo Rocha Loures sobre os repasses semanais já mencionados, mas ressaltou, categoricamente, que o dinheiro era direcionado a Vossa Excelência. O que Vossa Excelência tem a dizer a respeito?" Temer não respondeu.

Outra pergunta: "Joesley Batista mencionou que investigações envolvendo Eduardo Cunha e Geddel Vieira Lima haviam tangenciado o grupo J&F Investimentos S.A., afirmando, com conotação de prevenção, que estava 'de bem com Eduardo', ao que Vossa Excelência interveio com a colocação 'Tem que manter isso, viu?', tendo o empresário complementado dizendo 'Todo mês'. Explique o contexto em que se deram essas colocações, esclarecendo, sobretudo, o sentido da orientação final de Vossa Excelência, nos termos 'Tem que manter isso'." Temer não respondeu.

Pressionado pela denúncia da Procuradoria-Geral da República, o presidente procurou garantir apoio na Câmara. O STF só julgaria a acusação da PGR contra Temer se dois terços da Casa Legislativa (342 deputados) autorizassem. De maio a junho de 2017, Temer liberou R$ 2 bilhões em emendas parlamentares – a maior parte a seus aliados no Congresso. Por meio da "operação caça-votos", como a manobra foi apelidada pela oposição na Câmara, também foram distribuídos cargos a aliados do presidente.

Escondidos em malas num apartamento de Salvador, R$ 51 milhões em dinheiro vivo
Na maior apreensão de papel-moeda já feita no Brasil, a dinheirama era de Geddel

A cena chocou o país: no dia 5 de setembro de 2017, a Polícia Federal apreendeu oito malas e seis caixas grandes de papelão repletas de cédulas de R$ 100 e de R$ 50 – além de 2,7 milhões de dólares – num apartamento de classe média do bairro da Graça, em Salvador. As imagens dos 14 volumes sobre o piso de cerâmica no cômodo vazio ocuparam os telejornais e as páginas dos jornais. Ao todo, havia ali R$ 51 milhões, dinheiro atribuído pela PF a Geddel Vieira Lima (PMDB), que estava em prisão domiciliar em um imóvel de luxo a apenas mil metros do bunker da Graça.

Os R$ 51 milhões representavam a maior soma em dinheiro vivo já interceptada de uma só vez no Brasil. Geddel fora ministro da Integração Nacional de Lula entre 2007 e 2010, indicado por Michel Temer. Investigavam-no, porém, pelo período em que ocupou a vaga de vice-presidente da Caixa, de 2011 a 2013, no governo Dilma – também por indicação de Temer. Ao se tornar presidente da República em 2016, Temer o nomeou ministro da Secretaria de Governo. Com a descoberta do bunker, Geddel foi transferido da prisão domiciliar para o regime fechado. Cobriu o rosto ao entrar na viatura. Motoristas buzinaram. Pedestres aplaudiram. Seguiu para o Presídio da Papuda, em Brasília. Na cadeia, Geddel silenciou.

Em 11 de setembro de 2017, A PF submeteu ao Supremo um relatório sobre o "quadrilhão do PMDB na Câmara", forma pela qual a imprensa se referia ao grupo político liderado por Temer: "Ao lado de Cunha, os elementos analisados nos autos demonstram que o presidente Michel Temer possui poder de decisão nas ações do grupo do 'PMDB da Câmara', tanto para indicações em cargos estratégicos quanto na articulação com empresários beneficiados nos esquemas, para recebimento de valores, sob justificativa de doações eleitorais."

Em 14 de setembro de 2017, Rodrigo Janot denunciou Temer pela segunda vez. Dessa feita, por obstruir a Justiça e liderar organização criminosa no âmbito do PMDB da Câmara. Janot destacou a conversa entre Temer e Joesley gravada pelo empresário, na qual o presidente o instigava a efetuar pagamentos a Cunha e Funaro para que ambos não fechassem acordos de delação. Para a PGR, Temer "dava estabilidade e segurança ao aparato criminoso, figurando ao mesmo tempo como cúpula e alicerce da organização". No entendimento da Procuradoria-Geral da República', havia um "escudo" ao redor de Temer: "O papel de negociar cargos junto aos demais membros do núcleo político da organização criminosa, no caso do subnúcleo do 'PMDB da Câmara', era desempenhado por Temer de forma mais estável, por ter sido ele o grande articulador para unificar o partido em torno do governo Lula."

Com o afastamento de Dilma do governo, em maio de 2016, Temer deixou de ser intermediário. Tornou-se o dono da caneta. Passou a nomear. A denúncia mencionaria ainda o acerto com Joesley para que a Petrobras fornecesse gás à usina termelétrica do empresário, em Cuiabá: "O negócio escuso firmado com o grupo J&F é prova cabal de que a organização ora denunciada continuou suas atividades criminosas com o término do governo Dilma, sendo que desde então os integrantes do núcleo político do PMDB assumiram o protagonismo dessa organização, em especial Temer, em razão de ser hoje o chefe do Poder Executivo."

Na delação premiada de Funaro, homologada em 5 de setembro de 2017 por Edson Fachin, o operador financeiro do PMDB reconheceu que Joesley lhe pagou quantias mensais após a sua prisão, em 2016:

— Me deixava tranquilo porque eu tinha uma filha pequena. Toda a parte da minha defesa também estava sendo paga.

Quando Joesley decidiu colaborar com a Justiça, Funaro também optou por confessar seus crimes:

— Tenho certeza de que parte do dinheiro que era repassado, que o Eduardo Cunha capitaneava em todos os esquemas que ele tinha, ele dava um percentual também para o Michel Temer.

Funaro relatou a divisão de propina entre Temer e Geddel em 2014. Foi o encarregado de buscar R$ 1 milhão, repassados da Odebrecht, no escritório do advogado José Yunes. Tratava-se de um acerto entre Temer, Eliseu Padilha e a empreiteira. Um emissário transportou o dinheiro em automóvel de São Paulo a Salvador e entregou a bolada a Geddel. De 2012 a 2017, Funaro providenciaria R$ 17 milhões ao político. Em relação a Geddel, Cunha e o esquema na Caixa, Funaro diria:

– Aí eram 60%, 65% pro Geddel, dependendo da operação, e o resto eu e o Cunha meiávamos no meio, ou eu dava 5% a mais para o Cunha, dependia da operação e da necessidade de caixa que ele tinha.

Funaro afirmou que Temer tornou-se dono de um andar inteiro em um edifício da valorizada avenida Brigadeiro Faria Lima, em São Paulo. Cunha o informou de que o imóvel fora alugado a uma instituição financeira. Segundo Funaro, José Yunes lavava dinheiro ilegal de Michel Temer comprando imóveis. Ainda entre os relatos de Funaro, consta um episódio em que Cunha, então presidente da Câmara, pediu R$ 1 milhão para comprar votos a favor do *impeachment* de Dilma em 2016:

– Ele me perguntou se eu tinha disponibilidade de dinheiro, que ele pudesse ter algum recurso disponível para comprar algum voto ali favorável ao *impeachment* da Dilma. Eu falei que ele podia contar com até R$ 1 milhão, e que eu liquidaria isso para ele em duas semanas no máximo.

Segundo seus próprios cálculos, em 15 anos Funaro encontrou-se 780 vezes com Cunha:

– Eduardo funcionava como se fosse um banco de corrupção de políticos. Ou seja, todo mundo que precisava de recursos pedia a ele, e ele cedia. Em troca, mandava no mandato do cara. Não precisava nem ir atrás de ninguém, fazia fila de gente atrás dele.

Na denúncia contra o presidente, a acusação de organização criminosa
O Supremo Tribunal Federal também citou Michel Temer por tentar obstruir a Justiça

Nas planilhas de Lúcio Funaro apreendidas pela Polícia Federal, Eduardo Cunha era "Bob". Segundo os registros, o operador repassou R$ 89,4 milhões ao político. Em 2011, foram seis entregas, totalizando R$ 920 mil. Em 2012, 34 remessas, somando R$ 13,6 milhões. Em 2013, 63 repasses, perfazendo R$ 16,4 milhões. Em 2014, R$ 57,2 milhões, incluindo-se aí R$ 30 milhões de Joesley Batista. E, em 2015, houve 12 injeções de dinheiro, além de R$ 1,3 milhão. A soma de R$ 89,4 milhões embutia valores que Cunha mandara para vários políticos. Em troca, ele queria apoio e lealdade.

Em seu depoimento à PGR, Funaro tratou também de propina da Odebrecht e da Andrade Gutierrez no bojo das obras da Usina Hidrelétrica de Santo Antônio, em Rondônia. Segundo o delator, Temer, Cunha, Henrique Eduardo Alves e o então presidente da Câmara, deputado Arlindo Chinaglia (PT), receberam dinheiro desviado. Cunha, R$ 20 milhões. E Chinaglia, por convencer o governo do PT a entregar a Cunha a direção de Furnas Centrais Elétricas, ficou com R$ 10 milhões. Funaro contou que levou R$ 6,3 milhões pessoalmente a Henrique Eduardo Alves. Chinaglia presidiu a Câmara entre 2007 e 2009.

Funaro ainda mencionou Gilberto Occhi (PP), no período em que Occhi ocupou uma das vice-presidências da Caixa, no governo Dilma. Occhi foi ministro de Dilma duas vezes antes de ser nomeado presidente do banco, já no governo Temer. Segundo a delação de Funaro, Occhi desviava dinheiro para o PP. Todos os meses, ele tinha que cumprir uma "meta de propina".

– Qualquer verba da Caixa para sair, tudo quanto é verba do governo, tinha que passar pela diretoria dele – explicou Funaro aos investigadores. – Tinha que passar na vice-presidência dele.

Um acordo com a Justiça previu que Funaro pagaria uma multa de R$ 45 milhões.

Em 21 de setembro de 2017, o STF enviou à Câmara uma segunda denúncia contra Temer. Depois do caso da mala de dinheiro recebida por Rodrigo Rocha Loures, o STF denunciou o presidente da República por comprar o silêncio de Cunha e de Funaro na prisão. Dos 11 ministros do Supremo, dez votaram por encaminhar ao Congresso a acusação de obstrução de Justiça e organização criminosa. Só o ministro Gilmar Mendes foi contra.

Ágil, Temer concedeu audiência a vários deputados e distribuiu cargos, descontos em multas e perdão de dívidas. Recuou em privatizações e liberou mais R$ 830 milhões em emendas parlamentares. Tudo para sepultar a abertura do processo. Em 25 de outubro de 2017, a Câmara barraria, por 251 votos a 233, a nova denúncia. Com o resultado, Temer se manteve no cargo de presidente da República até o último dia do mandato – 31 de dezembro de 2018.

Por fim, em 29 de março de 2018, foram presos o coronel Lima, o advogado José Yunes e o ex-ministro Wagner Rossi (PMDB), que presidiu a Companhia Docas do Estado de São

Paulo, do Porto de Santos (Codesp), entre 2000 e 2001. Todos muito próximos de Temer. Àquela altura, já fazia nove meses que a Polícia Federal tentava ouvir o coronel Lima. Durante a prisão, ele alegou sentir-se mal. Foi internado. Saiu do hospital em cadeira de rodas. Depois, na sede da Polícia Federal, em São Paulo, afirmou que, por ordem médica, não prestaria depoimento. Foi solto após três dias. Saiu andando do prédio normalmente.

Os acontecimentos no fim de seu governo tornaram Michel Temer um *lame duck* ("pato manco", expressão usada nos Estados Unidos para definir presidentes em fim de mandato e sem forças para impor uma agenda). O ex-presidente só seria preso preventivamente em 21 de março de 2019, por ordem do juiz federal Marcelo Bretas, da Lava Jato do Rio de Janeiro. Ficou quatro dias na cadeia, devido a suspeitas em torno das obras da Usina Nuclear de Angra 3. O caso ainda levou para uma unidade prisional o ex-ministro Moreira Franco (PMDB) e, novamente, o coronel Lima.

Em maio daquele ano, o Tribunal Regional Federal da 2ª Região (TRF-2), com sede no Rio de Janeiro, ordenou novo encarceramento de Temer. Dessa vez, o ex-presidente ficou seis dias na prisão. Para o MPF-RJ, Temer liderava uma organização criminosa que, mesmo após o fim de seu governo, continuava em "plena operação", conforme consta em relatório dos procuradores: "As apurações também indicaram uma espécie de braço da organização, especializado em atos de contrainteligência, a fim de dificultar as investigações, tais como o monitoramento das investigações e dos investigados, a combinação de versões entre os investigados e, inclusive, seus subordinados, e a produção de documentos forjados para despistar o estado atual das investigações."

Quem tratou de reabilitar Temer foi seu sucessor, o presidente Jair Bolsonaro. Convidou-o para chefiar uma missão humanitária brasileira no Líbano, após uma explosão no Porto de Beirute. No afã de se aproximar do experiente político, Bolsonaro ainda cogitou nomeá-lo ministro ou embaixador. Como pano de fundo, o presidente da República esperava uma possível ajuda no Congresso Nacional, onde Temer exerceu por três vezes a presidência da Câmara. Réu em seis ações na Justiça, Michel Temer só pôde embarcar para o Líbano após conseguir uma autorização judicial para sair do Brasil.

6. Quatro confissões devastadoras

Os crimes relatados por Antonio Palocci, Delcídio do Amaral, João Santana e Renato Duque, todos ligados a Lula, comprometem o ex-presidente

Ao depor à Lava Jato, Antonio Palocci (PT), um dos colaboradores mais próximos de Lula, afirmou que o ex-presidente da República fizera um "pacto de sangue" com Emílio Odebrecht, líder da maior construtora do país. Ex-ministro tanto de Lula quanto de Dilma, Palocci declarou, em 6 de setembro de 2017, que a relação dos dois governos com a Odebrecht foi "movida a vantagens dirigidas à empresa, a propinas pagas pela Odebrecht a agentes públicos em forma de doação de campanha, benefícios pessoais, caixa um [*doação eleitoral*], caixa dois". Condenado a nove anos e dez dias de prisão por corrupção e lavagem de dinheiro, o ex-ministro ficou preso por dois anos e três meses. Saiu da cadeia após acordo de delação firmado com a Polícia Federal. Seguiu para a prisão domiciliar usando tornozeleira eletrônica.

Ao confessar sua participação em atividades ilegais, Palocci explicou que Emílio Odebrecht tinha receio de que Dilma, ao suceder a Lula, não proporcionasse a mesma "convivência fluida" entre o governo federal e a Construtora Norberto Odebrecht "em todos os aspectos". E detalhou os "aspectos" a que se referia Emílio:

– A Odebrecht, em particular, tinha uma relação fluida com o governo em todos os aspectos. Diria, partindo dos aspectos de realização de projetos, assim como participação em campanhas. As participações em campanhas se davam de todas as maneiras. A maior parte com caixa um, mas que muitas vezes era originário de atitudes e de contratos ilícitos.

Palocci disse que foram inúmeros os contratos da Petrobras que "geraram créditos", vale dizer, propinas. E que, com o intuito de contornar eventuais resistências de Dilma à preservação da "convivência fluida" entre a empreiteira e o governo, Emílio reuniu-se com Lula antes mesmo do término de sua segunda gestão no Palácio do Planalto. Do depoimento de Palocci:

– O Emílio abordou [*Lula*] no final de 2010 não para fazer, para oferecer alguma coisa. Foi para fazer um pacto, que eu chamei de "pacto de sangue", porque envolvia um presente pessoal, que era um sítio [*em Atibaia*]. Envolvia o prédio de um museu pago pela empresa [*que abrigaria o novo Instituto*

Lula]. Envolvia palestras pagas a R$ 200 mil, fora imposto, combinadas com a Odebrecht para o próximo ano [*2011*]. Várias palestras. E envolvia uma reserva de R$ 300 milhões.

Ressalte-se: R$ 300 milhões para financiar atividades políticas.

O ex-ministro ainda deu detalhes de uma reunião ocorrida entre Lula, Dilma e Emílio em 30 de dezembro de 2010, na véspera do encerramento dos oito anos de governo Lula. Na reunião, o presidente pediu a Dilma que garantisse todas as faces do relacionamento entre o governo federal e a Odebrecht – "lícitos e ilícitos", sublinharia Palocci na confissão. A preocupação de Lula com o financiamento das atividades do PT já ficara clara em meados daquele ano, durante um encontro na biblioteca do Palácio da Alvorada com Dilma, na época ministra da Casa Civil, José Sérgio Gabrielli, presidente da Petrobras, e o próprio Palocci, então deputado federal. Lula já se preparava para deixar o poder. O presidente discorreu sobre as reservas de petróleo do pré-sal e os contratos de fabricação e operação de navios-sonda que exploravam o fundo do mar. Pela primeira vez, segundo Palocci, Lula foi direto:

– Ele disse: "Eu chamei vocês aqui porque o pré-sal é o passaporte do Brasil para o futuro, ele vai dar combustível para um projeto político de longo prazo, vai pagar as contas nacionais, ser o grande financiador dos projetos do Brasil. E quero que o Gabrielli faça as sondas pensando nesse grande projeto para o Brasil. Mas o Palocci está aqui porque ele vai acompanhar esse projeto, porque ele vai ter total sucesso e para que ele garanta que uma parcela desses projetos financie a campanha desta companheira, a Dilma, que eu quero ver eleita presidente do Brasil."

Palocci deixara o governo em 2006, quando exercia a função de ministro da Fazenda, em meio ao escândalo com o caseiro Francenildo dos Santos Costa e a "Casa dos Prazeres". Elegeu-se deputado federal naquele mesmo ano. Interlocutor entre o empresariado e o setor financeiro, coordenou a campanha vitoriosa de Dilma à Presidência em 2010 e foi nomeado ministro da Casa Civil. Ficaria pouco tempo no cargo. Uma reportagem da *Folha de S. Paulo* revelou que seu patrimônio crescera 20 vezes entre 2006 e 2010. Suspeito de enriquecer ilicitamente por meio de contratos de consultoria, desligou-se do Planalto mais uma vez. Com as investigações da Lava Jato, viria a público que Palocci era o Italiano das planilhas secretas da Odebrecht. Delatores da empresa o acusaram de ser operador de Lula. Palocci foi preso em 26 de setembro de 2016 e teve R$ 30 milhões bloqueados. Para se livrar da cadeia, admitiu crimes de corrupção.

Palocci confessou que entregou dinheiro vivo diretamente a Lula ao menos em cinco ocasiões em 2010 – pacotes que continham de R$ 30 mil a R$ 50 mil. E apontou um assessor, Branislav Kontic, como "mula". Ao todo, Kontic teria transportado R$ 9 milhões em propina. Segundo Palocci, R$ 4 milhões foram entregues ao Instituto Lula. Dinheiro da Odebrecht. O ex-ministro delatou que uma parte das doações em espécie encaminhadas para o instituto bancava despesas pessoais do ex-presidente. E reconheceu a participação da Odebrecht na compra, com dinheiro de origem ilegal, de um terreno para a nova sede do Instituto Lula e de um apartamento de cobertura vizinho ao de Lula em São Bernardo do Campo, na Grande São Paulo. (*Detalhes das investigações sobre dois imóveis atribuídos a Lula – o tríplex do Guarujá e o sítio em Atibaia – estão no Apêndice 1, p. 271.*)

Palocci contou que, certa vez, tentou dissuadir Marcelo Odebrecht da aquisição do terreno para o instituto. Mas o ex-presidente insistia em fazer a transação, conforme seria relatado aos investigadores:

— Falei para ele [*Lula*]: "Olha, estou preocupado, eu não gostaria de fazer desse jeito. O senhor está fazendo um instituto para receber doações e fazer suas atividades, não sei por que procurar agora um terreno. Por que não esperar? Não tem problema nenhum receber uma doação da Odebrecht, mas que seja formal ou pelo menos revestida de formalidade."

Lula hesitava. Durante um jantar no apartamento do ex-presidente em São Bernardo, sua mulher, Marisa Letícia, pressionou a favor da construção do novo instituto. No final, porém, Palocci acabou convencendo Lula do erro dizendo o seguinte, segundo suas próprias palavras:

— Nosso ilícito com a Odebrecht já está monstruoso. Se fizermos esse tipo de operação, vamos criar uma fratura exposta desnecessária.

Após o depoimento-bomba diante das autoridades, que imediatamente vazou para a imprensa, o PT desligou o delator do quadro partidário. Palocci respondeu por meio de carta. Para ele, Lula dissociara-se "definitivamente do menino retirante para navegar no terreno pantanoso do sucesso sem crítica, do 'tudo pode', do poder sem limites, onde a corrupção, os desvios, as disfunções que se acumulam são apenas detalhes, notas de rodapé no cenário entorpecido dos petrodólares".

Em outro trecho da carta, Palocci afirmou que Lula sucumbira ao pior da política: "Um dia, Dilma e Gabrielli dirão a perplexidade que tomou conta de nós após a fatídica reunião na biblioteca do Alvorada, onde Lula encomendou as sondas e as propinas, no mesmo tom, sem cerimônias, na cena mais chocante que presenciei do desmonte moral da mais expressiva liderança política que o país construiu em toda a nossa história."

A vinculação entre a operação do navio-sonda e o empréstimo ao partido
A PF investigou contratos que envolviam o grupo Schahin e a Petrobras

Além do depoimento de Antonio Palocci, crimes de corrupção reconhecidos por outros personagens do petrolão, todos ligados a Lula, comprometeriam o ex-presidente. Foi o caso das confissões do senador Delcídio do Amaral (PT), líder do governo Dilma no Senado. Também o caso dos depoimentos de João Santana, marqueteiro que atuou para o PT em três eleições: a reeleição de Lula, em 2006, e as duas vencidas por Dilma, em 2010 e 2014. E ainda houve a delação de Renato Duque, ex-diretor de Serviços da Petrobras, nomeado com aval do ex-ministro José Dirceu para representar os interesses do PT na estatal.

Delcídio do Amaral exerceu o cargo de diretor de Gás e Energia da Petrobras no governo FHC. Na época, filiado ao PSDB, chefiou o então gerente de Geração de Energia Elétrica na estatal, Nestor Cerveró. Em 2002, elegeu-se senador pelo PT. No início do governo Lula, apadrinhou o mesmo Cerveró, nomeado na cota do PMDB para comandar a Diretoria Internacional da empresa.

Para entender o contexto dos crimes citados nas delações, é necessário retomar o episódio da contratação do Estaleiro Samsung Heavy, da Coreia do Sul, ainda na primeira gestão de Lula. O objetivo era a fabricação dos navios-sonda *Vitória 10.000* e *Petrobras 10.000* para a frota da Petrobras. A Lava Jato investigava a trama – que incluía um superfaturamento de 616 milhões de dólares no contrato e o pagamento de 53 milhões de dólares em propina. Parte desse suborno teria ficado com Nestor Cerveró, conforme a delação de um ex-gerente da companhia, Eduardo Musa.

O esquema era complexo: a Petrobras contratou o grupo Schahin para operar o *Vitória 10.000* por R$ 1,6 bilhão, sem licitação. A Lava Jato investigou a ligação dessa transação com outra, um empréstimo de R$ 12 milhões concedido em 2004 pelo Banco Schahin ao pecuarista José Carlos Bumlai – dinheiro para o PT, segundo o depoimento do executivo Fernando Schahin. Em troca do empréstimo, nunca quitado, Salim Schahin, outro executivo do grupo, afirmou que Lula teria emprestado o apoio necessário para que a construtora do grupo, sem tradição na exploração em alto-mar, operasse o *Vitória 10.000*.

De acordo com a delação de Fernando Baiano, operador

do PMDB, Fernando Schahin acertou com Bumlai o pagamento de 5 milhões de dólares para garantir que o contrato do *Vitória 10.000* ficasse com o grupo Schahin. O dinheiro teria sido repassado a várias pessoas, entre as quais Eduardo Musa, que recebeu 720 mil dólares na Suíça, e Bumlai, que embolsou R$ 2 milhões. Quando a Polícia Federal prendeu o pecuarista, em 24 de novembro de 2015, a amizade entre ele e Lula deixou o mundo político em alerta. No dia seguinte, a PF voltaria a chacoalhar Brasília ao levar Delcídio para a cadeia. Acusou-o de tramar uma rota de fuga para Nestor Cerveró, encarcerado pela Lava Jato no Paraná.

Para executar a prisão de Delcídio, a Polícia Federal se apoiou em uma gravação feita por Bernardo Cerveró, filho de Nestor, durante uma reunião sigilosa ocorrida em 4 de novembro de 2015 – gravação entregue por Bernardo à Procuradoria-Geral da República. Além de Delcídio, participaram do encontro André Esteves, executivo do banco BTG Pactual, Edson Ribeiro, advogado de Nestor Cerveró, e Diogo Ferreira, assessor de Delcídio. Todos foram gravados por Bernardo no momento em que engendravam uma possível fuga do ex-diretor da Petrobras. O grupo temia que Cerveró fechasse um acordo de delação premiada.

Em troca do silêncio do ex-diretor da área Internacional, André Esteves teria proposto R$ 4 milhões. Delcídio do Amaral, R$ 50 mil mensais. Afinal, decidiram na reunião que, caso Cerveró conseguisse um *habeas corpus* e deixasse a cadeia, eles dariam um jeito de neutralizar a tornozeleira eletrônica na perna do preso, atravessar com ele a fronteira do Paraná, chegar ao Paraguai e, de lá, conduzi-lo em um jato particular até a Espanha num voo sem escalas. Cidadão espanhol, o ex-funcionário da Petrobras passaria a morar no país.

Duas semanas após o grampo de Bernardo, seu pai fechou a sua delação com a PGR. Antes, em duas tentativas frustradas de selar um acordo com as autoridades, Cerveró oferecera apenas relatos vagos. Na prisão, porém, deprimido, ficou dias sem tomar banho. Emagreceu quase dez quilos. A gravação realizada pelo filho foi determinante para que ele decidisse colaborar com a Justiça. Em seus depoimentos, ele confirmou, por exemplo, o relato de Fernando Baiano, segundo o qual Delcídio se apropriara de 6 milhões de dólares do contrato assinado com o *Vitória 10.000*. E de mais 2 milhões de dólares no episódio da compra da Refinaria de Pasadena, nos Estados Unidos.

Entre os fatos confessados por Cerveró constavam também irregularidades na construção de um megaedifício para a Petrobras no Centro do Rio de Janeiro. De acordo com o ex-diretor, Lula intercedeu ao indicar a WTorre Engenharia para executar as obras: 115 mil metros quadrados de área construída por cerca de R$ 1 bilhão. O contrato estabelecia a locação do espaço à Petrobras entre 2013 e 2029 por um aluguel no valor de R$ 100 milhões por ano, com correção anual. Ao finalizar sua delação, Cerveró pediu desculpas à sociedade brasileira pelos desvios que promoveu na estatal.

Delcídio, por sua vez, relatou aos procuradores, em 12 de fevereiro de 2016, que Lula estivera por trás da tentativa de subornar Cerveró. De acordo com Delcídio, o ex-presidente lhe pedira, "expressamente", uma ajuda para José Carlos Bumlai silenciar o ex-diretor. Lula pretendia impedir que

Cerveró, em delação premiada, envolvesse o amigo pecuarista em atos criminosos. Ainda conforme Delcídio, Bumlai gozava de "total intimidade" com Lula e exercia o papel de *consigliere* – assessor e conselheiro de confiança, na terminologia do crime organizado da Itália.

Delcídio admitiu ter aceitado a missão de tentar "comprar" Cerveró. Tratou dos detalhes diretamente com o filho do pecuarista, Maurício Bumlai, que lhe entregou a primeira remessa, de R$ 50 mil, numa churrascaria em São Paulo. O montante foi então entregue ao advogado Edson Ribeiro, representante de Cerveró. Depois, mais quatro pacotes de R$ 50 mil fizeram o mesmo itinerário, até totalizar R$ 250 mil. Tudo providenciado por José Carlos Bumlai e levado até o advogado Edson Ribeiro por Diogo Ferreira, o assessor de Delcídio. Da delação do senador:

– O pedido de Lula para auxiliar Bumlai, no contexto de "segurar" as delações de Cerveró, certamente visaria ao silêncio deste último e ao custeio de sua família, fato de interesse de Lula.

Diogo Ferreira também firmou delação, ao longo da qual descreveu sua participação no esquema montado para subornar Cerveró. Reiterou a versão de Delcídio. Contou que viajou três vezes a São Paulo para pegar dinheiro e entregá-lo a Edson Ribeiro. A propina chegava até Diogo em caixas de vinho e de sapatos. O motorista de Maurício Bumlai chegou a fazer um dos repasses – uma "encomenda", conforme se referiu à caixa guardada em uma sacola no assoalho do carro. Em julho de 2015, o mesmo motorista e Maurício entraram em uma agência do Bradesco, sacaram dinheiro e o repassaram a Edson Ribeiro. Na terceira ida a São Paulo, Diogo encontrou-se com um ex-assessor de Delcídio, um militar da reserva. O dinheiro foi entregue malocado em uma caixa de sapatos.

Para silenciar Marcos Valério, o operador do mensalão, um repasse de R$ 220 milhões
Trama visava obstruir a Justiça e implicaria Lula em outras irregularidades

Em suas confissões à PGR, Delcídio do Amaral também implicou o ex-presidente Lula em outro complô para obstruir a Justiça. Dessa vez, tratava-se de tentar silenciar Marcos Valério de Souza, operador do mensalão, que teria exigido R$ 220 milhões para não denunciar repasses de caixa dois efetuados no início dos anos Lula. Delcídio citou o envolvimento de Palocci e de Paulo Okamotto, presidente do Instituto Lula, na trama.

Segundo Delcídio, ele teria relatado pessoalmente a Lula as exigências de Marcos Valério. O presidente ouviu, mas não se manifestou. Na sequência, o então senador petista recebeu dois telefonemas: um do ministro Márcio Thomaz Bastos, da Justiça; outro de Palocci, da Fazenda. Ambos o censuraram por transmitir a Lula os recados de Marcos Valério, o que expunha o presidente. Diante das reprimendas, Delcídio saiu de cena e Palocci ficou de resolver o problema. Dois anos depois, o senador ficaria sabendo que Marcos Valério recebera o dinheiro exigido.

Em sua delação, Delcídio diria que "havia conversas muito fortes ao longo da campanha de 2008 de que os pagamentos estavam sendo feitos a Valério no exterior, em suas contas ou de terceiros". Falava-se em algo "em torno de R$ 110 milhões", pagamentos possivelmente feitos por "grandes empresas ligadas à Lava Jato". Ainda conforme Delcídio, na época da CPI dos Correios, presidida por ele próprio, houve "tratativas ilícitas para a retirada dos nomes de Lula e de Fábio Luís Lula da Silva [filho de Lula] do relatório final, em um acordão com a oposição". Isso teria sido decisivo para livrar Lula de um provável processo de *impeachment* na época do escândalo.

– Quando veio o mensalão – detalhou Delcídio –, Lula reviu as posições que vinha assumindo. Disse assim: "Ou abraço o PMDB ou vou morrer." Aí o PMDB veio fortemente para o governo. Estabeleceu tentáculos em toda a estrutura do governo.

Delcídio declarou às autoridades que Lula tinha amplo conhecimento das ilegalidades correntes em seu governo. E deu um exemplo: certa vez, durante uma viagem a Campinas, no interior paulista, o presidente puxou assunto sobre Dimas Toledo, diretor da estatal Furnas Centrais Elétricas, dizendo que José Janene (PP), Aécio Neves (PSDB) e o próprio PT apoiavam a gestão de Toledo na estatal. "Deve estar roubando muito", teria acrescentado Lula. Segundo Delcídio, o esquema na companhia "funcionava de maneira azeitada", Dimas era "muito competente" e era difícil perceber o esquema ilícito, "mesmo por demais diretores".

Nas 200 páginas de seu depoimento, Delcídio citou 186 vezes o nome de Lula. Contou que o ex-presidente atuou como grande patrocinador de negócios do banco BTG Pactual e que participou de "todas as decisões [*sobre nomeações*] relativas às diretorias das grandes empresas estatais, especialmente a Petrobras". E mais: próximo dos tesoureiros do PT, Lula conhecia em detalhes as operações financeiras ilegais. Palavras de Delcídio:

– Com o advento da Lava Jato, [*Lula*] continuou a adotar o mesmo comportamento evasivo visto durante a crise do mensalão.

À revista *Veja* de 18 de março de 2016, Delcídio abordou o pragmatismo de Lula:

– Lula sabia do meu acesso aos servidores da Petrobras e a executivos de empreiteiras que tinham contratos com a estatal. Ele me consultava para saber o que esses personagens ameaçavam contar e os riscos que ele, Lula, enfrentaria nas próximas etapas da investigação. Sempre alegava estar preocupado com a possibilidade de fulano ou beltrano serem alcançados pela Lava Jato. O Lula queria parecer solidário, mas estava cuidando dos próprios interesses. Tanto que me pediu para que eu procurasse e acalmasse o Nestor Cerveró, o José Carlos Bumlai e o Renato Duque. Na primeira vez que o Lula me procurou, eu nem era líder do governo. Foi logo depois da prisão do Paulo Roberto Costa [*em 2014*]. Ele estava muito preocupado. Sabia do tamanho do Paulo Roberto na operação, da profusão de negócios fechados por ele e do amplo leque de partidos e políticos que ele atendia. O Lula disse assim: "É bom a gente acompanhar isso aí. Tem muita gente pendurada lá, inclusive do PT." Na época, ninguém imaginava aonde isso ia chegar.

Em 10 de maio de 2016, o Senado cassou Delcídio do Amaral – dos 76 senadores presentes, 74 votaram a favor do fim do seu mandato.

Em menos de três meses, em 22 de fevereiro, a Lava Jato prenderia João Santana, marqueteiro do PT. Acusou-o de depositar 7,5 milhões de dólares em contas bancárias no exterior – pagamentos ilegais recebidos por campanhas eleitorais. Do total, 4,5 milhões de dólares teriam sido entregues por um operador de nome Zwi Skornicki, engenheiro polonês especialista em óleo e gás, enquanto 3 milhões de dólares teriam saído da Odebrecht. A Lava Jato ordenou o sequestro de um apartamento de luxo em São Paulo adquirido por João Santana com R$ 3 milhões transferidos dos Estados Unidos.

A Polícia Federal chegou a prender Zwi Skornicki temporariamente em 5 de fevereiro de 2015. Durante a ação, apreendeu em sua casa, no Rio de Janeiro, além de cinco automóveis importados, um bilhete da mulher e sócia de João Santana, a jornalista Mônica Moura, presa no mesmo dia que o marido. Skornicki representava o estaleiro Keppel Fels, de Singapura. Entre 2003 e 2009, a multinacional firmara contratos de 6 bilhões de dólares com a Petrobras. A Lava Jato ainda acusou Skornicki de prestar serviços a outras empresas com "negócios" na estatal: Sete Brasil, UTC, Queiroz Galvão, a italiana Saipem e a francesa Technip, todas sob a mira da Lava Jato.

Skornicki foi preso novamente em 22 de fevereiro de 2016 – no mesmo dia de Santana e Mônica –, mas agora de forma preventiva, sem data para sair da cadeia. Dessa vez, dez carros de luxo, uma lancha e mais 48 obras de arte em três endereços atribuídos ao consultor da área de petróleo foram apreendidos. Segundo a Lava Jato, o patrimônio de Skornicki subira de R$ 1,8 milhão para R$ 63 milhões em dez anos. Detido, ele negociou delação premiada e confessou tratativas ilícitas mantidas com Pedro Barusco, da Diretoria de Serviços da Petrobras, e com o tesoureiro João Vaccari Neto. O mais valioso para os investigadores, no entanto, continuava a ser o bilhete de Mônica Moura encontrado durante a ação promovida pela polícia no ano anterior.

No bilhete, Mônica passava instruções a Skornicki sobre como ele deveria proceder para pagar o que cabia a ela. "Apaguei, por motivos óbvios, o nome da empresa. Não tenho cópia eletrônica, por segurança", escreveu. A mensagem referia-se à empresa Shellbill Finance, de propriedade do casal de marqueteiros, uma *offshore* registrada no Panamá com contas bancárias nos Estados Unidos e na Suíça.

A operação da Polícia Federal para deter o casal teve o sugestivo nome de Acarajé, porque os executivos da Odebrecht mencionavam o quitute da cozinha baiana ao tratar de propina. Na contabilidade de Santana havia termos associados, como "mandioca", "farinha" e "café". Assim como "pixuleco", "acarajé" também viraria piada nacional. E-mail do executivo Roberto Prisco Ramos, da Odebrecht, para um colega: "Meu Tio, vou estar amanhã e depois em SP; será que dava para eu trazer uns 50 acarajés dos 500 que tenho com você? Ou posso comprar aqui mesmo, no Rio? Tem alguma baiana de confiança, aqui?"

Em escritos interceptados do celular de Marcelo Odebrecht, a PF identificou "Feira" como referência a João Santana, nascido em Tucano, na Bahia, município perto de Feira de Santana. Entre as mensagens, trechos como: "liberar p/ Feira pois meu pessoal não fica sabendo", "Feira (5+5)" e "40 para vaca (parte para Feira)". "Vaca" seria Vaccari Neto. De acordo com a Receita Federal, o patrimônio de Santana subira de R$ 1 milhão, em 2004, para R$ 59 milhões, em 2014, após três campanhas presidenciais. Na Bahia, o casal possuía fazendas em Tucano e Barreiras e casas de praia em Interlagos e Trancoso. Além de apartamentos em Salvador, São Paulo e Nova York. Ao todo, João Santana e Mônica Moura controlavam cinco empresas de marketing.

As investigações mostraram que a Odebrecht repassou R$ 23,5 milhões ao esquema de Santana no Brasil (45 pagamentos) e mais 6,4 milhões de dólares em depósitos no exterior. Já os 4,5 milhões de dólares intermediados por Skornicki para a campanha de Dilma em 2010 teriam saído da Diretoria de Serviços da Petrobras, numa transação acertada com Vaccari Neto. Depois de cinco meses na cadeia, Santana e Mônica decidiram confessar o esquema. Segundo eles, os depósitos na *offshore* Shellbill foram combinados com Vaccari Neto. O marqueteiro atribuiria as ações ilícitas a uma "cultura generalizada de caixa dois" no país, o que levaria os governos e as empresas a buscarem "caminhos extralegais".

– O caixa dois é um dos principais, senão o principal, centro de gravidade da política brasileira – diria João Santana aos investigadores.

O recado de Dilma Rousseff sobre
a prisão dos marqueteiros
*Amiga de João Santana, a presidente alertou
que a Lava Jato o prenderia*

Além de confessar ter recebido recursos de modo ilegal, João Santana revelou em sua delação premiada que a presidente Dilma, sua amiga, havia enviado um recado alertando que ele e Mônica seriam presos. As confissões de Santana evidenciariam que a chefe de Estado tinha um canal de acesso direto a informações privilegiadas e as usaria para obstruir a Justiça.

Conforme a delação do publicitário, tanto a presidente quanto seu antecessor sabiam dos repasses em caixa dois que haviam irrigado as campanhas eleitorais dos candidatos presidenciais do PT em 2006, 2010 e 2014. De acordo com Santana, Palocci, o encarregado de providenciar seus pagamentos, dizia que "as decisões definitivas dependiam da palavra final do chefe", em alusão a Lula. O próprio marqueteiro admitiu à Lava Jato que, com parcelas a receber em atraso, cobrou uma solução para o problema diretamente de Lula e Dilma. Após reclamar, o dinheiro voltou a ser repassado, mas na forma ilícita de caixa dois.

Em 2006, na campanha de reeleição de Lula, a falta de dinheiro quase levou João Santana a abandonar os trabalhos. O presidente pressionou Palocci, e a solução foi dada via Odebrecht. A pedido de Palocci, porém, o marqueteiro começou a receber no exterior – tudo respaldado pelo "chefe", conforme Santana. Algum tempo depois, Lula teria indagado ao marqueteiro, referindo-se à Odebrecht:

– E aí, os alemães têm lhe tratado bem?

Do custo de R$ 24 milhões da campanha de 2006, R$ 10 milhões foram quitados na forma de caixa dois. A metade em conta bancária na Suíça. A outra metade, conforme o relato de Mônica à PGR, foi recebido dentro de caixas de sapatos e de roupas – dinheiro entregue por Juscelino Dourado, assessor de Palocci, numa loja de chá de um shopping center em São Paulo. Ainda de acordo com Mônica, a eleição de Dilma em 2010 custou R$ 70 milhões, dos quais R$ 20 milhões saíram de caixa dois. A Odebrecht efetuou os repasses, a maior parte no exterior.

Quatro anos depois, começava a campanha para a reeleição de Dilma. Mônica contou que dessa vez o custo foi bem mais alto: R$ 105 milhões – R$ 35 milhões via caixa dois –, pagos por conta de acertos com a Odebrecht. No mês seguinte à vitória eleitoral de 2014, a presidente reeleita convocou Mônica, que estava em Nova York, para uma reunião urgente em Brasília. Segundo a mulher de João Santana, as conversas sigilosas com Dilma se davam em caminhadas pelos jardins do Palácio da Alvorada ou em sua varanda interna. Naquela ocasião, Mônica notou que a presidente estava apreensiva com as investigações da Lava Jato e com as informações recebidas pelo ministro da Justiça, José Eduardo Cardozo (PT), sobre a situação:

– Ela [*Dilma*] disse: "Eu preciso ter um contato com você, as coisas podem evoluir, mas não posso falar por telefone."

Decidiram abrir uma conta secreta de e-mail. Ao lado da presidente, Mônica usou um computador da biblioteca do Palácio e criou uma conta conjunta no Gmail. Ambas tinham a senha de acesso. O truque: não enviavam os textos das mensagens, apenas os armazenavam na área de "Rascunhos" e, dessa forma, o conteúdo não caía na rede mundial de computadores. Se as mensagens circulassem, ficariam registradas em inúmeros servidores e poderiam ser localizadas posteriormente. Permanecendo nos "Rascunhos", só quem tivesse a senha conseguiria lê-las. Do modo como fizeram, bastava entrar na conta de e-mail, onde estivessem, para tomar conhecimento do que uma encaminhara à outra. Combinaram que Giles Azevedo, o assessor da Presidência, ficaria de avisar por celular toda vez que Dilma salvasse uma mensagem para a marqueteira no Gmail. Diria Mônica aos procuradores:

– A metodologia adotada e combinada foi a seguinte: sempre que a presidente fosse municiada pelo ministro da Justiça sobre informações da operação, Giles encaminharia uma mensagem no celular de Mônica com assuntos completamente irrelevantes, como "veja aquele filme", "gostei do vinho indicado", ou qualquer tipo de mensagem de conteúdo fictício. Era o sinal para que Mônica checasse o e-mail.

Dilma tinha motivos para estar preocupada com o rumo das investigações. Depois da descoberta de depósitos em nome do deputado Eduardo Cunha por autoridades da Suíça, ela percebeu que o dinheiro do casal guardado naquele país também poderia ser rastreado e associado a pagamentos em caixa dois efetuados por sua campanha à reeleição.

– Ela [*Dilma*] sempre falava de sua preocupação, porque a Lava Jato avançava – relataria Mônica aos investigadores. –

Queria que a gente mexesse na conta e chegou a sugerir: "Por que vocês não transferem para outro lugar?" Sugeriu que a gente mudasse para Singapura ou algo assim, que ela ouviu falar que era um lugar seguro.

Ainda conforme Mônica, Dilma recomendou que ela e o marido permanecessem mais tempo no exterior. Ambas decidiram também abrir uma nova conta de e-mail nos moldes da anterior. Na véspera da detenção de Mônica e João Santana, a presidente postou a seguinte mensagem cifrada na área de "Rascunhos", alertando Mônica para a iminente prisão do casal: "O seu grande amigo está muito doente. Os médicos consideram que o risco é máximo, 10. O pior é que a esposa, que sempre tratou dele, tem câncer e o mesmo risco. Os médicos acompanham os dois, dia e noite."

Ao tomar conhecimento da mensagem, João Santana, ainda segundo Mônica, ligou para a presidente e ouviu dela que uma cópia do mandado de prisão já estava na mesa de trabalho do ministro José Eduardo Cardozo. Além de revelarem as tentativas da presidente da República de proteger o casal, as delações de Santana e Mônica trariam a público divergências entre o ex-presidente Lula e sua sucessora. Mônica contaria às autoridades que Lula desejava voltar à Presidência em 2014, mas como Dilma insistira em disputar a reeleição, teria havido um "estremecimento" na relação dos dois.

– Eu nunca tive esse tipo de conversa com a Dilma – ressalvaria Mônica. – Depois João [*é que*] vinha me contar que Lula queria ser o candidato em 2014. Voltar. Em 2010 ele sai, e bota a apadrinhada dele lá, e em 2014 ele volta para ser o candidato.

De acordo com Santana, Lula considerou um erro Dilma nomear Maria das Graças Foster presidente da Petrobras. Já para Dilma, Maria das Graças acabaria com a "esculhambação" na estatal. Em sua delação, o marqueteiro mencionou várias críticas de Lula à presidente da Petrobras, entre as quais a de que ela demoraria a pagar as fornecedoras da companhia. Os atrasos, sistemáticos e intencionais, irritavam as empresas.

– Ele [*Lula*] tinha restrição pessoal e administrativa ao estilo da Graça – contou Santana. – Dizia que ela era incompetente, não tinha estatura para o cargo, não tinha traquejo político nem administrativo.

Para Lula, ainda segundo as confissões de Santana, a presidente da Petrobras estava "fechando a torneira" pela qual circulava o dinheiro proveniente dos contratos selados pela estatal. Mas as divergências entre Lula e Dilma não se limitariam à condução da Petrobras. Durante a campanha de reeleição, revelou Mônica, Dilma "escanteou" o PT. No lugar do tesoureiro do partido, Vaccari Neto, pôs o seu ministro da Fazenda, Guido Mantega (PT), para cuidar da arrecadação de recursos. Diria João Santana:

– Ela, já sabendo da nossa angústia em relação à dívida que permanecia da campanha de 2010, me disse que não me preocupasse em relação ao que aconteceria em 2014, porque ela não ia deixar se repetirem os mesmos erros. Que ela iria tirar a administração desses pagamentos de Vaccari, que, aliás, é uma pessoa [*com quem*], eu não sei o motivo, a presidente Dilma não tinha uma relação amistosa, nem de confiança, e queria colocar uma pessoa de sua confiança, que se revelou ser o ministro Guido Mantega.

No final, pelos relatos de Mônica, a Odebrecht só pagou R$ 10 milhões dos R$ 35 milhões de caixa dois pendentes da campanha de 2014. E Dilma pedia a ela que aguardasse o pagamento dos atrasados.

– Você precisa ter paciência – Dilma teria dito a Mônica.

Ao depor à Justiça Eleitoral, em 24 de abril de 2017, Santana afirmou que Dilma se postava como "rainha da Inglaterra", buscando distância dos "acertos" que financiaram sua própria campanha, embora soubesse dos pagamentos via caixa dois:

– Infelizmente, sabia. Infelizmente, porque, ao me dar confiança de tratar esse assunto, reforçou uma espécie de amnésia moral que envolve todos os políticos brasileiros. Isso aumentou um sentido de impunidade.

Os marqueteiros deixaram a prisão em 1º de agosto de 2016, mediante o pagamento de uma fiança de R$ 31,5 milhões, justamente o total bloqueado nas contas dos dois. Entregaram os passaportes e se comprometeram a não manter contato com os demais investigados. Ao assinar acordo com a Justiça, o casal aceitou devolver 21,6 milhões de dólares depositados no exterior e pagar uma multa de R$ 6 milhões. Ficaram um ano e meio em regime fechado domiciliar e outro ano e meio em regime semiaberto, também em casa. Enfim, ganharam a liberdade.

Depois de dois anos em silêncio, a confissão sobre os desvios na Petrobras
Renato Duque admitiu pagamento de propina nos negócios da estatal

A quarta delação premiada a atingir diretamente o PT foi a realizada pelo ex-diretor de Serviços da Petrobras Renato Duque. Após negar a ocorrência de crimes na empresa e manter-se em silêncio na prisão por mais de dois anos, Duque admitiu a prática de pagamentos ilegais nos contratos com valores superiores a R$ 100 milhões firmados pela Petrobras. Em 5 de maio de 2017 ele daria seu depoimento:

– Quando existia um contrato, seja qual fosse, em que ocorria uma licitação normal, o partido, ou normalmente o tesoureiro do partido, procurava a empresa e pedia contribuição. E a empresa normalmente dava porque era institucionalizado. Todos sabiam, desde o presidente do partido, tesoureiro, deputados, senadores, todos sabiam que isso ocorria.

Duque confessou que representava os interesses do PT na Petrobras. Entre 2003 e 2012, tratou com três tesoureiros do partido: Delúbio Soares, Paulo Ferreira e João Vaccari Neto. Este último arrecadava propinas desde 2007, ainda antes de ser escolhido tesoureiro oficial, e foi apresentado a Duque pelo então ministro Paulo Bernardo (PT). Duque relatou a forma como Paulo Bernardo mencionou Vaccari Neto:

– Você vai conhecer uma pessoa indicada pelo... Aí ele fazia esse movimento, não citava o nome.

O movimento – de mexer a mão no queixo apalpando uma barba inexistente – deixava evidente tratar-se de Lula.

Segundo Duque, chamavam Lula de "chefe", "grande chefe" ou "nine" – uma referência ao fato de o então presidente só ter nove dedos nas mãos. Duque confirmaria diante dos investigadores que Lula respaldava as ações de Vaccari Neto:

– Vaccari é da criação do PT, salvo engano. Foi apresentado como homem do presidente Lula, que iria cuidar dos interesses das empresas que atuavam na Petrobras, interesses do presidente Lula, interesses políticos.

Ainda seguindo a narrativa do ex-diretor da estatal, Lula estava interessado nos contratos de construção de navios-sonda para a exploração de petróleo do pré-sal. Braço direito de Duque, Pedro Barusco foi deslocado da Diretoria de Serviços para a direção da Sete Brasil, criada para fabricar boa parte dos navios-sonda necessários para a exploração do pré-sal. Corria o ano de 2012 e Barusco se desentendeu com Vaccari Neto após assumir o novo cargo. Pretendia dividir meio a meio as comissões, mas o tesoureiro exigia dois terços para o PT – só um terço ficaria com a "casa", ou seja, com os altos funcionários envolvidos nas irregularidades. Duque contou que interveio:

– Calma, você pode ser tirado daí e ficar com zero. Melhor não reclamar. Ficou certo um terço para a "casa" e dois terços para o PT.

Duque forneceu detalhes do rateio e da parte que cabia ao partido:

– Vaccari me informou que os dois terços do partido iriam para o PT, para José Dirceu e para Lula. Sendo que a parte de Lula seria gerenciada por Palocci. Ele afirmou isso para mim e eu conversei com o Barusco. Eu disse: "Olha,

Barusco, você não está lidando com peixe pequeno. Está lidando com peixe graúdo."

Duque revelou que teve três reuniões com Lula após deixar a Diretoria de Serviços e admitiu, para os investigadores, ter ficado surpreso com o nível de conhecimento de Lula sobre detalhes do projeto das sondas. A primeira reunião aconteceu em 2012, assim que Duque saiu da Petrobras:

— Eu conversei com o Vaccari, que eu queria agradecer pelo período que passei na Petrobras. Ele [Lula] começou a fazer algumas perguntas sobre a questão das sondas, uma delas era por que [isso] não tinha sido aprovado ainda. "Presidente, eu não sei responder, eu estou fora da empresa."

Em 2013 houve o segundo encontro, organizado por meio do tesoureiro do PT, Vaccari Neto, a pedido de Lula:

— Aí teve um segundo encontro que, da mesma maneira, ele [Lula] fez perguntas sobre sondas, porque não estava recebendo até então. Perguntou se eu sabia por que as empresas não estavam pagando. Eu não soube responder, também não acompanho isso.

O terceiro encontro, uma vez mais acertado por Vaccari, deu-se em 2014 no hangar da TAM do Aeroporto de Congonhas. Os desvios na Petrobras haviam se tornado públicos, e um dos primeiros casos envolvia a multinacional holandesa SBM, cujos executivos confessariam às autoridades europeias terem lançado mão de suborno para obter contratos na estatal:

— Ele [Lula] me pergunta se eu tinha uma conta na Suíça com recebimentos da SBM. Eu falei: "Não, não tenho dinheiro da SBM nenhum, nunca recebi da SBM." Aí ele vira para mim e fala assim: "Olha, e das sondas, tem alguma coisa?" E tinha, né? [*Mas*] eu falei: "Não, também não tem."

Lula então teria explicado a Duque que a presidente Dilma havia sido informada que um ex-diretor da Petrobras recebera propina da SBM em conta na Suíça. E Lula alertou Duque: "Olha, preste atenção no que vou te dizer: se tiver alguma coisa não pode ter, entendeu? Não pode ter nada no teu nome, entendeu?"

– Eu entendi – contou o depoente aos investigadores. – Mas o que fazer? Não tinha mais o que fazer. Aí ele [*Lula*] falou que ia conversar com a Dilma, que estava preocupada com esse assunto. E que iria tranquilizá-la.

Duque enfatizaria em seu depoimento:

– Nessas três vezes ficou claro, muito claro para mim, que ele [*Lula*] tinha pleno conhecimento de tudo, tinha o comando.

Ao confessar os desvios, Duque alegou que chegou a pensar em abandonar o esquema, mas não o fez:

– Quando atingiu 10 milhões de dólares, eu pensei: "Isso é muito mais do que eu necessito para viver, e até a minha terceira geração."

Em sua delação, o ex-diretor de Serviços da Petrobras se declarou arrependido:

– Quero pagar pelas ilegalidades que cometi. Se for fazer comparação com o teatro, da situação que a gente vive, sou ator, tenho papel de destaque nessa peça, mas não sou nem diretor, nem protagonista dessa história.

Renato Duque renunciaria a 20,5 milhões de euros depositados em nome de duas *offshores* num banco no Principado de Mônaco.

Lula, por sua vez, tentou, sem sucesso, suspender seu depoimento ao juiz Sergio Moro. No interrogatório, em 10 de maio de 2017, disse desconhecer vários assuntos, mas admitiu a reunião com Renato Duque no Aeroporto de Congonhas, em 2014. Afirmou ter acionado Vaccari Neto para dirimir "boatos" a respeito de uma suposta conta bancária no exterior:

– O Vaccari tinha mais amizade com ele [*Duque*] do que eu. Eu não tenho nenhuma. Liguei para o Vaccari e falei: "Vaccari, você tem como pedir para o Duque ir numa reunião aqui?" Ele falou: "Tenho." E ele levou o Duque lá.

7. O orçamento secreto

Para obter apoio no Congresso, Bolsonaro cria um sistema de concessão de emendas parlamentares que libera dinheiro público sem fiscalização

Ao depor na Comissão Parlamentar Mista de Inquérito das Fake News, em 4 de dezembro de 2019, a deputada Joice Hasselmann (PSL) provocou um momento de tensão para o presidente Jair Bolsonaro. Ex-líder de seu governo no Congresso, defensora convicta de Bolsonaro, a parlamentar se tornara sua inimiga. Diante da Comissão, que investigava a disseminação de notícias falsas sobre adversários do Palácio do Planalto, Joice Hasselmann denunciou a existência de um gabinete montado na sede do governo cuja função seria justamente criar falsas notícias e atacar autoridades e instituições contrárias ao presidente. Apelidada de "gabinete do ódio", essa estrutura, coordenada por assessores especiais da Presidência, era supostamente financiada com dinheiro público. Do depoimento da deputada:

— Um único disparo [*de notícia falsa*] por robôs [*programas de computador que impulsionam postagens nas redes sociais*] custa, em média, R$ 20 mil. Quem paga por isso? De onde sai esse dinheiro?

Segundo Joice, cerca de R$ 500 mil de recursos públicos teriam sido gastos para perseguir desafetos políticos do presidente. Calúnias, difamações e injúrias – crimes previstos no Código Penal – eram disseminadas de forma calculada pelas mídias sociais. O Supremo Tribunal Federal também determinou a realização de investigações sobre as chamadas *fake news* e diversos atos antidemocráticos – seus ministros vinham sendo hostilizados nas redes sociais. Se comprovada a denúncia, haveria um caminho para o *impeachment* de Bolsonaro.

Nesse ambiente, o presidente da República elevaria ao máximo a temperatura política no país ao fazer um pronunciamento em 28 de maio de 2020, no qual embutiu a ameaça de deixar de cumprir decisões do Supremo. Contrariado com as investigações sobre o uso de dinheiro público no "gabinete do ódio", o que poderia configurar crime de responsabilidade, Bolsonaro questionou o próprio Estado de Direito. A ameaça viera logo após a Polícia Federal cumprir mandados de busca e apreensão contra apoiadores do presidente (blogueiros, youtubers e empresários) investigados por produzirem e distribuírem *fake news*. A ação fora ordenada pelo ministro Alexandre de Moraes, do STF. Bolsonaro instou a PF a desobedecer ao que considerou "ordens absurdas". Suas palavras:

– Não haverá outro dia como ontem, acabou!

Por mais que o presidente esbravejasse contra as ações do Supremo, seu foco, na verdade, estava voltado para outro ponto da Praça dos Três Poderes: o Congresso Nacional. Bolsonaro precisava de votos para bloquear um possível pedido de *impeachment*, e isso implicava ter um aliado à frente da Câmara dos Deputados, já que cabe a seu presidente deferir ou não o recebimento de uma denúncia por crime de responsabilidade. Em janeiro de 2021, havia 61 pedidos de *impeachment* contra Jair Bolsonaro na mesa do presidente da Câmara.

Na eleição realizada em fevereiro daquele ano para definir o presidente da Casa, Bolsonaro apoiaria o candidato Arthur Lira (PP) – um investigado da Lava Jato. Voltemos um pouco no tempo. Em 2014, a delação premiada do doleiro Alberto Youssef arrasara o PP. Conforme Youssef afirmou na época à Procuradoria-Geral da República, o líder do partido, José Janene, administrava a distribuição das propinas:

– Janene sempre atendia às demandas dos demais parlamentares e não faltava com os pagamentos. Dessa forma, concentrou bastante poder.

Entre R$ 1,2 milhão e R$ 1,5 milhão eram entregues a deputados do "baixo clero" do PP todos os meses, em troca de apoio ao governo Lula (PT). Ao lado de Youssef, o deputado João Pizzolatti (PP) organizava a logística do esquema.

Repartia-se em Brasília a dinheirama levada pelo doleiro e os pacotes de cada parlamentar variavam de R$ 30 mil a R$ 150 mil, dependendo do político. Ainda segundo Youssef, 25 deputados do PP participavam do esquema. Na época, os expoentes do partido – Mário Negromonte, Nelson Meurer, Pedro Corrêa, além de Pizzolatti – embolsavam, cada um, de R$ 250 mil a R$ 500 mil por mês. Os repasses eram semanais ou quinzenais. Ou seja, não eram "mensalões", eram "semanalões" ou "quinzenalões".

O arranjo funcionou até a morte de Janene, em setembro de 2010, quando o comando do partido passou para Negromonte, Meurer, Corrêa e Pizzolatti. A partir daí, esse grupo começou a dividir entre si o grosso dos pagamentos ilegais, reduzindo os repasses aos demais integrantes do partido. A mudança trouxe insatisfação e, com o tempo, causou uma rebelião. No final, outro grupo arrebataria o controle do PP. O doleiro testemunhou tudo – afinal, cabia a ele fazer a distribuição das "comissões".

Com o surgimento do "novo PP", segundo Youssef, Arthur Lira passaria a dar as cartas na legenda, ao lado do pai, Benedito de Lira, além de Ciro Nogueira, Eduardo da Fonte e Aguinaldo Ribeiro. Ainda como consequência da cisão, Negromonte deixou o Ministério das Cidades no governo Dilma e Aguinaldo Ribeiro ocupou o seu lugar. Youssef afirmou à Lava Jato que os parlamentares que compunham a cúpula desse "novo PP" se apresentaram ao diretor de Abastecimento da Petrobras, Paulo Roberto Costa, e o informaram que, dali em diante, Arthur Lira seria o responsável por receber os "acertos" dos contratos da empresa.

Athur Lira e Benedito de Lira já conheciam Paulo Roberto de episódios anteriores. Youssef contou que em 2010, durante um café da manhã no hotel Copacabana Palace, no Rio de Janeiro, lideranças do PP pediram ajuda ao doleiro para a campanha de Benedito de Lira ao Senado naquele ano. Youssef então procurou o empresário Ricardo Pessoa, dono da construtora UTC, detentora de vários contratos com a Petrobras, e ficou combinado que o candidato receberia duas parcelas de R$ 200 mil. Repasses importantes para a eleição de Benedito de Lira.

Após as eleições, Arthur Lira, reeleito deputado federal, bateu no escritório de Youssef, em São Paulo. Com o aval de caciques do PP, teria pedido dinheiro para, supostamente, pagar dívidas da campanha do pai. O doleiro conversou com Paulo Roberto Costa e recebeu autorização para entregar-lhe R$ 1,2 milhão. Em seguida, Youssef transportou a quantia, em espécie, até Alagoas, estado natal da família Lira, e Brasília. De acordo com a Lava Jato, as investidas de pai e filho continuariam nos anos seguintes. Delações apontaram Benedito como beneficiário de várias "doações" nas eleições de 2014. Ele teria embolsado R$ 1,5 milhão das empreiteiras OAS, Queiroz Galvão e Galvão Engenharia, integrantes do cartel que agia na Petrobras.

Arthur Lira também continuaria a atuar. No dia 13 de maio de 2015, Ricardo Pessoa declararia à PGR, por exemplo, que certa vez recebeu um telefonema do político em seu escritório, em São Paulo. Segundo Pessoa, do outro lado da linha, Arthur Lira, "de maneira bastante incisiva", pedia R$ 1 milhão.

– Você está trabalhando na Petrobras e, para continuar assim, deverá continuar colaborando. – Teria dito Lira ao empresário.

Benedito de Lira também quis dinheiro da UTC. Ainda conforme a delação, Ricardo Pessoa recebeu Benedito a pedido de Youssef, que acompanhou o senador ao escritório do empresário. Relatou o dono da UTC:

– Após Benedito de Lira pedir dinheiro para a campanha, Youssef [me] disse, na frente de Benedito de Lira: "Você pode pagar a ele e descontar de mim."

Em 31 de agosto de 2015, a Polícia Federal recomendaria a perda do mandato de Arthur Lira e de Benedito de Lira pelo recebimento de "vantagens indevidas" no esquema de corrupção estruturado na Petrobras. Em 4 de setembro de 2015, a PGR denunciaria pai e filho por corrupção e lavagem de dinheiro. Consta da denúncia que ambos receberam repasses desviados de contratos fechados com a estatal também na forma de doações oficiais. Em relatório encaminhado ao Supremo, a PF recomendou a perda do mandato dos dois congressistas – na época, Arthur Lira presidia a poderosa Comissão de Constituição e Justiça da Câmara.

Dois anos e meio após a denúncia, em abril de 2018, a PGR voltaria à carga. A então procuradora-geral, Raquel Dodge, denunciou Arthur Lira ao STF e pediu a cassação de seu mandato. Na época, o deputado ocupava a liderança do PP na Câmara. Segundo a nova denúncia, ele teria recebido, em 2012, R$ 106 mil em dinheiro vivo para pressionar o Executivo, visando garantir que Francisco Colombo mantivesse a presidência da Companhia Brasileira de

Transportes Urbanos (CBTU). O arranjo viria a público devido a um "contratempo" ocorrido com Jaymerson José Gomes, um assessor de Lira. Jaymerson viajara para São Paulo a fim de receber o repasse ilegal, mas fora flagrado ao tentar embarcar de volta para Brasília com as cédulas de real escondidas nas roupas. Mais uma vez, a Câmara não afastou Lira do mandato.

Em consequência das delações de Ricardo Pessoa e Alberto Youssef, Arthur e Benedito de Lira foram acusados pela PGR de receber R$ 2,6 milhões em propina – R$ 1,4 milhão do dono da UTC e R$ 1,2 milhão de Youssef. Além da devolução dos R$ 2,6 milhões, o então procurador-geral Rodrigo Janot pediu outros R$ 5,2 milhões para reparar danos ao erário. Em 24 de fevereiro de 2016, os ministros do Supremo acataram a acusação e ordenaram o sequestro de R$ 4,2 milhões. Com a decisão, a Corte investigaria pai e filho por corrupção e lavagem de dinheiro.

Após quase cinco anos, em novembro de 2020, o ministro Dias Toffoli, do STF, interrompeu a ação contra os Lira com um pedido de vista. Cinco meses depois, em 20 de abril de 2021, foi a vez de outro ministro da Corte, Gilmar Mendes, suspender três ações contra Arthur Lira. O processo permaneceu sob segredo de Justiça, com decisão válida até o julgamento do mérito pelo STF, ainda sem data definida. No intervalo entre o recebimento da denúncia, em 2016, e a suspensão das ações, em 2021, Arthur Lira se tornou presidente da Câmara e aliado vital de Jair Bolsonaro – eleito presidente da República com a promessa de romper com a "velha política" e acabar com a corrupção.

Em mais um escândalo, o megamensalão destinado ao deputado Arthur Lira
Na ocasião, o político ainda atuava na Assembleia Legislativa de Alagoas

Em seu segundo ano no Palácio do Planalto, Jair Bolsonaro decidiu apoiar Arthur Lira na disputa pela presidência da Câmara. O deputado era líder do Centrão, bloco político que se define como de centro-direita e que, no final de 2020, era representado por cerca de 200 deputados. Mas, em dezembro, surgiu um novo escândalo. A PGR apontou Arthur Lira como beneficiário de um megamensalão de R$ 500 mil mensais provenientes de "rachadinhas". O esquema teria funcionado de 2001 a 2007, período em que Lira exercera mandato de deputado na Assembleia Legislativa de Alagoas. Ao todo, ele foi acusado por desvios de R$ 250 milhões dos cofres públicos.

Mesmo com mais essa denúncia, Jair Bolsonaro não retirou seu endosso a Lira na disputa pela presidência da Casa Legislativa. O deputado já havia sido condenado em duas instâncias na Justiça alagoana por improbidade administrativa no caso das "rachadinhas". Em 2018, ele só pôde disputar a reeleição como deputado federal após obter uma liminar, concedida pelo Tribunal de Justiça de Alagoas. Em 2020, o Ministério Público Federal o acusou de ter movimentado R$ 9,5 milhões em conta-corrente durante os seis anos em que teria comandado a trama das "rachadinhas".

As investigações apontaram que o dinheiro desviado da Assembleia Legislativa servira para comprar automóveis, apartamentos e terrenos. Arthur Lira declarou R$ 695 mil em bens em 2006. Mas, em 2019, sua ex-mulher o acusou de possuir mais de R$ 11 milhões em patrimônio, parte disso em imóveis não declarados. Apesar das denúncias contra Lira e das condenações, Bolsonaro não mediu esforços para alçá-lo ao comando da Câmara. Ofereceu emendas parlamentares e cargos públicos até a políticos da oposição. Conforme *O Estado de S. Paulo*, o chefe do Executivo criou e concedeu "emendas extraordinárias" de até R$ 5 milhões por deputado – cabia aos parlamentares a definição do destino do dinheiro recebido.

Em 28 de janeiro de 2021, o mesmo *Estadão* publicou detalhes de uma planilha secreta com registros da liberação da impressionante soma de R$ 3 bilhões em recursos federais a 250 deputados e 35 senadores. Em sintonia com o Centrão, o governo Bolsonaro agora funcionava como um balcão de negócios, liberando emendas em troca de apoio. E com a introdução das chamadas "emendas extraordinárias" – uma inovação –, Bolsonaro conseguiu ampliar os velhos métodos fisiológicos condenados por ele mesmo em sua campanha. Destinadas a prefeituras e a governos estaduais, as "emendas extraordinárias", apadrinhadas por parlamentares, não eram rastreáveis – elas simplesmente não traziam o nome dos políticos que, quase sempre, distribuíam o dinheiro público a seus aliados.

Alguns observadores não entenderam por que certos políticos agraciados com "emendas extraordinárias" prefeririam esconder que haviam sido os responsáveis por alocar recursos em serviços e obras que beneficiavam seus eleitores. A explicação mais plausível: caso fossem apuradas irregularidades no emprego dos recursos das emendas, não seria possível aferir quais congressistas haviam participado de esquemas ilícitos, já que, diferentemente das emendas parlamentares comuns, as "extraordinárias" não registravam o nome de seus autores.

Como líder do PP, Arthur Lira controlou a destinação de R$ 114 milhões em "emendas extraordinárias". Direcionou R$ 30 milhões ao Departamento Nacional de Obras Contra Secas (DNOCS), verba usada para comprar 44 tratores agrícolas com um custo R$ 1,6 milhão acima dos valores de referência usados pelo próprio governo federal. O deputado também destinou "emendas extraordinárias" ao governo de Mato Grosso, bem distante de Alagoas. Para lá seguiram seis carretas agrícolas compradas por R$ 138 mil – de acordo com o *Estadão*, elas custariam R$ 60 mil pelos valores de referência. Lira indicou, ainda, outros R$ 5 milhões em "emendas extraordinárias" para obras de pavimentação em Barra de São Miguel, cidade alagoana cujo prefeito, em 2021, era seu pai, Benedito de Lira.

O *Estadão* apurou ainda que Arthur Lira também era influente nas diversas etapas do processo de distribuição das emendas, que beneficiaram dezenas de outros parlamentares no Congresso. Os R$ 3 bilhões em "emendas extraordinárias" alavancaram ainda a própria eleição de Lira à presidência da Câmara, assim como a de Rodrigo Pacheco (DEM) à presidência do Senado. Presidente da CPI das Fake News e responsável por investigar a conduta do presidente Bolsonaro, o senador Angelo Coronel (PSD) recebeu aval do Palácio do Planalto para indicar R$ 40 milhões em "emendas extraordinárias". A pedido do senador, R$ 30 milhões seguiram para a Companhia de Desenvolvimento dos Vales do São Francisco e do Parnaíba (Codevasf) e outros R$ 10 milhões para o DNOCS.

Eis a lista dos dez parlamentares contemplados com os maiores valores em "emendas extraordinárias" acertadas com o governo, conforme planilha publicada pelo *Estadão*:

> Senador Davi Alcolumbre (DEM), R$ 329 milhões; deputado Domingos Neto (PSD), R$ 170 milhões; senador Ciro Nogueira (PP), R$ 135 milhões; senador Fernando Bezerra (PMDB), R$ 125 milhões; deputado Arthur Lira (PP), R$ 114 milhões; senador Marcelo Castro (PMDB), R$ 100 milhões; senador Eduardo Gomes (PMDB), R$ 85 milhões; deputado Wellington Roberto (PL), R$ 81 milhões; deputado João Carlos Bacelar (PL), R$ 70 milhões e senador Marcos Rogério (DEM), R$ 66 milhões.

Arthur Lira foi eleito presidente da Câmara em 1º de fevereiro de 2021. Obteve 302 votos. Seu principal adversário, Baleia Rossi (PMDB), recebeu 145. No Senado, Rodrigo Pacheco foi o escolhido, com 57 votos; a senadora Simone Tebet (PMDB) conquistou 21. Vitorioso no Parlamento, Lira venceu também nos tribunais. Em 2 de março de 2021, com os votos de três ministros do Supremo – Gilmar Mendes, Ricardo Lewandowski e Kassio Nunes Marques –, a Segunda Turma arquivou a denúncia contra o "quadrilhão do PP", que envolvia Arthur Lira, Ciro Nogueira, Aguinaldo Ribeiro e Eduardo da Fonte.

A denúncia contra o "quadrilhão do PP" havia sido apresentada pela PGR em setembro de 2017. Em junho de 2019, a Segunda Turma a recebeu por três votos a dois. Naquele momento, havia uma maioria de votos na Segunda Turma para a abertura da ação penal calcada nos prejuízos bilionários causados à Petrobras. Em minoria, o ministro Gilmar Mendes pediu vista para examinar o processo e, na prática, só o devolveu quando mudou a composição da Segunda Turma.

Com a aposentadoria do decano Celso de Mello e a indicação de Nunes Marques pelo presidente Bolsonaro, formou-se então uma nova maioria com os votos necessários para arquivar a denúncia, também pelo placar de três a dois. Para rejeitá-la e vencer os colegas Edson Fachin e Cármen Lúcia, os ministros Gilmar Mendes, Lewandowski e Nunes Marques alegaram que a denúncia do "quadrilhão do PP" baseava-se em relatos de delatores, considerados duvidosos e insuficientes para comprovar ações criminosas. Mais uma investigação sobre desvios na Petrobras chegava ao fim sem atribuir responsabilidades pelos crimes contra a maior empresa do Brasil.

Por indicação dos políticos, milhões para compras suspeitas de tratores
Apesar dos sobrepreços, os negócios com verbas públicas prosseguiram

Jair Bolsonaro voltou a enfrentar uma situação difícil a partir de 9 de maio de 2021, com novas revelações sobre o que *O Estado de S. Paulo* chamou de "orçamento secreto". O repórter Breno Pires identificou 101 ofícios enviados por deputados e senadores ao Ministério do Desenvolvimento Regional. Como já registrado, embora o governo federal tenha a prerrogativa de aplicar os recursos do Orçamento da União, parlamentares aliados do presidente passaram a exercer essa atribuição e a indicar como o Poder Executivo deveria investir. As "emendas" que compunham o "orçamento secreto" estipulavam a compra de tratores e equipamentos agrícolas com preços até 259% superiores aos valores de referência do próprio governo federal.

Em um dos ofícios, o deputado Lúcio Mosquini (PMDB) ordenou a compra de um trator por R$ 359 mil, ainda que o preço original fosse R$ 100 mil. Com outras emendas, Mosquini destinou duas motoniveladoras e três pás carregadeiras para Ouro Preto do Oeste e Pimenta Bueno, em Rondônia. Preço das aquisições: R$ 3,2 milhões. Valor de referência: R$ 2,2 milhões. Já os deputados Ottaci Nascimento (SD) e Bosco Saraiva (SD) direcionaram compras de máquinas agrícolas que valiam R$ 2,8 milhões para o município de Padre Bernardo, em Goiânia, a cerca de 2 mil quilômetros de seus domicílios eleitorais, mas pelo preço de R$ 4 milhões.

Senador do Amapá, Davi Alcolumbre (DEM) também mandou dinheiro para longe de seu reduto eleitoral. O acerto com o governo permitiu que dois tratores, cujos preços de referência não passavam de R$ 200 mil, chegassem a municípios do Paraná, no sul do Brasil, por R$ 500 mil. Na cidade de Godoy Moreira, por exemplo, um trator de R$ 155 mil custou R$ 255 mil.

Alcolumbre ainda seria citado em reportagem da *Veja* de 29 de outubro de 2021 por envolvimento em um esquema de "rachadinha". Segundo a denúncia, ele teria embolsado milhões de reais com o arranjo feito em seu gabinete, entre 2011 e 2021, ao contratar seis moradoras do Distrito Federal, que estavam desempregadas, por salários que iam de R$ 4 mil a R$ 14 mil. Obrigadas a abrir contas bancárias, as "assessoras", no entanto, não ficavam com os cartões – salários e benefícios eram sacados por gente de confiança do senador. Em troca, as "funcionárias fantasmas" recebiam uma pequena gratificação. Uma delas, Maria Ramos Brito dos Santos, declarou ao *Estadão*:

– O senador me disse assim: "Eu te ajudo e você me ajuda." Eu estava desempregada. Meu salário era de R$ 14 mil, mas topei receber R$ 1.350. A única orientação era que eu não dissesse para ninguém que tinha sido contratada no Senado.

Voltando às revelações sobre o "orçamento secreto", consta que a equipe de repórteres do jornal teve dificuldade para rastrear emendas que previam compras da Codevasf e do DNOCS. Apuraram que 361 itens tinham valores acima dos preços de referência e que cerca de R$ 1 bilhão fora reservado para comprar maquinário, incluindo tratores. De R$ 132 milhões em equipamentos pesados, R$ 107 milhões teriam sido gastos em aquisições com prováveis sobrepreços. Todos os parlamentares agraciados eram aliados de Bolsonaro. Um deles, deputado Vitor Hugo (PSL), apresentou emendas prevendo a compra de quatro motoniveladoras, duas retroescavadeiras, dois tratores e uma pá carregadeira para municípios de Goiás. Juntas, as máquinas foram estimadas, com base nos preços de referência do governo federal, em R$ 3,9 milhões. Mas o parlamentar obteve autorização do Ministério do Desenvolvimento Regional para gastar R$ 4,8 milhões nas aquisições.

O deputado Charles Fernandes (PSD) indicou a compra de uma retroescavadeira e a destinou para o interior da Bahia.

Apontou o valor da máquina em R$ 300 mil – R$ 50 mil a mais que o valor de referência. O deputado José Nelto (Podemos) apareceu na denúncia vinculado à aquisição de quatro motoniveladoras – R$ 723 mil cada, embora o preço de referência do equipamento não ultrapassasse R$ 470 mil a unidade. O Podemos apoiou a eleição de Arthur Lira à presidência da Câmara. Os dados indicaram que, em troca, o partido obteve R$ 71 milhões do "orçamento secreto". Seu líder, deputado Léo Moraes, de Roraima, fez emendas de R$ 5 milhões para obras em Capinzal do Norte e Bacuri, municípios do Maranhão. O senador Márcio Bittar (PMDB) influenciou repasses de R$ 50 milhões – mas nada no Acre, estado que o elegeu. O dinheiro seguiu para cidades de Goiás e do Ceará.

Os fatos apontavam a implementação de um esquema sofisticado e de abrangência nacional. Isso explicaria a prática de parlamentares direcionarem a aplicação de recursos para lugares distantes de suas bases políticas. Outro aspecto destacado pelo *Estadão* referia-se à parcela de recursos alocados e distribuídos pela Codevasf. Criada em 1974, a estatal atuava, originalmente, na bacia do rio São Francisco, em especial em Minas Gerais e na Bahia, mas também em Pernambuco, Alagoas e Sergipe. Abrangia 504 municípios. Depois, a bacia do rio Parnaíba foi incluída na Codevasf, que passou a abarcar outro estado do Nordeste, o Piauí.

Com o tempo, as localidades cobertas pela estatal foram sendo cada vez mais ampliadas, chegando a 1.641 no total. Mas Jair Bolsonaro extrapolaria, levando outras 1.034 cidades para a área de atuação da estatal. Ao todo, 2.675 municípios, inclusive no Amapá. Graças a Bolsonaro, 167 prefeituras do Rio Grande do Norte, base política do ministro do Desenvolvimento Regional, Rogério Marinho (PL), se tornaram aptas a receber emendas encaminhadas à Codevasf, apelidada de "estatal do Centrão".

A Codevasf foi loteada para políticos próximos do presidente Bolsonaro, caso de: Arthur Lira e Ciro Nogueira, os dois do PP; Eduardo Gomes e Fernando Bezerra, do PMDB; Davi Alcolumbre e Elmar Nascimento, ambos do DEM. Este último foi o responsável por indicar o presidente da empresa, Marcelo Moreira, um ex-funcionário da Odebrecht. Dos R$ 3 bilhões do "orçamento secreto" esquadrinhados pelo *Estadão*, quase R$ 300 milhões acabaram em compras de maquinário pela Codevasf. Em diversos casos, houve indícios de sobrepreço e desvios.

Indícios de irregularidade em obras de pavimentação de ruas e estradas
O Tribunal de Contas da União desconfiou que pregões direcionaram o "orçamento secreto"

As suspeitas de malfeitos não se concentravam apenas nas emendas para a compra de equipamentos. Também foram identificadas nas obras de pavimentação de ruas e estradas – dessa vez, não pela imprensa, mas pelo Tribunal de Contas da União (TCU). E, de novo, a difusora era a Codevasf. Ao todo, parlamentares canalizaram R$ 1,6 bilhão para pavimentar ruas e estradas em obras intermediadas pela estatal. A área técnica do TCU analisou a contratação de R$ 533 milhões desses serviços de asfaltamento. Levantou suspeitas relacionadas a 18 empresas e definiu como "indício de irregularidade grave o fato de que as licitações possuíam objetos indefinidos e locais de execução indeterminados, inexistindo projetos básico e executivo das intervenções a serem realizadas". Os contratos indicavam direcionamento e redução do número de participantes nas concorrências.

Convocado a prestar esclarecimentos na Câmara, o ministro Rogério Marinho se negou a tornar públicos detalhes do "orçamento secreto" – ele próprio, um dos beneficiários. Fez emendas estipulando a compra de 90 tratores, nove motoniveladoras e 12 pás carregadeiras para o Rio Grande do Norte, seu estado, por intermédio da Codevasf. Dos R$ 130 milhões indicados por Marinho no "orçamento secreto", R$ 88 milhões tiveram como destino o Rio Grande do Norte. Só nas aquisições de máquinas pesadas pelo gabinete do ministro teria havido um sobrepreço de R$ 5 milhões. Além do maquinário, Marinho apresentou emendas para obras de pavimentação, poços artesianos e sistemas de abastecimento de água.

A equipe do *Estadão* descobriu ainda uma artimanha do ministro. Visando esconder o direcionamento de R$ 1,4 milhão do "orçamento secreto" para construir um mirante no município de Monte das Gameleiras, o ministro fez a indicação por meio de um aliado, o deputado Beto Rosado (PP), e do Ministério do Turismo. Mas a história veio à tona: Marinho era o autor da indicação. E mais: a obra seria erguida a 300 metros de uma propriedade de 60 mil metros quadrados do próprio Marinho, área em que ele planejava pôr de pé um condomínio de 100 casas. O mirante turístico, feito com dinheiro público, valorizaria as terras do ministro. Não se ouviu uma palavra de Jair Bolsonaro.

De volta às obras de pavimentação, o senador Ciro Nogueira (PP) direcionou emendas no valor de R$ 50 milhões à Codevasf para aplicação de asfalto em Teresina, cidade na qual o mesmo Nogueira havia indicado o superintendente regional da empresa. O senador Fernando Bezerra (PMDB) também destinou emendas do "orçamento secreto" para serviços de asfaltamento. Escolheu beneficiar a região de Petrolina, cidade do sertão pernambucano na qual seu filho, Miguel Coelho (PMDB), era o prefeito. O asfalto contratado a pedido de Fernando Bezerra ganhou o apelido de "farofa". Um reportagem da *Folha de S. Paulo*, publicada em 10 de dezembro de 2021, analisou mais de R$ 270 milhões empregados em obras de pavimentação na região de Petrolina por meio de contratos firmados pela Codevasf em 2019 e 2020.

Segundo apurou o jornal, a cobertura asfáltica simplesmente se esfarelava. Surgiram buracos e falhas cerca de um ano após a entrega dos trabalhos. Com o calor do Nordeste, as sandálias das pessoas grudavam no meio da rua. Serviços foram entregues sem drenagem, guias ou sarjetas. A reportagem encontrou indícios de obras feitas às pressas, com alto custo, em 1.272 vias públicas pernambucanas. Um caso na cidade de Araripina se destacou. Com a justificativa de asfaltar uma estrada de terra de 7,5 quilômetros, Fernando Bezerra destinou uma emenda de R$ 7,3 milhões à Codevasf. O problema é que o governo de Pernambuco já havia assinado um contrato para pavimentar a estrada com a mesma empresa escolhida pela Codevasf, mas por apenas R$ 2 milhões.

Milhões injetados no Piauí, a mando do governador do DF
Ibaneis Rocha mandou dinheiro a municípios vizinhos às suas fazendas

Aliado do presidente da República, o governador do Distrito Federal, Ibaneis Rocha (PMDB), era próximo da família Bolsonaro. Os filhos de Jair Bolsonaro frequentavam o campo de futebol da casa de Ibaneis, em Brasília. Flávio chegou a obter um empréstimo do Banco de Brasília, instituição ligada ao governo do Distrito Federal, com o qual adquiriu uma mansão de R$ 6 milhões em 2021. Ibaneis Rocha também foi favorecido com o "orçamento secreto". A cota de Ibaneis referente a julho de 2020 chegou a R$ 22 milhões. As emendas foram encaminhadas à Codevasf – R$ 15 milhões para obras de pavimentação e aquisição de veículos no Distrito Federal e R$ 7 milhões em municípios do Piauí nos quais Ibaneis possuía fazendas de criação de gado e cavalos de raça. Sebastião Barros, local de uma de suas propriedades, recebeu R$ 4,7 milhões para recuperar estradas, construir pontes e comprar caminhões e tratores.

Além dos gastos do "orçamento secreto" intermediados pelo Ministério do Desenvolvimento Regional, outros R$ 261 milhões seguiram, nos mesmos moldes, para os ministérios da Defesa, da Agricultura, da Justiça e da Educação. No Ministério do Desenvolvimento Regional, que concentrou os gastos do "orçamento secreto", um personagem conhecido por suas ligações com o Centrão teve um papel importante. Para compreender essa trama, devemos voltar ao período em que o líder do governo Bolsonaro na Câmara, Ricardo

Barros (PP), estava no cargo de ministro da Saúde do presidente Michel Temer (PMDB).

Na época, o Departamento de Logística da pasta estava sob o comando de Davidson Tolentino de Almeida, próximo do senador Ciro Nogueira. Tolentino de Almeida era bastante conhecido no meio político por reunir com frequência, em seu apartamento no Leblon, Zona Sul do Rio de Janeiro, a cúpula do PP. Depois, Ricardo Barros substituiu Tolentino de Almeida no Departamento pelo advogado Tiago Pontes Queiroz, também ligado a políticos do Centrão. No governo Bolsonaro, Tolentino de Almeida se tornou diretor da Codevasf e Pontes Queiroz, titular da Secretaria de Mobilidade do Ministério do Desenvolvimento Regional, encarregada de comprar os tratores e as máquinas do "orçamento secreto".

Na Secretaria de Mobilidade, Pontes Queiroz foi um dos responsáveis por uma megalicitação para a aquisição de 6.240 máquinas pesadas. Segundo a Controladoria-Geral da União, houve sobrepreço nas compras – que consumiriam R$ 2,9 bilhões do "orçamento secreto". Em relatório, a CGU apontou que os valores estavam "expressivamente acima da média das demais contratações públicas analisadas e, portanto, com sobrepreço da ordem de R$ 101 milhões", no caso das aquisições de 1.544 motoniveladoras. Já as compras de pás carregadeiras tiveram sobrepreço de R$ 14,1 milhões. E as de escavadeiras hidráulicas, outros R$ 14,7 milhões. Ao todo, o sobrepreço foi de R$ 130 milhões.

Com o nome nos jornais, Pontes Queiroz perdeu o cargo em 8 de outubro de 2021. Em quase um ano e meio na Secretaria de Mobilidade do Ministério do Desenvolvimento Regional, ele autorizara a liberação de R$ 7,9 bilhões, sendo R$ 6,5 bilhões em emendas do "orçamento secreto". Além dos apoios do senador Ciro Nogueira e do deputado Arthur Lira, Pontes Queiroz contou com o PRB, também vinculado ao Centrão. Para tentar limpar a legenda, chamuscada por denúncias de corrupção, o partido mudou o nome para Republicanos. O PRB apoiou os governos Lula, Dilma, Temer e, a partir de 2019, o de Bolsonaro. Conforme reportagens publicadas na imprensa, Pontes Queiroz também era apadrinhado pelo deputado Marcos Pereira, presidente da sigla, e pelos deputados Hugo Motta e Silvio Costa Filho, todos do PRB.

As suspeitas da CGU e da PF sobre a venda de emendas parlamentares
Deputados exigiriam propina ao liberar dinheiro do "orçamento secreto".

As emendas do "orçamento secreto" continuaram a gerar sucessivos alertas nos órgãos de controle. Em setembro de 2021, uma auditoria promovida pela Controladoria-Geral da União identificou um sobrepreço de R$ 142,6 milhões em vários contratos – dos 188 convênios auditados, a CGU concluiu que em 115 havia risco "alto ou extremo" de compras de máquinas pesadas com esse problema. No mês seguinte, o TCU levantou suspeitas em oito licitações da Codevasf também para adquirir máquinas pesadas. Segundo o órgão de controle, havia superfaturamento de até 63% (gastos suspeitos de

R$ 11,1 milhões) nas licitações. O TCU determinou o bloqueio de processos que previam compras de mais de 100 motoniveladores, tratores de esteira e escavadeiras hidráulicas. As licitações haviam sido realizadas pela sede da Codevasf, em Brasília, e pelas superintendências regionais de Petrolina (Pernambuco), Penedo (Alagoas) e Bom Jesus da Lapa (Bahia).

Em 7 de outubro de 2021, o ministro Wagner Rosário, da CGU, afirmou não ter dúvida de que havia corrupção envolvendo parlamentares no comércio de emendas do "orçamento secreto". Também a Polícia Federal suspeitava da venda de emendas parlamentares, ou seja, da prática de extorsão na concessão dessas emendas. Em 19 de novembro de 2021, a PF solicitou autorização ao STF para investigar o "orçamento secreto". Deputados e senadores estariam cobrando "comissões" para autorizar o envio de emendas a cidades e estados. Os políticos também exigiriam que essas "comissões" fossem quitadas em dinheiro vivo e de forma antecipada. Como a CGU e a PF, o STF também mirava o que a imprensa chamou de "feirão de emendas".

No dia 5 de novembro de 2021, a ministra do SFT Rosa Weber suspendeu os pagamentos do "orçamento secreto" e determinou que o Congresso adotasse processos transparentes na aplicação das emendas parlamentares. Assim, Rosa Weber poria fim ao que classificou como "sistema anônimo de execução das despesas decorrentes das emendas de relator". De acordo com a ministra, a distribuição das emendas do "orçamento secreto" vinha sendo feita "sem qualquer justificação fundada em critérios técnicos ou jurídicos, realizada por vias informais e obscuras, sem que os dados dessas operações sequer sejam registrados para efeito de controle por parte das autoridades competentes ou da população lesada".

Da decisão de Rosa Weber: "Causa perplexidade a descoberta de que parcela significativa do Orçamento da União esteja sendo ofertada, mediante distribuição arbitrária, para que tais congressistas utilizem recursos públicos conforme seus interesses pessoais, sem a observância de critérios objetivos destinados à concretização das políticas públicas a que deveriam servir as despesas, bastando, para isso, a indicação direta dos beneficiários pelos próprios parlamentares."

O STF confirmaria a posição de Rosa Weber por oito votos a dois, um duro golpe nos acordos sigilosos firmados entre o Palácio do Planalto e o Congresso. Em resposta à medida do Supremo, lideranças de Bolsonaro na Câmara e no Senado defenderam a importância de investimentos realizados por meio das "emendas extraordinárias" e se comprometeram a dar transparência ao processo. Em consequência, a ministra reviu sua decisão e liberou, um mês depois da proibição, os repasses suspeitos que beneficiavam a base política do governo no Congresso. O plenário do STF novamente a acompanhou, com o mesmo placar: oito votos a dois.

Apesar da promessa de dar transparência às emendas, os presidentes da Câmara, Arthur Lira (PP), e do Senado, Rodrigo Pacheco (PSD, ex-DEM) decidiram não divulgar o nome dos congressistas (nem os valores, na ordem de bilhões de reais) já beneficiados com os recursos do "orçamento secreto". Em 29 de novembro de 2021, o Congresso chancelou a decisão. Foi mantida a caixa-preta, contrariando a ministra Rosa Weber, que determinara transparência nos procedimentos. Em dois anos (2020 e 2021), o "orçamento secreto" absorveu cerca de R$ 30 bilhões. Se somarmos os R$ 16,5 bilhões previstos no Orçamento da União para 2022, teremos R$ 46,5 bilhões de recursos públicos alocados para emendas secretas ao longo do governo Bolsonaro.

Impressiona também o crescimento vertiginoso das emendas parlamentares. Em 2015, o governo Dilma reservou R$ 3,4 bilhões para gastos com emendas. Cinco anos depois, em 2020, na gestão Bolsonaro, o valor subiu para R$ 35,1 bilhões – uma quantia dez vezes maior. Do total de R$ 50 bilhões em investimentos federais em 2021, 53% (R$ 26,6 bilhões) foram destinados a emendas parlamentares. Na prática, criou-se um orçamento parlamentarista dentro do regime presidencialista, sem transparência, planejamento ou fiscalização adequada. Ressalte-se a omissão de diversos parlamentares nas deliberações sobre a questão – 214 deputados e 15 senadores se ausentaram nas votações que definiram o sigilo das informações das emendas, avalizando, com a omissão, o "orçamento secreto".

Antes que o ministro da CGU Wagner Rosário afirmasse acreditar que havia corrupção envolvendo parlamentares no comércio de emendas do "orçamento secreto", três deputados já vinham sendo investigados em sigilo. Um deles era Josimar Maranhãozinho, presidente do PL no Maranhão (no final de 2021, o presidente Jair Bolsonaro se filiaria ao PL, liderado pelo ex-deputado Valdemar Costa Neto). Maranhãozinho encaminhara R$ 15 milhões em emendas para fundos de saúde de cidades maranhenses. Segundo a Polícia Federal, as prefeituras beneficiadas teriam celebrado contratos com empresas de fachada em nome de "laranjas". O destinatário final dos recursos, conforme as investigações, era o próprio Maranhãozinho. Do relatório da PF: "Essas empresas efetuaram saques em espécie e o dinheiro era entregue ao deputado, no seu escritório parlamentar em São Luís."

Com a autorização do STF, a Polícia Federal filmou Maranhãozinho em 2020 guardando dinheiro em caixas. Em uma delas, teriam sido dispostos R$ 250 mil. Maranhãozinho passou a ser investigado por suspeita de fraude em contratos no valor de R$ 160 milhões com uma empresa distribuidora de medicamentos, da qual era sócio. As irregularidades teriam ocorrido nas cidades de São José de Ribamar, Maranhãozinho e Zé Doca. As duas últimas, administradas pelo PL. Em Zé Doca, a prefeita, Josinha Cunha, eleita em 2020, era irmã de Josimar Maranhãozinho.

Em 11 de março de 2022, policiais federais fizeram uma operação de busca e apreensão em endereços ligados a três deputados do PL: o próprio Maranhãozinho, Bosco Costa e Pastor Gil. A PF acusava-os de cobrar 25% de propina sobre o valor das emendas do "orçamento secreto" e de terem desviado um total de R$ 1,6 milhão. Bosco Costa, um parlamentar de Sergipe, teria direcionado R$ 4 milhões em emendas para São José de Ribamar, que fica no Maranhão. Em troca, R$ 1 milhão (25%) teriam de ser devolvidos pelas empresas contratadas para executar serviços. Segundo a PF, Maranhãozinho, chefe da organização, orientava as cobranças e usava estrutura operacional armada para exigir dos prefeitos a devolução de parte do dinheiro das emendas.

Maranhãozinho, Bosco Costa e Pastor Gil eram deputados do "baixo clero" no Congresso. Mas as emendas secretas não beneficiavam exclusivamente deputados com menor projeção. Apesar dos esforços do Palácio do Planalto e das presidências da Câmara e do Senado para manter o sigilo sobre a origem e a autoria das emendas, reportagens e órgãos de controle e fiscalização demonstraram que Bolsonaro, Arthur Lira e líderes do Centrão turbinaram as verbas à disposição das emendas e blindaram o mecanismo de um modo que só eles sabiam com exatidão quem indicara os recursos, quanto indicara e para o que (ou quem) indicara. (*Informações sobre as "emendas cheque em branco", também criadas na gestão Bolsonaro, estão no Apêndice 2, p. 291.*)

Comentário do economista Gil Castello Branco à repórter Idiana Tomazelli, do *Estadão*, a respeito do "orçamento secreto":

– É um mensalão disfarçado de emendas parlamentares.

Em 9 de março de 2022, a Transparência Internacional Brasil, organização de combate à corrupção sediada em Berlim, enviou um relatório ao Grupo Antissuborno da Organização para a Cooperação e Desenvolvimento Econômico (OCDE) indicando que o governo Bolsonaro fez o "desmantelamento contínuo das estruturas criadas, ao longo dos anos, para combater a corrupção, promover os direitos humanos, preservar o meio ambiente e, em última análise, proteger a democracia do país." Entre os retrocessos apontados pela Transparência Internacional estavam o "controle" de Bolsonaro sobre o Congresso, por meio do "orçamento secreto", e a perda da independência dos órgãos de combate à corrupção.

8. Corrupção e impunidade

A combinação perversa entre crimes de colarinho-branco e ausência de Justiça reforça a desigualdade, a pobreza e o subdesenvolvimento

Ao longo dos últimos anos, o sistema judiciário vem derrubando boa parte das investigações e dos processos abertos a partir da Operação Lava Jato. O desmonte ganhou força após 22 de abril de 2021, quando o Supremo Tribunal Federal declarou a suspeição do já ex-juiz Sergio Moro, da 13ª Vara Federal de Curitiba, quanto à condenação do ex-presidente Lula no caso do tríplex do Guarujá. Lula ficou preso 580 dias. Em todo o mundo, um dos maiores desafios nas investigações que envolvem corrupção é produzir provas materiais contundentes e incontroversas. No Brasil, no entanto, os cancelamentos de processos contra crimes de corrupção são tantos que alcançam até episódios com flagrante de pagamento de propina.

Um dos flagrantes mais graves registrados nestas páginas refere-se à filmagem feita em 28 de abril de 2017, pela Polícia Federal, do então deputado Rodrigo Rocha Loures, homem de confiança do presidente Michel Temer, puxando uma mala cheia de propina. Sua defesa admitiria que ele recebeu R$ 500 mil durante aquela "operação controlada". Mesmo assim, pediria a sua absolvição. As alegações apresentadas davam conta de que Rocha Loures era apenas um "mensageiro" e desconhecia o conteúdo da mala. E que, afinal, não ficara provada, pela acusação, a existência de algum elo entre Temer e Rocha Loures. A defesa do deputado não informou, porém, a quem se destinava aquele meio milhão de reais.

Quase um mês após a filmagem, Rocha Loures entregou a mala aos investigadores, com R$ 465 mil. E apenas 24 horas depois depositou, em uma conta do Supremo, os R$ 35 mil que faltavam. O processo contra ele foi aberto em 11 de dezembro de 2017. Durante um ano e meio, ele usou tornozeleira eletrônica. Mas, no fim de outubro de 2018, o juiz Rodrigo Bentemuller, da 15ª Vara Federal de Brasília, suspendeu a ação. Segundo o juiz, o processo deveria ser julgado juntamente com outra ação que investigava o presidente Temer por receber propina do grupo J&F, do empresário Joesley Batista. Tratava-se do mesmo grupo que havia abarrotado de dinheiro a mala de Rocha Loures.

Em 21 de setembro de 2021, porém, mais de quatro anos após a gravação da conversa secreta entre Temer e Joesley que motivou a investigação, a Quarta Turma do Tribunal Regional Federal da 1ª Região (TRF-1) trancou a ação sobre o envolvimento de Temer no repasse dos R$ 500 mil efetuado a Rocha Loures. Apesar da existência da filmagem da mala com propina e de Temer ter sido gravado dando instruções a Joesley para que tratasse de assuntos relacionados ao Cade diretamente com Rocha Loures, o desembargador Néviton Guedes considerou que nenhum elemento material fora apresentado para sustentar a imputação.

Uma segunda investigação aberta a partir da gravação dos diálogos entre Temer e Joesley tampouco caminhou. Em outubro de 2019, o juiz Marcus Vinícius Bastos, da 12ª Vara Federal de Brasília, absolveu Temer no âmbito do processo em que o ex-presidente era acusado de pedir a Joesley que providenciasse pagamentos ao ex-presidente da Câmara dos Deputados, Eduardo Cunha, preso pela Lava Jato. O objetivo dos repasses era evitar que Cunha delatasse o então presidente da República.

As palavras de Temer – "Tem que manter isso, viu?" – transformaram-se num símbolo da crise que ameaçou o seu mandato em 2017. A preocupação com a continuidade dos pagamentos a Cunha também ficaria registrada em diálogos entre outros integrantes do grupo político de Temer e de executivos do grupo J&F. Mas o juiz Marcus Vinícius entendeu que a gravação trazia frases "monossilábicas e desconexas", impossíveis de utilizar como provas do crime de obstrução de Justiça, e absolveu sumariamente o ex-presidente. Temer nem sequer foi ouvido.

Em 29 de abril de 2019, o mesmo juiz bloqueou R$ 32,6 milhões atribuídos a Temer e a João Baptista Lima Filho, o coronel Lima, dono da empresa Argeplan, numa ação que investigava corrupção, lavagem de dinheiro, uso de empresas de fachada, crimes contra a administração pública e associação criminosa no setor portuário. Quase dois anos depois, em 19 de março de 2021, porém, o mesmo Marcus Vinícius Bastos absolveria Temer, o coronel Lima e Rocha Loures, com a justificativa de que a denúncia não ficara "minimamente demonstrada".

Em 6 de maio de 2021, a imprensa noticiou nova absolvição de Michel Temer, dessa vez no bojo do processo do chamado "quadrilhão do PMDB". O então procurador-geral, Rodrigo Janot, havia denunciado a existência de uma organização criminosa que teria recebido, ao todo, R$ 587 milhões em propina. Além de Temer, o juiz Marcus Vinícius absolveu Geddel Vieira Lima – que tivera R$ 51 milhões em dinheiro vivo apreendidos em um apartamento em Salvador. Na mesma ação, o juiz absolveu, ainda, mais cinco peemedebistas: Eduardo Cunha, Rocha Loures, Eliseu Padilha, Moreira Franco e Henrique Eduardo Alves. Foram igualmente absolvidos o coronel Lima, José Yunes e Lúcio Funaro.

Conforme o juiz escreveu em seu despacho, "a denúncia apresentada, em verdade, traduz tentativa de criminalizar a atividade política". Em outro trecho, ele afirma que "esse procedimento evidencia, a um só tempo, abuso do direito de acusar e ausência de justa causa para a acusação". Por fim, em 6 de fevereiro de 2022, Marcus Vinícius Bastos absolveu Temer e mais sete réus no caso da suspeita de corrupção em obras da Usina Nuclear Angra 3. O magistrado considerou "genérica" a denúncia feita a partir da delação premiada do empresário José Antunes Sobrinho, da Engevix, na qual foi revelado o pagamento de propina aos acusados. Segundo o juiz, os responsáveis pela investigação teriam se limitado a descrever crimes – "sem nada efetivamente provarem" – sobre as denúncias de desvios em contratos da estatal Eletronuclear.

As absolvições e ações anuladas, suspensas, trancadas ou arquivadas beneficiaram dezenas de réus nos inquéritos da Lava Jato, o que resultou no desmantelamento de boa parte dos trabalhos da força-tarefa. No caso do tríplex do Guarujá, por exemplo, a juíza Pollyanna Kelly Alves, da 12ª Vara Federal de Brasília, arquivou, em 28 de janeiro de 2022, a ação penal contra o ex-presidente Lula. A ação chegou à juíza depois que o STF declarou a suspeição do juiz original do caso, Sergio Moro. Com a decisão do Supremo, o processo reiniciou tramitação em Brasília, mas, em função do tempo transcorrido, a magistrada reconheceu a prescrição dos crimes de corrupção e lavagem de dinheiro. Pelo mesmo motivo, anulou a sentença contra o ex-presidente no caso do sítio de Atibaia.

No final de 2021, um balanço sobre o sistema de justiça realizado por O Estado de S. Paulo registrava que condenações por crimes de corrupção totalizando 277 anos e nove meses de cadeia foram anuladas no Brasil. Só no âmbito da Operação Lava Jato, tribunais tornaram sem efeito 221 anos e 11 meses de prisão. Entre os beneficiários, além dos ex-presidentes Lula e Temer, estavam políticos como Sérgio Cabral, Moreira Franco, Henrique Eduardo Alves, José Serra, Antonio Palocci e Eduardo Cunha.

Em 27 anos de ações no STF, apenas 3% dos réus com foro privilegiado foram condenados
Maioria dos casos foi para instâncias inferiores ou aguardava conclusão

O Brasil é um dos países nos quais o foro privilegiado – que estabelece que os ocupantes de determinados cargos públicos só podem ser julgados em Cortes superiores – beneficia o maior número de pessoas. Enquanto na maioria das nações que adotam foros especiais a prerrogativa beneficia apenas o presidente da República e um pequeno número de altos dirigentes, no Brasil estudos indicam que cerca de 50 mil pessoas recebem essa proteção. Além do presidente e dos chefes dos Poderes, estão incluídos em uma longa lista, entre outros, governadores, senadores, deputados federais, ministros de Estado, comandantes militares, deputados estaduais, ministros de tribunais, prefeitos, juízes, desembargadores, procuradores e promotores.

Em 25 de abril de 2021, *O Estado de S. Paulo* publicou um levantamento das ações judiciais contra réus com foro privilegiado no STF. A análise abrangeu um período de 27 anos – de 1989 a 2016. Conforme os dados coletados pelo jornal, apenas 3% dos réus com foro especial acabaram condenados. Em 58% dos casos, o STF remeteu os processos a instâncias inferiores porque o réu deixou o cargo e perdeu a prerrogativa antes da conclusão do julgamento. Nesses casos, os processos tiveram que recomeçar trâmites praticamente do zero. Outros 13% prescreveram antes de a Justiça concluir o julgamento – o prazo de prescrição cai à metade quando o réu completa 70 anos de idade. Em 16% dos casos, as ações ainda aguardavam a conclusão; e nos últimos 10% os réus foram absolvidos.

Um caso emblemático serve para exemplificar por que é pequeno o percentual de condenações de réus com foro privilegiado pelo STF: em 24 de março de 2017, Joesley Batista gravou conversa com o então senador Aécio Neves. No diálogo, Aécio pedia R$ 2 milhões ao empresário, montante que receberia mais tarde em dinheiro vivo – quatro malas contendo R$ 500 mil cada e transportadas de carro de São Paulo a Minas Gerais. A PF filmou Frederico Pacheco de Medeiros, primo de Aécio, tomando posse de uma dessas malas no escritório do J&F, em São Paulo.

O STF chegou a expedir ordem de recolhimento domiciliar noturno para o senador, denunciado pela PGR por corrupção e obstrução de Justiça. O processo corria no Supremo, mas, com o fim do mandato de Aécio no Senado, foi enviado para instância inferior, a Justiça Federal de São Paulo. Cabe observar que, ao encaminhar o processo para outra instância, prolongando a sua tramitação, Aécio continuaria blindado por foro privilegiado porque, após o mandato que exercia quando teria ocorrido o crime investigado, ele assumiu um cargo de deputado federal.

De qualquer forma, o juiz Ali Mazlom, da 7ª Vara Federal de São Paulo, absolveria Aécio em 10 de março de 2022. Segundo o juiz, havia indícios de manipulação na delação de Joesley, que buscava, de acordo com Mazlom, uma prova favorável para concretizar um acordo de delação premiada com a PGR. De acordo com o juiz, ao que tudo indicava, Aécio, na realidade, "foi apenas o protagonista inconsciente de uma comédia". Para Mazlom, as imagens da entrega da mala de dinheiro não serviam de prova contra o senador. Segundo a sentença, "o ato de transportar dinheiro não configura delito algum. Integra, no máximo, a fase de exaurimento do suposto delito de corrupção. Constitui-se em *post factum* [*fato posterior*] impunível, vez que já teria ocorrido a lesividade ao bem jurídico".

A interrupção de processos e a transferência de investigações contra políticos com foro especial para outras instâncias da Justiça não constituíram o único fator que levou ao cancelamento de ações judiciais contra a corrupção. A ação de hackers que invadiram celulares e obtiveram mensagens atribuídas ao ex-juiz Sergio Moro e a ex-integrantes da força-tarefa da Lava Jato em Curitiba também contribuiu para a suspensão de processos. Embora captadas ilegalmente, essas mensagens, divulgadas depois pelo site Intercept Brasil, abalaram a credibilidade das investigações. As supostas trocas de informação entre o juiz e os procuradores colocaram em dúvida o respeito às normas processuais. A defesa de Lula – e de outros réus da Lava Jato – fez uso dessas mensagens para denunciar um conluio entre Moro e procuradores e a possível parcialidade nos processos.

A divulgação das conversas gravadas gerou um profundo impacto no Supremo, que, por sete votos a quatro, considerou que Moro não atuara com a imparcialidade necessária, o que levou à anulação dos casos do tríplex e do sítio, duas propriedades supostamente ocultas, cujas ações judiciais já haviam condenado o ex-presidente em duas instâncias da Justiça – no caso do tríplex, em três instâncias. Em 14 de setembro de 2021, o ministro Ricardo Lewandowski, do STF, também suspendeu os processos que investigavam prováveis ilegalidades na compra de um terreno para sediar o novo Instituto Lula e de um apartamento em São Bernardo do Campo. A decisão de Lewandowski ocorreu três meses após o ministro anular provas contra Lula produzidas a partir do acordo de leniência entre a Odebrecht – suspeita de financiar as transações desses dois imóveis – e o Ministério Público Federal. Ao todo, Lula teve 17 decisões judiciais vitoriosas, entre absolvições e casos anulados, trancados, arquivados ou suspensos.

Além das sentenças judiciais citadas, houve um número significativo de outras que beneficiaram réus da Lava Jato. Novas decisões ainda poderão ser anunciadas enquanto este livro é escrito. É impossível, portanto, listar todas as deliberações judiciais que cancelaram ou suspenderam ações contra a corrupção, mas, a seguir, fazemos um resumo de algumas das mais relevantes. Entre elas, está o caso do ex-tesoureiro do PT João Vaccari Neto, que ficou preso por quase quatro anos e meio no Complexo Médico Penal do Paraná por corrupção, lavagem de dinheiro e associação criminosa por conta do episódio envolvendo o empréstimo de R$ 12 milhões do Banco Schahin a José Carlos Bumlai. Em setembro de 2019, o pecuarista recebeu autorização para deixar o regime fechado e cumprir prisão domiciliar. Em 5 de outubro de 2021, a Quinta Turma do Superior Tribunal de Justiça anulou a condenação por entender que a Justiça Federal de Curitiba era incompetente para julgar o caso. Tratava-se de crime eleitoral e, como tal, deveria ter sido julgado pela Justiça Eleitoral.

Em 1º de dezembro de 2021, o ministro Jesuíno Rissato, do Superior Tribunal de Justiça, anulou as condenações de 15 investigados, entre os quais, Antonio Palocci, Marcelo Odebrecht, João Santana, Mônica Moura e João Vaccari Neto. Todos denunciados por repasses de um total de R$ 200 milhões em propina da Odebrecht e condenados por corrupção e lavagem de dinheiro. Segundo a decisão de Rissato, no entanto, a Odebrecht financiou campanhas eleitorais e, portanto, a Justiça Eleitoral – e não a Justiça Federal de Curitiba – teria competência para julgar os casos.

Em 2 de fevereiro de 2021, o ministro Gilmar Mendes, do Supremo Tribunal Federal, determinou a remessa para a Justiça Federal de Brasília das ações por corrupção contra Romero Jucá e Edison Lobão no caso da Transpetro, subsidiária da Petrobras, retirando o caso da Justiça Federal do Paraná. Outro processo que investigava Jucá pelo recebimento de propina de empreiteiras também foi retirado da Justiça Federal do Paraná e enviado para a Justiça Eleitoral. Para o advogado de defesa de Jucá, Antônio Carlos de Almeida Castro, o "Kakay", a Lava Jato e a PGR tentaram "criminalizar a política, descrevendo atitudes partidárias absolutamente dentro do sistema democrático como uma organização criminosa". O ministro Gilmar Mendes também trancou ação do Ministério Público Federal contra o ex-governador de São Paulo José Serra, acusado de corrupção e lavagem de R$ 27,5 milhões oriundos da Odebrecht.

O ex-deputado Eduardo Cunha ficou na cadeia por quase quatro anos. Em 2018, o juiz Vallisney de Souza Oliveira, da 10ª Vara Federal, em Brasília, condenou-o a 24 anos e dez meses de prisão. O juiz responsabilizou-o por corrupção, lavagem de dinheiro e violação de sigilo funcional no esquema da liberação de recursos do FGTS da Caixa Econômica Federal. O TRF-1, porém, encerrou a ação. Considerou que a Justiça Federal não tinha competência para julgar o processo. Anulou-o e encaminhou os autos à Justiça Eleitoral do Rio Grande do Norte.

A defesa de Eduardo Cunha também conseguiu anular a condenação de 14 anos de prisão por corrupção e lavagem de dinheiro no episódio envolvendo o contrato da Petrobras no Benin, pelo qual Cunha teria recebido propina em conta bancária na Suíça. Advogados do ex-deputado convenceram o STF de que o caso não deveria ser julgado pela Justiça Federal, mas pela Justiça Eleitoral. No que concerne os processos por corrupção transferidos para a Justiça Eleitoral, cabe observar que não há registro, até hoje, de esse braço do sistema Judiciário brasileiro ter imposto pena de prisão por crime eleitoral ou pela prática de caixa dois.

Em 10 de fevereiro de 2022, o STF rejeitou duas ações: uma delas apurava o recebimento de R$ 1,6 milhão da empreiteira Queiroz Galvão por parte do deputado Arthur Lira – propina para que o PP apoiasse a permanência de Paulo Roberto Costa no comando da Diretoria de Abastecimento da Petrobras. A Procuradoria-Geral da República voltou atrás na acusação e considerou "frágil" o conjunto de provas apresentado. O STF apoiou a PGR. Com o resultado, a defesa de Lira já estudava um pedido para invalidar a delação premiada de Alberto Youssef, além de ingressar com ação cível visando à obtenção de indenização por danos morais causados pelo doleiro contra Lira. Foi o quarto processo baseado na delação de Youssef rejeitado pelo STF.

No mesmo dia, o STF livrou Renan Calheiros e Jader Barbalho da ação baseada na delação do ex-senador Delcídio do Amaral sobre ilegalidades em contratos da Hidrelétrica de Belo Monte. Em seu voto, o ministro Gilmar Mendes afirmou que inexistiam "elementos mínimos de materialidade ou autoria delitiva". Após cinco anos, o Ministério Público Federal, segundo o Supremo, não teria reunido provas convincentes contra os senadores.

Em 2 de março de 2022, o ministro Ricardo Lewandowski, também do STF, suspendeu o último processo aberto contra Lula – o de irregularidades na compra de aviões caças suecos no governo Dilma. A ação foi a única em que a Corte deixou de apontar incompetência da Justiça Federal do Paraná para julgar o ex-presidente. De acordo com Lewandowski, os fatos descritos no processo dos caças evidenciavam "franca antipatia e, em consequência, manifesta parcialidade em relação à pessoa" de Lula.

Em 22 de março daquele ano, a Quarta Turma do STJ condenou o ex-coordenador da Lava Jato, Deltan Dallagnol, a indenizar Lula por danos morais. Em entrevista concedida em 2016, o procurador usara um *Power Point* para apresentar o ex-presidente como "maestro da organização criminosa" que agia na Petrobras. Na entrevista, que ganhou ampla repercussão na imprensa, Dallagnol denunciou Lula no caso do tríplex. O ex-presidente pediu R$ 1 milhão de indenização. O STJ entendeu que houve uma espetacularização do episódio, incompatível com a seriedade esperada por parte de procuradores, e determinou que Dallagnol pagasse R$ 75 mil a Lula. Segundo o advogado do ex-presidente, Cristiano Zanin Martins, "o *Power Point* tratou do crime de organização criminosa, que sequer era discutido na denúncia apresentada naquela oportunidade". Para Zanin Martins, "Lula não praticou qualquer crime antes, durante ou após ter exercido o cargo de presidente da República".

O Congresso e o desmantelamento da legislação anticorrupção
Atuação de parlamentares dificultou a prevenção e o combate a ilegalidades

Em paralelo ao cancelamento de inúmeras decisões judiciais da Lava Jato, houve um processo de rejeição e diluição da legislação voltada para o combate à corrupção apoiado por ampla maioria do Congresso. Esse desmonte alcançou tanto projetos novos, apresentados a partir dos desvios revelados pela Lava Jato, quanto leis mais antigas. A Lei de Improbidade, de 1992, a Lei das Organizações Criminosas, de 2013, e o pacote anticorrupção que chegou à Câmara em 2016, exemplificam o fenômeno.

As alterações no texto da Lei de Improbidade, propostas pelo deputado Carlos Zarattini (PT) e aprovadas no Congresso, dificultaram a punição de políticos, agentes públicos e empresários ao estabelecer que a condenação por improbidade pressupõe a comprovação de "dolo específico". Ou seja, não basta provar a ocorrência de um desvio. O novo texto cria a obrigatoriedade de demonstrar que houve a intenção de cometer irregularidades, o que, segundo as análises de especialistas, constitui algo difícil, tecnicamente, de ser materializado. O presidente Bolsonaro sancionou a legislação em 26 de outubro de 2021 sem vetos.

Conforme o ministro Herman Benjamin, do STJ, declarou à imprensa, as alterações tornaram "missão impossível" a tarefa do Ministério Público:

– Para os servidores públicos, para os corruptos, para as empresas, a lei foi enfraquecida, com vários mecanismos de blindagem. Já no caso dos partidos, haverá um vácuo que deixa ilicitudes gravíssimas sem punição, exceto penal. Vamos ficar com um buraco negro no combate à corrupção: os partidos, com recursos literalmente bilionários, ficam imunes.

Já as alterações na Lei das Organizações Criminosas, propostas pelos deputados Paulo Teixeira (PT) e Wadih Damous (PT), introduziam regras rígidas para futuros acordos de delação premiada e, ainda, a exclusão da prisão preventiva como garantia da ordem pública e econômica – ferramenta que motivou várias prisões ao longo das investigações da Lava Jato.

Em 30 de novembro de 2016, a Câmara alterou radicalmente um pacote de dez medidas de combate à corrupção enviado ao Congresso com o aval de cerca de 2 milhões de assinaturas. As dez propostas foram elaboradas com o apoio do Ministério Público Federal e expressavam a mobilização de uma parcela da sociedade diante dos desvios revelados pela Lava Jato. Entre as propostas rejeitadas ou inviabilizadas pelo Congresso, estavam:

- tornar crime o enriquecimento ilícito de funcionários públicos e estabelecer o confisco de bens relacionados a esses crimes;
- criar a figura do "reportante do bem", para incentivar a denúncia de crimes de corrupção com o pagamento de recompensa em dinheiro;
- introduzir mudanças para dificultar a prescrição de crimes, o que ocorre quando o processo deixa de prosseguir porque a Justiça não o concluiu em tempo hábil;
- recuperar o lucro do crime organizado, com o instrumento do "confisco alargado" nos delitos de corrupção, visando impedir o acesso e o usufruto dos bens obtidos em atividades criminosas;
- realizar acordos entre defesa e acusação em crimes de menor gravidade, puníveis com penas menores, simplificando os processos;
- responsabilizar partidos políticos, com a suspensão dos respectivos registros de funcionamento, em casos de cometimento de crimes graves.

Em 18 de março de 2015, um ano após o início da Lava Jato, a presidente Dilma Rousseff promoveu um ato político para entregar um pacote anticorrupção ao Congresso, também com dez medidas. Já sob a mira de parlamentares que a cassariam pouco mais de um ano depois, o pacote não avançou entre os congressistas. A proposta de Dilma previa a criminalização do caixa dois, mas com o fracasso do pacote o uso de recursos não declarados nas campanhas eleitorais continuou sendo uma contravenção penal, um delito leve punido de forma branda.

Houve um momento em que as investigações e os desdobramentos da Lava Jato pareciam um divisor de águas nas práticas políticas nacionais, caracterizadas havia décadas por sucessivos escândalos de corrupção que, com raras exceções, não resultaram em punições. Essa percepção, no entanto, mostrou-se equivocada. Os fatos descritos aqui ilustram como parte do sistema judiciário, a começar por seu órgão superior, o Supremo Tribunal Federal, ao lado de uma ampla maioria de partidos – ao centro, à esquerda e à direita do espectro político –, vem atuando para inviabilizar os trabalhos e as condenações resultantes da Operação Lava Jato.

Nestes últimos anos, o Brasil regrediu nos índices internacionais que medem a incidência da corrupção e novas instâncias de desvios de recursos públicos continuam a ser descobertas a cada momento.

No Ministério da Educação, denúncias de tráfico de influência e corrupção
Sem cargos no governo, pastores liberavam verbas em troca de propina

Em 22 de março de 2022, o Ministério Público Federal entrou com ação de improbidade administrativa contra o presidente Jair Bolsonaro. Denunciou-o à Justiça Federal de

Brasília por ter mantido em seu gabinete de deputado federal, ao longo de 15 anos, uma assessora parlamentar que jamais exerceu função legislativa. Para o MPF, Walderice Santos da Conceição, a Wal do Açaí, recebeu salários e benefícios pagos com recursos públicos, embora trabalhasse como cuidadora dos cachorros de Bolsonaro na Vila Histórica de Mambucaba, em Angra dos Reis, no litoral fluminense, na mesma rua em que o deputado possui uma casa de veraneio.

A ação pedia que Bolsonaro e Wal do Açaí fossem condenados por improbidade administrativa e obrigados a ressarcir o dinheiro público supostamente desviado. Em 2018, candidato a presidente da República, Bolsonaro negou que ela fosse uma "funcionária fantasma". Em janeiro daquele ano, reportagem publicada na *Folha de S. Paulo* mostrou Wal do Açaí vendendo açaí em praia de Angra dos Reis. O então deputado a demitiu.

Segundo o MPF, Wal do Açaí fez movimentações atípicas de seus ganhos e benefícios na Câmara e sacou, em média, 83,7% do salário em espécie – uma evidência de que boa parte do dinheiro recebido por ela não ficava sob sua posse. Segundo os procuradores, Bolsonaro atestou falsamente a frequência ao trabalho da "assessora" nomeada em seu gabinete. Procurado, ele não se manifestou. Da ação impetrada pelo MPF consta o seguinte trecho: "No exercício de mandato parlamentar, [*Bolsonaro*] não só traiu a confiança de seus eleitores, como violou o decoro parlamentar, ao desviar verbas públicas destinadas a remunerar o pessoal de apoio ao seu gabinete e à atividade parlamentar."

Três dias depois, em 25 de março, a Polícia Federal abriu inquérito para apurar se o ministro da Educação, Milton

Ribeiro, havia favorecido dois pastores que agiriam como lobistas na liberação de verbas controladas pelo governo federal. As suspeitas de irregularidades e corrupção em repasses do Fundo Nacional de Desenvolvimento da Educação (FNDE) já vinham sendo denunciadas havia mais de uma semana pelos jornais *O Estado de S. Paulo*, *Folha de S. Paulo* e *O Globo*. Os pastores Gilmar Silva dos Santos e Arilton Moura, ligados à Convenção Nacional de Igrejas e Ministros das Assembleias de Deus no Brasil, fariam parte de uma espécie de gabinete paralelo do Ministério da Educação, do qual controlariam a agenda do ministro e exerceriam tráfico de influência em benefício de prefeituras "amigas" – especialmente às ligadas ao PP, ao PL e ao PRB, partidos do Centrão e responsáveis pelo comando do FNDE e do orçamento do órgão que, em 2022, alcançou R$ 64,7 bilhões.

O FNDE também administrou repasses de verbas do "orçamento secreto". As distorções no emprego dessas emendas ficariam claras na comparação de valores reservados para gastos em dezembro de 2021. Contemplada com os maiores valores, num total de R$ 60,4 milhões, Alagoas, área de influência do presidente da Câmara, Arthur Lira (PP), possuía 485 mil estudantes na rede pública. Por outro lado, São Paulo, com 11,9 milhões de alunos nas escolas públicas, recebeu apenas R$ 26,5 milhões do FNDE. Em outro contrassenso, o Piauí, região de origem do ministro da Casa Civil, Ciro Nogueira (PP), ficou com R$ 20,5 milhões, um pouco menos que São Paulo, apesar de só ter 506 mil alunos na rede pública.

Reportagens apontaram que Bolsonaro recebeu duas vezes em Brasília os pastores Gilmar e Arilton, em 2019, ainda antes da nomeação de Milton Ribeiro. Os dois pastores usariam jatos oficiais da Força Aérea Brasileira em seus deslocamentos, embora não possuíssem vínculos formais com o governo federal. Em gravação divulgada pelos jornais, Milton Ribeiro disse que a prioridade dada a demandas dos pastores tinha sido um "pedido especial" de Bolsonaro. Gilmar e Arilton teriam intermediado R$ 9,7 milhões em pouco mais de um ano, dinheiro direcionado a 48 municípios. Em 26, os prefeitos receberam recursos próprios do FNDE. Nas outras 22 cidades, o dinheiro teria saído das emendas do "orçamento secreto".

Segundo o relato do prefeito Gilberto Braga (PSDB), da cidade maranhense de Luís Domingues, Arilton pediu R$ 15 mil antecipados para trabalhar pela liberação de verbas ao município junto ao Ministério da Educação em 2021. Além disso, solicitou um quilo de ouro após a liberação dos recursos. O prefeito não teria recebido repasses por rejeitar o acerto.

O prefeito Professor Kelton Pinheiro (Cidadania), de Bonfinópolis, em Goiás, afirmou que Arilton queria R$ 30 mil para liberar dinheiro do ministério e ainda sugeriu que ele comprasse mil bíblias, a R$ 50 cada uma – todas impressas na gráfica do pastor Gilmar – a fim de serem distribuídas em Bonfinópolis. De acordo com o prefeito, Arilton chegou a propor o abatimento de 50% na propina, reduzindo-a para R$ 15 mil, desde que recebesse o dinheiro no mesmo dia. Conforme o relato do prefeito, o pastor teria dito a ele que precisava do pagamento naquele mesmo dia e explicou por quê:

– Eu preciso desse pagamento hoje, porque vocês, políticos, não têm palavra, vocês não cumprem com o que prometem. Depois eu coloco o recurso lá e você nem me paga.

O prefeito do município paulista de Boa Esperança do Sul, José Manoel de Souza (PP), confirmaria o esquema. Para ter uma escola profissionalizante na cidade, denunciou que Arilton exigia um depósito de R$ 40 mil em seu nome "para ajudar a igreja". Por não fazer o repasse, também esse prefeito ficou sem as verbas para a educação. O caso do gabinete paralelo derrubaria o ministro Milton Ribeiro em 28 de março de 2022.

No dia 22 de junho de 2022, quando o manuscrito deste livro já estava em gráfica, a Polícia Federal prendeu Milton Ribeiro por suspeita de corrupção e tráfico de influência durante a sua gestão no Ministério da Educação. As ordens de prisão também alcançaram os pastores Arilton Moura e Gilmar Santos. Até o mandato presidencial de Jair Bolsonaro, o Ministério da Educação havia sido um dos únicos, juntamente com os ministérios da Fazenda e das Relações Exteriores, a ser resguardado de nomeações de natureza político-partidária, em virtude de sua missão estratégica. Por isso, se manteve distante dos sucessivos escândalos de corrupção. Com a nomeação de Milton Ribeiro e os pastores lobistas, a gestão do ministério mudou, abalando seriamente o discurso de que Jair Bolsonaro não permitiria corrupção em seu governo.

Logo estouraria outro escândalo no FNDE, dessa vez em torno de uma licitação para a compra de ônibus escolares. A denúncia foi feita pela própria área técnica do órgão, que não aceitou o preço proposto pela cúpula do FNDE, de até R$ 567 mil por veículo – o custo máximo deveria ser de R$ 361 mil. A aquisição de 3.850 ônibus sairia por cerca de R$ 2,1 bilhões, com um acréscimo injustificado de mais de R$ 700 milhões sobre o preço final. Presidente do FNDE, Marcelo Ponte chegou ao cargo por indicação do ministro da Casa Civil, Ciro Nogueira (PP). Ao lado de Marcelo Ponte, operara a licitação suspeita um diretor do FNDE de nome Garigham Amarante. Uma indicação do presidente do PL, Valdemar Costa Neto.

Em mais uma confusão envolvendo o Ministério da Educação, o TCU determinou a suspensão de contratos de compra de kits de robótica para escolas de Alagoas. Segundo o jornal *Folha de S. Paulo*, R$ 26 milhões do "orçamento secreto" foram injetados na aquisição desses kits – R$ 14 mil a unidade, transação com suspeita de preços superfaturados. A reportagem registrou a suposta participação do deputado Arthur Lira no negócio. Uma das escolhidas para receber os tais kits, a Escola Municipal Benjamin Sodré, na cidade alagoana de Canapi, não dispunha sequer de água encanada.

Ainda a propósito da queda do ministro Milton Ribeiro, o editorial de *O Estado de S. Paulo* de 23 de março de 2022, intitulado "Trinta moedas pela educação", registrou: "É inconcebível que a definição de políticas públicas educacionais, responsabilidade fundamental do Estado, seja entregue, sem controle e sem transparência, a lideranças religiosas, sem vínculo com a administração pública. É grave traição da República." Se aplicarmos o raciocínio do editorial do *Estadão* aos fatos revelados nos oito capítulos deste livro, vamos concluir que a República vem sendo traída faz décadas. E, considerando o número de novos escândalos que surgiram ao longo dos 17 meses em que este livro foi escrito, concluímos que, em pouco tempo, haverá material para um novo volume.

Na verdade, a enorme quantidade de dados sobre esquemas, desvios, subornos e apropriações de dinheiro público tornou-se um desafio para elaborar este *20 anos de corrupção*. Se tudo o que foi revelado nas últimas duas décadas fosse incluído, teríamos centenas de páginas e o leitor seria atropelado por um caminhão de informações. Mesmo adotando um critério seletivo, é possível que o texto peque pelo excesso de informações.

De toda sorte, alguns casos de corrupção que não constam no corpo do livro estão registrados em seguida, em dois Apêndices. O primeiro trata do tríplex do Guarujá, do sítio em Atibaia e de mais 13 imóveis associados a Lula e aos ex-ministros José Dirceu e Antonio Palocci, que, segundo as investigações, constituíram propriedades ocultas ou imóveis remodelados com dinheiro desviado de contratos firmados entre empresas privadas e estatais administradas pelo governo federal.

O segundo Apêndice se refere ao mecanismo das "transferências especiais", ou "emendas cheque em branco", adotadas pelo presidente Bolsonaro para favorecer parlamentares, à semelhança das "emendas extraordinárias" do "orçamento secreto". O texto também aborda as transações imobiliárias utilizadas pela família Bolsonaro para dar origem – ou lavar – recursos oriundos de "rachadinhas". Além disso, traz histórias de personagens do entorno de Bolsonaro e descreve escândalos relacionados à pandemia da Covid-19, com destaque para a compra suspeita da vacina Covaxin.

Ao redigir estas páginas, o que preocupou este repórter não foi apenas a questão da punição – ou não – dos responsáveis por malas abarrotadas de dinheiro e pela manutenção de contas bancárias milionárias no exterior. Depois de meses de pesquisa e escrita, tiraram o sono do autor os pensamentos sobre o que poderia ter sido feito com os bilhões de reais desviados nesses 20 anos. Afinal, esse é o maior prejuízo provocado pela corrupção, contínua e endêmica, que nos aflige. Esse é o custo oculto, poucas vezes lembrado, mas que todos pagamos: salas de aula não reformadas, falta de remédios nos postos de saúde, escolas e creches não construídas, hospitais inexistentes, falta crônica de sistemas de abastecimento de água e de tratamento de esgoto, obras de infraestrutura que morrem ainda no papel.

Se levarmos em conta apenas os R$ 100 bilhões "desperdiçados" com o petrolão (desvios e prejuízos à Petrobras) e o "orçamento secreto" (anos de 2020 e 2021, além da previsão para 2022), os desvios terão jogado fora recursos suficientes para construir 2,5 milhões de casas populares de 50 metros quadrados cada uma, tomando por base R$ 800 por metro quadrado de área construída – uma média aproximada do custo da edificação nas duas décadas retratadas neste livro.

Nesse período, portanto, o governo federal poderia ter erguido moradias para até 12,5 milhões de brasileiros sem-teto, beneficiando um contingente equivalente ao da população da cidade de São Paulo, a maior do país. Os mais pobres, justamente os que mais necessitam da ação do poder público, são os que pagam o maior preço pela corrupção. E a real consequência dos fatos e das práticas aqui relatadas é a continuidade do ciclo de desigualdade, pobreza e subdesenvolvimento que vivemos.

Apêndice 1

O TRÍPLEX NO GUARUJÁ E O SÍTIO EM ATIBAIA

Delações premiadas apontam uma série de 15 imóveis adquiridos ou remodelados irregularmente por Lula, Dirceu e Palocci

Investigado pela suspeita de receber valores do esquema de corrupção na Petrobras, Lula sofreu condução coercitiva em 4 de março de 2016 e foi forçado a depor na Polícia Federal. O motivo dessa prisão cautelar de curta duração foi a existência de duas propriedades em São Paulo possivelmente encobertas pelo ex-presidente da República – um apartamento no balneário do Guarujá e um sítio em Atibaia, no interior do estado.

A história sobre a propriedade no Guarujá começou, formalmente, em 2005, quando a então primeira-dama, Marisa

Letícia, adquiriu a opção de compra de um imóvel-padrão, de 82 metros quadrados, no futuro Condomínio Solaris. Tratava-se de empreendimento imobiliário da Cooperativa Habitacional dos Bancários de São Paulo (Bancoop), entidade vinculada ao Sindicato dos Bancários de São Paulo. Com o tempo, porém, a família se decidiria por uma cobertura no prédio, um tríplex de 215 metros quadrados com vista para a praia das Astúrias. Era o melhor apartamento do Solaris.

Ministro de Lula e Dilma, Ricardo Berzoini (PT) presidiu a Bancoop. João Vaccari Neto, tesoureiro do PT, também. A cooperativa quebraria em 2010, em meio a um escândalo de desvio de dinheiro dos associados. No ano anterior, já em crise, Lula intercedera para que a OAS, do empresário Léo Pinheiro, assumisse as obras de construção do condomínio. O caso viria a público pela revista *Veja* e pelo jornal *O Globo* em dezembro de 2014, em reportagens que relatavam a ida de Marisa Letícia ao Guarujá, em junho, para pegar as chaves do tríplex. A cobertura, porém, estava em nome da OAS, indício de que, remodelada e decorada para a família do ex--presidente, constituía uma propriedade oculta.

O imóvel tinha três quartos, suíte, cinco banheiros, dependência de empregados, sala de estar, sala de TV, varanda gourmet e área para festas com sauna e piscina. Os Lula da Silva modificaram a planta original, introduzindo, por exemplo, um elevador privativo para ligar os três andares e um escritório. A reportagem da *Veja* sublinhou o sigilo das reformas. As fechaduras eram trocadas toda semana e, em dias de vistoria, dispensavam-se operários para não perturbarem os proprietários. Nas dependências do edifício, entretanto, os vizinhos reconheceram a ex-primeira-dama e Fábio Luís Lula da Silva, o Lulinha, primogênito do casal.

As reformas no tríplex custaram quase R$ 800 mil. A OAS providenciou um novo acabamento, a impermeabilização, o refazimento da piscina, a troca de escadas e a instalação do elevador. Um e-mail do empresário Léo Pinheiro registrou que só o elevador custara quase R$ 400 mil. Entre outros itens, foram adquiridos pela OAS para a reforma: tampo de pia, R$ 50 mil; porcelanato das salas de estar, de jantar e de TV, além dos quartos, R$ 28 mil; escada caracol, R$ 24 mil; escada de acesso à cobertura, R$ 19 mil; rodapés em porcelanato, R$ 15 mil; geladeira, R$ 10 mil; forno elétrico, R$ 9 mil; deck da piscina, R$ 9 mil e forno de micro-ondas, R$ 5 mil.

O *Jornal Nacional* exibiu em 3 de março de 2016 uma foto de Lula ao lado de Léo Pinheiro nas dependências do apartamento. Os dois foram fotografados enquanto conversavam, ao lado de uma escada interna. Prova de que Lula esteve no imóvel. Na época, condenado por corrupção, lavagem de dinheiro e organização criminosa, o dono da OAS procurava fechar acordo de delação premiada com a Lava Jato. Léo Pinheiro respondia em liberdade, mas temia voltar para a prisão. O empresário declarou aos investigadores:

— O apartamento era do presidente Lula. Desde o dia que me passaram para estudar os empreendimentos da Bancoop, já me foi dito que era do Lula e de sua família, e que eu não comercializasse e tratasse aquilo como propriedade do presidente.

O Ministério Público de São Paulo denunciou Lula. Para os promotores paulistas, Lula cometeu "cegueira deliberada" ao alegar desconhecimento sobre a origem ilegal dos recursos usados na reforma.

Zelador do Edifício Solaris, José Afonso Pinheiro foi chamado a depor na Justiça Federal de Curitiba. Em 16 de dezembro de 2016, relatou que havia sido instruído a negar que o tríplex pertencesse a Lula – por ordem de Igor Pontes, engenheiro da OAS, dizia que a própria OAS era a proprietária do apartamento. Segundo o zelador, no entanto, todos no condomínio sabiam que Lula era o verdadeiro dono. Demitiram José Afonso Pinheiro.

Um pouco antes, em 26 de agosto, a Polícia Federal já indiciara Lula por corrupção passiva, falsidade ideológica e lavagem de dinheiro na investigação do tríplex. O Ministério Público Federal o denunciou em seguida. Para os procuradores, com o apartamento o ex-presidente se beneficiou de R$ 2,4 milhões ilícitos. A soma incluía o valor do imóvel, de R$ 1,1 milhão, mais as reformas e benfeitorias, no valor de R$ 1,3 milhão.

De acordo com Léo Pinheiro, ele foi avisado de que o imóvel pertencia a Lula pelo então presidente da Bancoop, João Vaccari Neto. E Paulo Okamotto, presidente do Instituto Lula, pediu que o tríplex ficasse em nome da OAS. Em 2014, Lula procurou Léo Pinheiro, pois desejava levar a esposa para visitar o apartamento. O empreiteiro acompanhou o casal. A inspeção durou duas horas, ocasião em que Lula foi fotografado dentro do imóvel. Em seguida, a OAS começou a reformar o tríplex – com autorização de Vaccari Neto, a empreiteira descontava as despesas com as obras do "encontro de contas" entre OAS e PT. Sobre esse acerto, feito às escondidas, Léo Pinheiro diria:

– Claro que [Lula] sabia. [...] Usei valores de pagamento de propinas para fazer o encontro de contas. Em vez de pagar "x", paguei "x" menos despesas que entraram no encontro de contas. Fiz apenas o não pagamento do que era devido de propina.

Em outro momento de suas confissões, o dono da OAS relataria:

– Na última visita ao apartamento, eu estive com a dona Marisa e o filho do presidente, o Fábio, em agosto de 2014. Uma solicitação dela foi que a família queria passar as festas de fim de ano no apartamento. Ficamos de entregar tudo. Fui preso em novembro, não sei como isso acabou.

Léo Pinheiro ainda contaria que Lula, durante uma reunião na sede do Instituto Lula, em 2014, mandou-o destruir as provas do "acerto":

– São vários encontros onde o presidente, textualmente, me fez a seguinte pergunta... Até notei que ele estava um pouquinho irritado... "Léo, você fez algum pagamento ao João Vaccari no exterior?" Eu disse: "Não, presidente, eu nunca fiz pagamento dessas contas que temos com Vaccari no exterior." "Como é que você está procedendo os pagamentos para o PT através do João Vaccari?" "Estou fazendo através de orientação do Vaccari, de caixa dois, de doações diversas que fizemos a diretórios."

Ainda conforme relato de Léo Pinheiro, Lula, então, determinou:

– Você tem algum registro de encontro de contas, de alguma coisa feita com Vaccari com você? Se tiver, destrua.

Da denúncia do MPF contra Lula: "Após assumir o cargo de presidente, Lula comandou a formação de um esquema delituoso de desvio de recursos públicos destinados a enriquecer ilicitamente, bem como, visando à perpetuação criminosa no poder, comprar apoio parlamentar e financiar caras campanhas eleitorais." Em 5 de outubro de 2016, em sessão histórica, o Supremo Tribunal Federal deu aval à possibilidade de prisão de condenados pela Justiça em segunda instância, permitindo, portanto, prisões antes de esgotados todos os recursos judiciais. A medida seria um golpe na morosidade da Justiça e na impunidade – e esperança de novos tempos no Brasil, onde os crimes de colarinho-branco quase nunca levavam à cadeia.

A condenação inicial de Lula, por corrupção e lavagem de dinheiro
A OAS reformou o tríplex para satisfazer o ex-presidente da República

Em 12 de julho de 2017, o então juiz Sergio Moro condenou Lula a nove anos e seis meses de prisão por crimes de corrupção passiva e lavagem de dinheiro ligados ao caso do tríplex. Parecia inquestionável: por que a OAS reformaria apartamento de prédio recém-concluído, pronto para ser habitado, introduzindo uma série de itens novos que não faziam parte do projeto original, como um elevador interno para os três andares? Qual a razão para as obras, a não ser satisfazer os donos exigentes que desejavam adaptar o tríplex às suas necessidades?

Em decisão de 24 de janeiro de 2018, três desembargadores do Tribunal Regional Federal da 4ª Região (TRF-4), em Porto Alegre, não só confirmariam a sentença de Moro como também aumentariam a pena para 12 anos e um mês de prisão, além de condenar o ex-presidente a pagar uma multa de R$ 1,3 milhão. Relator do processo, o juiz João Pedro Gebran Neto concluiu que Lula atuou como "avalista" e "comandante" do esquema de corrupção na Petrobras. A entrega do tríplex para a família Lula da Silva abateria parte da propina que já era repassada pela OAS – contrapartida pelos contratos da empresa na Petrobras. Em seu relatório, o juiz escreveria: "Há provas acima de razoáveis de que o ex-presidente foi um dos articuladores, senão o principal, de um amplo esquema de corrupção."

Após a condenação em segunda instância, cinco ministros do Superior Tribunal de Justiça negaram, por unanimidade, em 6 de março de 2018, *habeas corpus* preventivo para evitar a prisão de Lula antes de esgotados todos os recursos judiciais. Quase um mês depois, em 4 de abril, o STF negou outro *habeas corpus* preventivo por seis votos a cinco. No dia seguinte, o juiz Sergio Moro ordenou, pela primeira vez no Brasil, a prisão de um ex-presidente da República condenado criminalmente. Lula logo dirigiu-se ao Sindicato dos Metalúrgicos do ABC, em São Bernardo do Campo. Não se entregou. Uma multidão de aliados tomou as ruas em torno do prédio, numa espécie de vigília.

Após dois dias, em 7 de abril, Lula deixou o sindicato e entrou em uma viatura da PF. Na sede da corporação, em Curitiba, separado de outros presos, ficou em uma sala de

15 metros quadrados, com banheiro exclusivo e aparelho de TV. Por causa do tríplex, o ex-presidente ficou preso um ano e sete meses, ao longo dos quais pôde receber visitas e dispor de duas horas de banho de sol por dia. Por decisão do STJ, o total da pena seria reduzido para oito anos, dez meses e 20 dias. O ex-presidente foi condenado, portanto, em três instâncias da Justiça no caso do tríplex.

Em 7 de novembro de 2019, porém, o Supremo voltou atrás, por seis votos a cinco: passou a valer novamente o entendimento de que a execução provisória de pena feria o princípio da presunção de inocência. A medida concedia o direito de que réus condenados respondessem em liberdade até o julgamento do último recurso judicial. O novo posicionamento do STF permitiu a soltura de Lula – e de tantos mais. O Brasil voltava ao seu "normal" – à impunidade dos crimes de corrupção. Como se políticos não ceifassem vidas, ao desviar verbas e inviabilizar a construção de hospitais, presídios e escolas, para ficar só nesses exemplos.

Tratemos agora do Sítio Santa Bárbara, em Atibaia, outra propriedade da qual Lula teria tomado posse de forma oculta. Nesse caso, a juíza federal Gabriela Hardt o condenou a 12 anos e 11 meses de prisão por corrupção passiva e lavagem de dinheiro. Em 6 de maio de 2020, o TRF-4 aumentaria a pena para 17 anos, um mês e dez dias. No entanto, a decisão do STF, tomada em 7 de novembro do ano anterior, manteria o ex-presidente longe da cadeia.

Com área de 173 mil metros quadrados e comprado por R$ 1,5 milhão em outubro de 2010, dois meses antes do término do segundo mandato de Lula, o sítio foi registrado em nome de Jonas Suassuna e Fernando Bittar, sócios de Lulinha. O vínculo de Lula com o tríplex e o sítio ficaria evidente com a descoberta de que a OAS comprara na mesma loja (a Kitchens, situada no bairro dos Jardins, em São Paulo), usando dinheiro vivo, tanto itens para o imóvel no Guarujá quanto utensílios para a propriedade em Atibaia. Somadas, as aquisições custaram R$ 560 mil. Só os eletrodomésticos para as duas cozinhas sob investigação – tudo adquirido pela OAS na loja – saíram por R$ 312 mil.

Chamado a dar explicações ao Ministério Público, um funcionário da Kitchens relatou que Paulo Gordilho, executivo da OAS, comprara R$ 180 mil em eletrodomésticos e móveis para o sítio e pedira a emissão de nota fiscal em nome de Fernando Bittar. Ao depor à Lava Jato em 8 de março de 2016, Bittar diria que Marisa Letícia coordenara as obras. Negou saber quem arcava com os custos, mas sugeriu que a ex-primeira-dama pudesse esclarecer. Bittar não teria feito os pagamentos. Só a cozinha gourmet, pronta em 2014, custara R$ 252 mil.

Em uma mensagem de Paulo Gordilho de 9 de fevereiro de 2014 interceptada pela Polícia Federal, o então executivo comentava um encontro tido com Lula no Sítio Santa Bárbara: "Bebemos eu e ele uma garrafa de cachaça da boa Havana mineira e umas 15 cervejas." Com o próprio celular, Gordilho ainda se fotografou ao lado de Lula, na área da churrasqueira. A foto integrou o laudo da Polícia Federal, mas o ex-presidente, ao depor, negou conhecer Gordilho.

O grosso do trabalho no sítio, entretanto, não ficara a cargo da OAS, e sim da Odebrecht. Funcionários da empresa reformaram as duas casas da propriedade no início de 2011. A parte mais cara, a edificação da edícula com quatro suítes, custara R$ 322 mil. Foram construídos ainda um campo de futebol, sauna, adega e, no antigo lago, instalados tanques de criação de peixes para pescaria. Operários trabalhavam dias, noites e fins de semana. Receberam pagamento em dinheiro vivo. Ao todo, as obras e os serviços pagos pela Odebrecht saíram por R$ 1,2 milhão.

O envolvimento da empreiteira na remodelação do Sítio Santa Bárbara mostrou-se inquestionável em 29 de janeiro de 2016, quando a *Folha de S. Paulo* publicou uma reportagem que revelava o depósito que havia fornecido materiais de construção para as obras. Ficava em Atibaia. Ali, foram feitas despesas de R$ 500 mil, diluídas em notas fiscais para várias empresas, todas supostamente ligadas à Odebrecht. Os pagamentos eram semanais. Um homem passava às sextas-feiras no depósito, de propriedade de Patrícia Fabiana Melo Nunes, e acertava de R$ 75 mil a R$ 90 mil, sempre em dinheiro vivo. Patrícia concedeu entrevista ao jornal:

– Era uma mala que tinha outros valores, para pagar pedreiros, serventes. Ele tirava envelopes de papel. Dava para ver que tinha uma organização na mala, para ser rápido, pagar o pessoal e ir embora. Ele só fazia isso.

Além do tríplex e do sítio, havia a cobertura do Edifício Green Hill, em São Bernardo
Um primo de José Carlos Bumlai "comprou" e "alugou" o apartamento

A pressa inicial para reformar o Sítio Santa Bárbara provavelmente deveu-se à proximidade do fim do mandato do presidente Lula. Ao menos um caminhão de mudança partiu de Brasília, em janeiro de 2011, com pertences transportados para a propriedade em Atibaia: 200 caixas com artigos de arte, presentes e vinhos. Havia 37 caixas de bebidas. Executivo da Odebrecht, Alexandrino Alencar ficou amigo de Lula. Em 13 de abril de 2017, ao prestar depoimento em sua delação premiada, contaria que funcionários trabalharam nas obras usando macacões sem identificação da empresa. Quanto aos serviços, o objetivo era bajular Lula:

– A pessoa te pede. É um valor, digamos, nenhuma coisa absurda. É um agrado a se fazer a uma pessoa que teve essa relação toda com o grupo durante esse tempo todo. É uma retribuição, sem dúvida nenhuma.

Conforme a delação de Alexandrino Alencar, a empreiteira designou dezenas de operários para construir novos cômodos na sede e realizar obras no lago da propriedade. Só esses gastos chegariam a R$ 500 mil. Mas a intimidade dos Lula da Silva com o sítio ficaria definitivamente patente com a inserção do nome de netos do ex-presidente em pedalinhos adquiridos para o lago. Ainda em 2010, José Zunga Alves de Lima, funcionário da empresa de telefonia Oi, tido como amigo de Lula, providenciou a instalação de antena de celular e internet a poucos metros do sítio. Custo de R$ 1 milhão. A Oi era ligada à empreiteira Andrade Gutierrez. A "torre do Lula" era mais um mimo suspeito.

Num primeiro momento, dirigentes da Odebrecht negaram participação na reforma, como, aliás, em todos os crimes relacionados ao petrolão. Seus executivos acabariam por fazer uma delação premiada que entrou para a história. No caso dos trabalhos no sítio, reconheceram que a empreiteira atuou fazendo "o acompanhamento técnico das obras". Eventuais dúvidas sobre a propriedade oculta do Santa Bárbara teriam sido novamente dirimidas em 16 de março de 2016, quando a Polícia Federal divulgou o laudo de uma operação de busca e apreensão no imóvel. Na suíte principal, foram encontrados pertences de Lula. No banheiro da suíte, remédios de Marisa Letícia. A PF comprovou ainda a instalação de alojamento para seguranças e flagrou um barco com a inscrição "Lula & Marisa".

Entre as provas elencadas na denúncia do MPF, constavam 270 viagens ao sítio em veículos a serviço de Lula, instalação de câmeras de segurança por agentes da guarda pessoal do ex-presidente e até cardápios de almoços realizados na propriedade e encaminhados por e-mail ao Instituto Lula. Não existiam registros de que o ex-presidente da República houvesse quitado alguma das despesas relacionadas ao sítio.

A Receita Federal ainda considerou uma simulação o repasse de R$ 1,3 milhão do Instituto Lula à G4 Entretenimento – dos sócios Lulinha e Bittar, um dos "donos" do sítio. Não havia prestação de serviços para justificar a transferência do dinheiro. Ficou a suspeita de que teriam usado o valor de R$ 1,3 milhão para pagar a aquisição da propriedade. Com tanta publicidade, ladrões acabaram arrombando o imóvel e levaram objetos, aparelhos de TV e DVD, garrafas de vinho importado e caixas de charutos cubanos. Dois foram presos.

Mais dois imóveis, supostas propriedades encobertas, foram associados pelos investigadores da Lava Jato a Lula. Um deles era a cobertura alugada pelo PT em São Bernardo do Campo ao lado da residência de Lula, também uma cobertura, no Edifício Green Hill. No início de seu governo, em 2003, o então presidente passou a usar também esse apartamento vizinho ao seu, tendo em vista ampliar o espaço e obter melhores condições de segurança. Uma passagem interna ligava os dois imóveis. Na prática, viraram um só. No segundo mandato, o governo federal assumiu os custos de locação e, assim, as duas coberturas permaneceram sob o controle de Lula.

O problema viria em 2011. Um primo do pecuarista José Carlos Bumlai, próximo de Lula, surgiu como comprador do apartamento vizinho ao do já ex-presidente. Glaucos da Costamarques o teria adquirido por R$ 500 mil e, supostamente, alugado para Marisa Letícia. A Polícia Federal indiciou Lula pela suspeita de que Costamarques seria apenas um testa de ferro da transação. O contrato de locação, de fevereiro de 2011, não teria passado de arranjo. Não havia indicações de pagamentos de aluguel até novembro de 2015, quando o caso se tornou conhecido. O registro do imóvel, em nome de Costamarques, teria sido, conforme as suspeitas da Lava Jato, uma jogada armada pelo advogado Roberto Teixeira, amigo histórico de Lula.

O enrosco do apartamento misturou-se ao de outra propriedade suspeita – um terreno para abrigar uma nova sede do Instituto Lula, na rua Dr. Haberbeck Brandão, 178, na Zona Sul de São Paulo. Ambos os imóveis envolveriam propina da Odebrecht. O terreno fora adquirido pela DAG Construtora, ligada à empresa. Intrigavam os investigadores dois repasses da DAG: R$ 800 mil a Costamarques; e R$ 219 mil ao escritório de Roberto Teixeira.

Planilha da Odebrecht registrava R$ 12 milhões para "Prédio (IL)" – menção ao Instituto Lula. Afinal, a construção não foi efetivada e os R$ 12 milhões, segundo as confissões de executivos da Odebrecht, retornaram à "conta-corrente" batizada de "Amigo". Tratava-se de uma reserva de dinheiro abastecida com caixa dois pela empreiteira, cuja finalidade era manter o ex-presidente como um político influente mesmo após deixar o Palácio do Planalto.

Costamarques alugara o apartamento para os "vizinhos", mas não havia evidências de que recebera qualquer pagamento ao longo de quase cinco anos. Nove meses após a denúncia sobre as suspeitas relacionadas à cobertura do Edifício Green Hill, advogados de Lula apresentaram 26 recibos de aluguel à Justiça – os prováveis comprovantes de que o apartamento não era uma propriedade oculta do ex-presidente. Detalhe: os recibos atestavam quitações em "moeda corrente", ou seja, em dinheiro vivo. Portanto, não existiam comprovantes bancários de pagamentos de aluguel.

Evidência de fraude: na hora da confecção dos recibos, realizada provavelmente às pressas, foram feitos dois documentos com datas inexistentes: 31 de junho de 2014 e 31 de novembro de 2015. Além disso, vários recibos continham erros de grafia idênticos, um indício de que haviam sido impressos de uma única vez. Interrogado, Costamarques admitiu que, a pedido do advogado Roberto Teixeira, assinara 12 recibos com uma só penada.

Mais imóveis suspeitos, atribuídos aos ex-ministros Dirceu e Palocci
Os dois serviram aos presidentes Lula e Dilma e acumulariam vários bens

Por muito tempo os ex-ministros José Dirceu e Antonio Palocci estiveram entre os mais proeminentes militantes da história do PT. Também eles tiveram imóveis considerados suspeitos pelos investigadores. No caso de Dirceu, um imóvel adquirido em 2012 que servia de sede à JD Assessoria e Consultoria, empresa de sua propriedade, tornou-se foco de investigação. A bela casa, localizada na avenida República do Líbano, 1.827, na privilegiada região do Parque Ibirapuera, Zona Sul de São Paulo, custara R$ 1,6 milhão. Uma das parcelas do negócio, no valor de R$ 400 mil, havia sido paga por Milton Pascowitch, operador financeiro que a Lava Jato identificou como intermediário entre o cartel que agia na Petrobras, a Diretoria de Serviços da estatal e o caixa do PT.

A JD foi contratada por quatro fornecedoras da Petrobras: UTC, por R$ 3,1 milhões; OAS, por R$ 3 milhões; Engevix, por R$ 2,6 milhões; e Camargo Corrêa, por R$ 900 mil. Parte desses repasses ocorreu no período em que Dirceu esteve preso, condenado pelos crimes do escândalo do mensalão. Em sua delação, Pascowitch confessou que uma firma em seu nome repassou R$ 1,4 milhão à JD. De acordo com a Lava Jato, Dirceu atuaria na defesa de interesses da Engevix na Petrobras. Pagariam-no por isso. Com dinheiro da Engevix, Pascowitch quitou a reforma de outra casa suspeita de Dirceu, esta num condomínio de luxo em Vinhedo, interior de São Paulo. Por R$ 1,3 milhão, Pascowitch deixou a cargo da arquiteta Daniela Facchini a reforma do imóvel.

A arquiteta mostrou às autoridades uma lista de utensílios adquiridos para a casa de Vinhedo. Sofás, poltronas e mesas de centro da sala custaram R$ 140 mil. Persianas das janelas, R$ 31 mil. Cada pufe, R$ 4.300. A casa tinha, ainda, duas suítes, sistema de TV com projeção de imagens em película na sala de estar, sala de reunião, terraço, deck externo e projeto paisagístico. O terceiro imóvel suspeito vinculado a Dirceu ficava na Zona Sul de São Paulo e era avaliado em R$ 700 mil. Apesar de estar em nome de seu irmão, Luiz Eduardo de Oliveira e Silva, seria a residência de Dirceu na capital paulista. Pascowitch também bancou uma suposta reforma de R$ 1,2 milhão (parte em dinheiro vivo) realizada nesse apartamento.

A quarta transação suspeita atrelada a José Dirceu: a casa de sua mãe, no município mineiro de Passa Quatro, registrada em nome da TGS Consultoria, de Júlio César dos Santos, um sócio minoritário da JD. O imóvel custara R$ 250 mil em 2004. A casa de Vinhedo também estava em nome da mesma TGS Consultoria. Pascowitch ainda usou sua firma e comprou, por R$ 500 mil, um quinto imóvel em São Paulo, este para a filha de Dirceu. Pagou viagens aéreas ao político. Comprou a metade de um avião Cessna para o petista, aquisição desfeita em 2011 após a divulgação de imagens do ex-ministro na aeronave. Dirceu decidiria comprar o avião quando passaram a hostilizá-lo nos aeroportos e nos aviões comerciais.

Chamado pela Polícia Federal a explicar por que as aquisições imobiliárias não transitaram por contas bancárias, José Dirceu manteve-se em silêncio. Sua prisão preventiva teve repercussão internacional. A Lava Jato o acusou de instituir o sistema de corrupção que vigorou na Petrobras na gestão Lula. Presidente do PT de 1995 a 2002, ele foi o braço direito do presidente no primeiro mandato. Com a revelação dos desvios de dinheiro do mensalão, Dirceu caiu da Casa Civil da Presidência da República. A Câmara cassou seu mandato de deputado. Condenado pelo STF por corrupção no caso do mensalão, ficou preso quase um ano. Denunciado por enriquecimento ilícito no petrolão, voltou para a cadeia. Cumpria pena em regime domiciliar.

A Polícia Federal prendeu Dirceu em sua casa de Brasília, no Lago Sul, em 3 de agosto de 2015. Investigações concluíram não haver provas de que a sua JD Assessoria e Consultoria cumprisse os serviços contratados. Para a Lava Jato, pessoas jurídicas que mantinham negócios com o governo federal acertavam repasses de propina fazendo a entrega de dinheiro à JD. Na coletiva de imprensa realizada na manhã da prisão, o procurador da República Carlos Fernando dos Santos Lima comparou o mensalão ao petrolão. Segundo ele, os dois escândalos possuíam o mesmo DNA suspeito iniciado no governo de Lula e estendido ao da presidente Dilma:

– Não há muita diferença. A responsabilidade de Dirceu é evidente lá [*no mensalão*], mas também aqui [*petrolão*], como beneficiário. Ao mesmo tempo que naquele governo [*de Lula*], José Dirceu determinou a realização [*do mensalão*], também determinou este esquema [*petrolão*]. Agora, não mais como partidário, mas para enriquecimento pessoal.

A Lava Jato decretou o confisco da sede da JD, da residência em Vinhedo e da casa em Passa Quatro. Determinou que todos os imóveis sob o controle de Dirceu fossem leiloados, inclusive a propriedade em nome de sua filha. Entre as condenações de Dirceu, o caso mais grave foi o recebimento de R$ 15 milhões em propina por meio de desvios em contratos firmados entre a Petrobras e a Engevix. O Tribunal Regional Federal da 4ª Região confirmou a condenação. E, em 19 de abril de 2022, veio a decisão do Superior Tribunal de Justiça. Por unanimidade, a Quarta Turma do STJ manteve 27 anos de prisão para o ex-ministro. Além de corrupção e associação criminosa, sentenciou-o pela lavagem de R$ 10 milhões.

Dirceu, porém, estava livre do cárcere desde novembro de 2019, beneficiado pela decisão do STF que derrubou a possibilidade de execução das penas de prisão após condenações em segunda instância.

Quanto a Antonio Palocci, é inegável a sua importância como ministro da Fazenda de Lula e ministro da Casa

Civil de Dilma nos quase 13 anos e meio dos governos do PT (2003-2016). Palocci foi prefeito do município paulista de Ribeirão Preto, deputado federal pelo PT e atuou como coordenador nas campanhas eleitorais que elegeram Lula e Dilma ao Palácio do Planalto. Foi preso em 26 de setembro de 2016, no âmbito da Lava Jato, sob a acusação de intermediar dinheiro suspeito da Odebrecht para o PT entre 2008 e 2013. Foi denunciado por envolvimento em acertos ilícitos e fraudes em contratos da Petrobras e em outros órgãos do governo federal. Também o acusaram por operações financeiras que beneficiaram Lula.

Em 26 de abril de 2018, *O Globo* publicou que Palocci havia fechado acordo de delação com a PF, comprometendo-se a detalhar desvios nos governos petistas. A Lava Jato identificou mais de R$ 80 milhões suspeitos sob a posse do ex-ministro: R$ 61,7 milhões em recursos repassados à Projeto Consultoria Empresarial, a firma de Palocci; R$ 17,6 milhões aplicados na compra de seis imóveis, a maioria registrada em nomes de parentes; cinco automóveis. As investigações apontaram ainda para quatro imóveis adquiridos com dinheiro de propina, todos em nome da filha e da enteada. Ao menos três deles ficavam em São Paulo – um de R$ 2 milhões, outro de R$ 1,4 milhão. E mais um escritório de 180 metros quadrados no valor de R$ 800 mil.

A joia das propriedades compradas por Palocci era um apartamento de R$ 6,6 milhões, com área de 500 metros quadrados, em um andar inteiro do Condomínio Dante Alighieri, nos Jardins, região nobre da capital paulista. Foi adquirido em 2009, quando Palocci ainda exercia mandato de deputado federal. Dez anos depois, valia R$ 12 milhões. O valor estimado do aluguel do apartamento em 2021 chegava a R$ 50 mil por mês. Foi ali que o ex-ministro ficou em prisão domiciliar, pagando um condomínio de R$ 10 mil mensais e um IPTU de R$ 4 mil mensais. O imóvel dispunha de três suítes, cinco vagas na garagem, piscina aquecida, banheira de hidromassagem e aquecimento no piso para os dias mais frios.

Apêndice 2
Transações imobiliárias em dinheiro vivo

Em meio às suspeitas de "rachadinhas" envolvendo o clã Bolsonaro, pipocam aquisições de imóveis

Como abordado no Capítulo 1, ao mesmo tempo que as denúncias sobre "rachadinhas" nos gabinetes do clã Bolsonaro ganhavam substância, reportagens sobre negócios da família envolvendo bens imobiliários com dinheiro vivo reforçavam a suspeita de que os desvios de salário alimentavam a compra de imóveis. As investigações do Ministério Público do Rio de Janeiro confirmariam a "predileção pelo uso de dinheiro em espécie". Em 1996, por exemplo, Rogéria

Nantes Nunes Braga – primeira esposa de Jair Bolsonaro e mãe de Flávio, Carlos e Eduardo – adquiriu um apartamento na Zona Norte do Rio de Janeiro por R$ 95 mil (o equivalente a R$ 620 mil em valores de 2020), em cujo registro assinalava-se que o imóvel fora comprado com "moeda corrente contada e achada certa", ou seja, dinheiro em espécie. Na época, Rogéria cumpria mandato de vereadora no Rio, mesmo cargo político de Jair Bolsonaro entre 1989 e 1990.

Em 2016, o deputado Eduardo Bolsonaro comprou por R$ 1 milhão um apartamento em Botafogo, na Zona Sul. Acertou ao menos R$ 100 mil em dinheiro vivo. Cinco anos antes, adquirira um apartamento em Copacabana, também na Zona Sul da cidade, por R$ 160 mil, dos quais R$ 50 mil foram entregues ao ex-proprietário em dinheiro vivo. Em 2003, o vereador Carlos Bolsonaro, então com 20 anos, desembolsou R$ 150 mil em cédulas para comprar um apartamento na Tijuca, na Zona Norte. Seis anos depois, arrematou um apartamento em Copacabana por um preço 70% abaixo do vigente no mercado.

Num período de 36 meses, entre 2007 e 2009, Flávio gastou, em média, apenas R$ 195 mensais em faturas de cartão de crédito – quase nada para alguém com seu padrão de vida. Por outro lado, pagou a uma corretora de ações R$ 90 mil com papel-moeda, um valor oriundo de "fontes estranhas", conforme apontariam os procuradores. Flávio fez operações suspeitas de lavagem de dinheiro de 2010 a 2017, a partir de compra e venda de 19 imóveis no Rio de Janeiro. Intrigava o MP-RJ a aquisição de 12 salas comerciais em um condomínio na Barra da Tijuca, na Zona Oeste, desde que se descobriu que o negócio envolveria um desembolso de R$ 262 mil sem justificativa aparente. Apenas 45 dias depois, Flávio vendeu sete dos imóveis, obtendo R$ 300 mil de lucro.

Em 2012, a aquisição de duas quitinetes em Copacabana daria ao primogênito de Jair Bolsonaro um lucro de R$ 813 mil (300%) em pouco mais de um ano. O então deputado estadual lucraria R$ 3 milhões após investir R$ 9,4 milhões nos 19 imóveis. Conforme o MP-RJ, havia "indícios de subfaturamento nas compras e superfaturamento nas vendas", isto é, valores inferiores aos de mercado declarados nas compras, e superiores registrados nas vendas. Os procuradores concluiriam que 65% dos valores usados na compra das salas comerciais provinham de cheques de terceiros e de depósitos em dinheiro vivo. O restante tivera origem em boletos bancários que, segundo se apurou, não foram debitados da conta do deputado.

Para justificar as transações, Flávio informou à Receita Federal ter feito empréstimos de R$ 230 mil com familiares e assessores parlamentares de seus familiares. Mas não havia movimentações bancárias que dessem lastro a tais empréstimos – esses créditos teriam sido quitados posteriormente, segundo Flávio, por ele próprio, com dinheiro vivo. Para o MP-RJ, as movimentações financeiras do casal Flávio e Fernanda mostraram um "saldo a descoberto no valor de R$ 977.611,26, correspondente à estimativa de parte do enriquecimento ilícito".

O MP-RJ analisou outras duas aquisições de Flávio no Rio – uma cobertura em Laranjeiras, na Zona Sul, e um apartamento na Barra da Tijuca. Constatou um padrão: depósitos em dinheiro; valores fracionados para passarem despercebidos; movimentações em datas próximas aos pagamentos das parcelas dos imóveis. Conforme consta no relatório do MP-RJ, "a tentativa de ocultar a origem dos depósitos omitindo a identificação do portador dos recursos decorre evidentemente do caráter ilícito dos valores integrados de forma sorrateira ao patrimônio do casal, circunstância que se depreende também da coincidência entre o período da geração de grandes quantias de dinheiro 'vivo' desviado da Alerj pelo esquema das 'rachadinhas' e a realização dos depósitos em espécie nas contas bancárias do líder da organização criminosa e de sua esposa".

No caso da cobertura em Laranjeiras, comprada por R$ 2,2 milhões em 2011, Fabrício Queiroz depositou R$ 25 mil na conta-corrente de Fernanda a fim de que o casal quitasse o sinal do imóvel. O ex-PM, contudo, cometeu um "descuido". Sacou o valor em espécie da própria conta e, em seguida, depositou-o na conta de Fernanda, evitando a transferência direta, segundo o MP, para ocultar a origem do que cairia na conta da mulher de Flávio – mas Queiroz acabou se identificando no caixa. Outro "descuido" ocorreria na véspera do pagamento da segunda parcela da cobertura. Dessa vez, o então chefe de gabinete de Flávio, Miguel Ângelo Braga Grillo, mais conhecido como Coronel Braga, da Força Aérea Brasileira, depositou R$ 20 mil na conta de Fernanda. Meia hora antes de realizar o depósito, porém, ele havia sacado o mesmo valor, em dinheiro vivo, da própria conta.

Houve outros 27 depósitos suspeitos em favor de Flávio sempre alguns dias antes da data de vencimento das parcelas do apartamento. Ao todo, foram R$ 52 mil desmembrados em valores de R$ 2 mil ou R$ 1 mil. O MP-RJ denunciou o já senador Flávio Bolsonaro em 3 de novembro de 2020, sob a acusação de peculato (desvio de dinheiro público), lavagem de dinheiro e associação criminosa. Queiroz também foi denunciado por envolvimento no esquema das "rachadinhas", além de 15 ex-assessores do então deputado na Assembleia Legislativa do Rio de Janeiro.

Para embasar a denúncia, o MP-RJ apresentou o caso da "funcionária fantasma" Luiza Souza Paes, que reconheceu ter repassado mais de 90% de seus ganhos a Queiroz. Luiza ficava com cerca de 10% do salário, ou seja, apenas R$ 700. E Queiroz ainda embolsava 13º salário, férias e até o vale-refeição da servidora "fantasma". Extratos bancários comprovariam transferências de R$ 160 mil ao ex-policial militar. No total, o MP-RJ calculou em R$ 6 milhões as somas embolsadas por Flávio com as "rachadinhas", sendo que mais de R$ 2 milhões comprovadamente repassados para a conta de Queiroz, por meio de 383 depósitos. Outros cerca de R$ 2 milhões foram disponibilizados ao deputado, em tese, "mediante saques elevados de dinheiro na boca do caixa".

Em movimento ousado, em 29 de janeiro de 2021 Flávio faria sua vigésima transação imobiliária em 16 anos: compraria uma mansão de R$ 6 milhões no setor de Mansões Dom Bosco, no Lago Sul, bairro nobre de Brasília. Com dois andares, quatro suítes, salas amplas, academia, piscina, espaço gourmet, brinquedoteca e aquecimento solar, o terreno do imóvel ocupava uma área de 2.400 metros quadrados. Seu valor equivalia a mais do que o triplo do registrado por Flávio em sua declaração de bens de 2018. As explicações do senador à imprensa:

– Eu vendi o imóvel que eu tinha no Rio de Janeiro, vendi a franquia que eu possuía também no Rio de Janeiro e dei entrada numa casa aqui em Brasília. A maior parte do valor dessa casa está sendo financiada num banco, numa taxa que foi aprovada, conforme meu rendimento familiar, como qualquer pessoa no Brasil pode fazer.

Com o salário de senador, de R$ 33.763,00 (R$ 24.906,00 líquidos), Flávio teria de quitar 360 prestações de um financiamento de R$ 3,1 milhões firmado com o BRB (Banco de Brasília), em parcelas mensais de R$ 18.744,00 ao longo de 30 anos. Levando-se em conta impostos, gastos com manutenção e despesas regulares na nova residência, é possível dizer que 100% da remuneração de Flávio, nos seis anos que ainda restavam de seu mandato de senador, seria carreado para bancar a mansão.

Conexões perigosas e os guardiões de Bolsonaro
As suspeitas que envolveram Fernando Bezerra, Chico Rodrigues e Marcelo Crivella

Alguns personagens que atuaram como guardiões do bolsonarismo se destacaram nessa trama. Foi o caso do senador Fernando Bezerra (PMDB), líder do governo no Senado ao longo da maior parte do mandato presidencial de Jair Bolsonaro. Mas voltemos ao período em que Bezerra, filiado ao PSB, era o braço direito do governador de Pernambuco,

Eduardo Campos, do mesmo partido. Para evitar "dificuldades" nas obras da Refinaria Abreu e Lima, uma das campeãs dos desvios ocorridos nos anos Lula, o diretor de Abastecimento da Petrobras Paulo Roberto Costa fez repasses de R$ 20 milhões em caixa dois a Eduardo Campos. Conforme contaria Paulo Roberto em sua delação premiada, a transação foi intermediada pelo doleiro Alberto Youssef e pelo próprio Fernando Bezerra em 2010. Na ocasião, Bezerra ocupava o cargo de secretário de Desenvolvimento de Pernambuco e comandava o Porto de Suape, por onde transitaria o petróleo beneficiado na Abreu e Lima.

Ainda de acordo com as confissões de Paulo Roberto, Bezerra pedira o dinheiro para financiar a campanha de reeleição de Eduardo Campos. Os R$ 20 milhões foram injetados por meio de várias parcelas entregues pelo consórcio Ipojuca Interligações, formado pelas empresas Iesa e Queiroz Galvão, que prestavam serviços na refinaria. Naquele mesmo 2010, Bezerra se elegeria senador. Depois, a presidente Dilma o nomearia ministro da Integração Nacional. Nesse posto, foi acusado de participar de esquema que desviou dinheiro da construção do Canal do Sertão Alagoano, uma obra de infraestrutura hídrica. Delatores da Odebrecht afirmaram que Bezerra embolsou R$ 1 milhão na época.

Entre os suspeitos de participar da ação criminosa, estavam o senador Renan Calheiros (PMDB), seu primogênito, Renan Filho (PMDB), governador de Alagoas, e Teotônio Vilela Filho (PSDB), antecessor de Renan Filho no governo do estado. Segundo a denúncia, os Renan receberam R$ 1,3 milhão. Teotônio, R$ 2,8 milhões. As empreiteiras

OAS e Queiroz Galvão também atuaram nas obras do Canal do Sertão. Juntas, teriam efetuado repasses de R$ 3,6 milhões a Renan Filho e Teotônio.

Com o tempo, o senador Fernando Bezerra tornou-se aliado de Michel Temer. Em seguida, abraçou o projeto político do presidente Bolsonaro. Em 2021, a Polícia Federal indiciou Bezerra por suspeita de corrupção, o que não foi suficiente para Bolsonaro afastá-lo do cargo de líder de seu governo no Senado. Investigavam-no pelo recebimento de R$ 10,4 milhões em suborno entre 2012 e 2014, quando era ministro de Dilma. A PF também mirava o filho do senador, deputado Fernando Coelho Filho (DEM). A propina teria sido paga em troca do direcionamento irregular de obras federais no Nordeste. Para a Polícia Federal, havia provas de diversas práticas criminosas por parte de pai e filho.

Em outra operação, a PF cumpriu mandado de busca e apreensão na casa do senador Chico Rodrigues (DEM), suspeito de integrar esquema que desviava recursos públicos do combate à pandemia de Covid-19. Na ocasião, Chico Rodrigues ocupava a posição de vice-líder do governo Bolsonaro no Senado, por indicação do próprio presidente. Durante a ação policial, realizada em 14 de outubro de 2020, foram encontrados R$ 33 mil em maços de dinheiro escondidos na cueca do político. Amigo do presidente havia mais de 20 anos, o escândalo tomou conta do noticiário. Detido em prisão domiciliar com tornozeleira eletrônica, o senador foi proibido de manter contato com outros investigados. Pedida pela Procuradoria-Geral da República, a ação da polícia visava desmantelar uma organização suspeita de desviar

R$ 20 milhões em emendas parlamentares destinadas à área da saúde. Rodrigues era suspeito de lavagem de dinheiro e obstrução de Justiça.

CPI na Assembleia Legislativa de Roraima, instalada em Boa Vista, denunciaria superfaturamento na compra emergencial de 20 mil testes rápidos para detectar Covid-19 e de produtos e serviços hospitalares. Ao que tudo indicava, Chico Rodrigues, que governou o estado em 2014, guardava vínculos com a empresa contratada por R$ 3 milhões para fornecer os testes – o que nunca ocorreu – e acobertava irregularidades e contratos sem licitação. Uma das firmas suspeitas de se beneficiar pela influência do senador dentro da Secretaria de Saúde vendeu ao governo de Roraima máscaras de proteção contra a Covid-19 por preço 36 vezes superior ao custo original (R$ 53,50 a unidade, enquanto o valor de mercado era de R$ 1,45). Segundo a CPI, só esse "negócio" proporcionou despesas de quase R$ 900 mil ao povo de Roraima.

Mais um do círculo de Bolsonaro: prefeito do Rio de Janeiro, Marcelo Crivella (PRB) foi dos principais nomes apoiados pelo presidente da República nas eleições municipais de 2020. Não se reelegeu. Em 22 de dezembro daquele ano, a nove dias do encerramento do mandato de Crivella à frente da administração municipal, o Ministério Público do Rio de Janeiro e a Polícia Civil deflagrariam a operação QG da Propina, que o levou para a cadeia. O Superior Tribunal de Justiça concederia prisão domiciliar ao prefeito afastado do cargo pela Justiça e determinaria o uso de tornozeleira eletrônica.

Conforme as investigações, empresários pagavam à prefeitura para obter contratos e, depois, para receber os valores correspondentes à suposta prestação de serviços à população. Crivella era o "01" [zero um] do esquema, suspeito de embolsar propina. Ao todo, 26 pessoas foram denunciadas. O prefeito respondeu por corrupção, lavagem de dinheiro e associação criminosa.

Segundo o MP-RJ, o QG da Propina teria arrecadado ao menos R$ 53 milhões – dinheiro pulverizado em 20 firmas de fachada, prestadoras de consultorias simuladas. Conforme a denúncia, as empresas separavam de 3% a 5% do valor dos contratos e entregavam o dinheiro ao esquema para furar a fila do recebimento dos repasses feitos pela prefeitura carioca. Durante a ação envolvendo o grupo de Crivella, policiais confiscaram duas residências de luxo, iate, 98 cavalos de raça e 280 cabeças de gado. As imagens rechearam o noticiário. Em férias em Santa Catarina, Bolsonaro não comentou a prisão de Crivella.

A mesma vacina contra a Covid-19 por US$ 1,34 e, depois, por US$ 15,00
O caso Covaxin expôs a existência de esquema de corrupção no Ministério da Saúde

O mandato de Jair Bolsonaro ficou marcado pela pandemia que afetou o mundo inteiro. Em 19 de junho de 2021, o Brasil ultrapassou a marca dos 500 mil mortos pela Covid-19. Foi um sábado sinistro. Protestos contra o presidente irromperam em todo o país. Além disso, o caso Covaxin – nome de uma vacina então desconhecida – mostraria as entranhas do governo. O escândalo iniciou-se com uma mensagem vinda da Embaixada do Brasil na Índia, em 31 de agosto de 2020. Do país asiático, a boa nova: um imunizante fabricado pelo laboratório Bharat Biotech para debelar a Covid-19 custava apenas 1,34 dólar a dose.

Menos de três meses depois, já transcorria a primeira reunião técnica do Ministério da Saúde com o produtor da Covaxin. Duas novidades, no entanto: em vez de se firmar um contrato direto com o laboratório indiano produtor da vacina, conforme se estava fazendo na compra dos demais imunizantes contra a Covid-19, agora haveria uma intermediária, a empresa brasileira Precisa Medicamentos. A outra novidade, destacada na imprensa: o preço da Covaxin acordado com o governo sofreria reajuste para 10 dólares a dose.

O presidente Jair Bolsonaro se envolveria no caso em 8 de janeiro de 2021, ao encaminhar uma carta ao primeiro-ministro da Índia, Narendra Modi, manifestando o interesse do Brasil pela Covaxin. Ainda antes de fechar negociações para adquirir as vacinas Pfizer e Janssen, originárias de laboratórios tradicionais, o Ministério da Saúde, em 25 de fevereiro de 2021, já assinava contrato com a Precisa Medicamentos. O acordo estabelecia a compra de 20 milhões de doses da Covaxin por R$ 1,6 bilhão – 15 dólares a dose, valor dez vezes superior ao preço inicial.

O governo Bolsonaro levou 11 meses para autorizar a contratação da vacina da Pfizer, imunizante fabricado com tecnologia avançada, devidamente testado, e que custava dez dólares a dose. Alegou alto custo para não apressar a aquisição. Mas decidiu pagar 50% a mais pela Covaxin, que ainda se encontrava em fase de testes e que nem sequer havia sido liberada pela Anvisa. À frente do Ministério da Saúde, o general Eduardo Pazuello tinha como braço direito o coronel da reserva Elcio Franco, secretário-executivo e segundo na hierarquia da pasta. Franco foi o responsável por fechar a transação que autorizava a compra da Covaxin, a vacina mais cara contratada pelo governo federal.

Voltemos a agosto de 2020: ao mesmo tempo que a Índia noticiava a vacina ao custo de 1,34 dólar a dose, no Brasil a Precisa Medicamentos tornava-se alvo de investigação, sob suspeita de fraudar a venda de 150 mil testes de Covid-19 para o Distrito Federal. O governador do DF, Ibaneis Rocha (PMDB), seria investigado por favorecer a empresa num contrato superfaturado de R$ 20 milhões. Dono da Precisa, Francisco Emerson Maximiano também era proprietário da Global Gestão em Saúde. Em 2017, ainda no governo Temer, o então ministro da Saúde, Ricardo Barros (PP), contratara a mesma Global Gestão em Saúde por R$ 20 milhões para prover remédios de alto custo no tratamento de doenças raras. Pagara antecipadamente. Não houve a entrega. Em 2021, ainda se tentava obter o ressarcimento do dinheiro. O mesmo Ricardo Barros, ministro de Temer, tornou-se o líder do governo Bolsonaro na Câmara.

Com base em delações premiadas, em 30 de setembro de 2021 a Polícia Federal realizou operação de busca e apreensão em endereços ligados à Global Gestão em Saúde, suspeita de estar envolvida em irregularidades nos Correios e na Petrobras – pivôs dos maiores escândalos de corrupção conhecidos no Brasil: o mensalão, em 2005, e o petrolão, a partir de 2014.

O Ministério Público de São Paulo acusou o dono da Global Gestão de pagar propina em troca de contratos nos Correios. Entre os suspeitos de receber pagamentos indevidos por conta dessas transações estavam o deputado Eduardo Cunha e os senadores Renan Calheiros e Romero Jucá, todos do PMDB. No caso do petrolão, as suspeitas referiam-se a repasses ilegais em torno de um contrato para gerenciar o fornecimento de remédios para petroleiros. O contrato seria selado em 2015, no governo Dilma, no valor de R$ 550 milhões.

O caso Covaxin pegou fogo com a denúncia que o servidor concursado Luís Ricardo Fernandes Miranda, chefe do setor de importação do Departamento de Logística do Ministério da Saúde, faria à CPI da Covid, oficialmente instalada no Senado em 27 de abril de 2021 para apurar supostas omissões do governo federal no combate à doença. Dois meses depois, Ricardo Miranda contaria à Comissão ter sofrido pressão por parte de altos funcionários do Ministério da Saúde para aprovar a compra da Covaxin. E o servidor citou o nome deles: Roberto Ferreira Dias, diretor do Departamento de Logística, um cargo estratégico no ministério; o tenente-coronel Alex Lial Marinho, coordenador-geral de Aquisições de Insumos Estratégicos para Saúde, do mesmo departamento; e o coronel da reserva Marcelo Bento Pires, coordenador logístico do Plano Nacional de Operacionalização de Vacinas contra Covid-19.

Roberto Ferreira Dias assumira a diretoria do Departamento de Logística após se desligar de cargo político no governo do Paraná, no final da administração da governadora Cida Borghetti (PP), mulher do deputado Ricardo

Barros (PP). Já atuando em Brasília, Roberto Ferreira Dias foi citado em auditoria do Tribunal de Contas da União que apurava indícios de irregularidade em processo de aquisição de insumos para testes de Covid-19. O valor do contrato sob suspeita, assinado em 21 de agosto de 2020, era alto: R$ 133 milhões.

A pressão de Roberto Ferreira Dias e dos outros dois altos funcionários sobre Ricardo Miranda era para que ele autorizasse a compra de um lote de doses da Covaxin, com prazo de validade exíguo e pagamento antecipado de 45 milhões de dólares, o que não estava previsto no contrato com o Ministério da Saúde. O valor teria de ser repassado à empresa *offshore* Madison Biotech, com sede em Singapura, conhecido paraíso fiscal que não constava no contrato. Ricardo Miranda não assinou a autorização.

Irmão do servidor Ricardo Miranda, o deputado Luis Cláudio Fernandes Miranda (DEM), até então um aliado do presidente Bolsonaro, soube da história e solicitou um encontro com o presidente da República, a fim de relatar a ele as pressões em favor do negócio da Covaxin. Bolsonaro recebeu os dois irmãos em 20 de março de 2021, um sábado, no Palácio da Alvorada. Conforme o posterior depoimento do deputado Luis Miranda à CPI da Covid, o presidente os ouviu e, no final, disse o seguinte:

– Aí ele [*o presidente Bolsonaro*] cita para mim assim: "Vocês sabem quem é, né? Vocês sabem que ali é foda e tal. Se eu mexo nisso aí, você já viu a merda que vai dar, né?" Aí ele fala assim: "Isso é fulano. Vocês sabem que é fulano, né? É mais um rolo desse..."

Segundo Luis Miranda, Bolsonaro citou o nome do deputado Ricardo Barros como o autor do "rolo". O presidente prometeu aos irmãos chamar a Polícia Federal para investigar o caso, mas não o fez.

A investigação informal e a prevaricação do presidente
Ex-ministro da Saúde, Eduardo Pazuello
agiu para blindar Jair Bolsonaro

Bolsonaro teria prevaricado, já que não comunicou formalmente a suspeita de um crime de corrupção que estaria ocorrendo no Ministério da Saúde para que a acusação fosse devidamente apurada. Nem com o escândalo nos jornais o governo cancelou o contrato da Covaxin. Apenas o suspendeu em 29 de junho de 2021 – 100 dias depois da denúncia feita pessoalmente ao presidente pelos irmãos Miranda. A suspensão do contrato se deu exatas 24 horas após ser encaminhada por senadores ao STF uma notícia-crime por prevaricação contra Bolsonaro. Finalmente, a Polícia Federal seria instada a investigar o caso.

Já ex-ministro da Saúde, o general Eduardo Pazuello protegeu o presidente. Revelou ter sido informado por Bolsonaro das suspeitas em uma "conversa informal" com ele, mas deixou o cargo de ministro dois dias depois. Antes de sair, no entanto, garantiu que passara o caso para seu braço direito, o coronel Elcio Franco, que concluiria, também de maneira informal, pela não existência de irregularidades. Elcio Franco acompanharia o chefe e sairia em seguida do ministério. Não há provas de que o caso Covaxin foi investigado, mas ficou claro que os dois militares blindaram Bolsonaro.

Em meio ao imbróglio do caso Covaxin, mais um baque para o governo: o ministro do Meio Ambiente, Ricardo Salles, um dos mais próximos de Jair Bolsonaro, foi afastado do governo em 23 de junho e receava-se que fosse preso. Salles tornara-se suspeito de corrupção e participação em esquema ilegal de derrubada de árvores e venda de madeira na Amazônia. Salles passou, mas ficou o espanto com um governo que desdenhou da vacina Pfizer, de laboratório tradicional, vendida por 10 dólares a dose, mas quis comprar a desconhecida Covaxin, por 15 dólares cada uma.

Houve mais: em 19 de fevereiro daquele ano, uma alteração no termo de referência do acordo, solicitada pela Precisa Medicamentos e autorizada pelo coronel Elcio Franco, passava a permitir a venda da Covaxin no mercado privado brasileiro. A suspeita: a vacina importada, com autorização do Ministério da Saúde, acabaria em clínicas e hospitais particulares, comercializada por até 40 dólares a dose. O contrato foi fechado com a Precisa Medicamentos seis dias depois, no dia 25, para a compra das esperadas 20 milhões de doses. Como se não bastasse, em 6 de março, o coronel Elcio Franco solicitou a compra de mais 50 milhões de doses. O escândalo fez o laboratório Bharat Biotech rescindir o contrato com a Precisa e denunciar que dois documentos, partes do processo, teriam sido falsificados. Segundo a farmacêutica indiana, um deles concedia plenos poderes à Precisa como representante da Bharat

Biotech no Brasil. Tudo a indicar que uma organização forjaria a entrega de vacinas para ganhar milhões.

As suspeitas de irregularidades aumentaram com a descoberta do FIB Bank, empresa que, apesar do nome, não tinha nada de banco. O FIB Bank assinou uma carta de fiança de R$ 80,7 milhões para garantir o transporte da Covaxin ao Brasil. Como fiador, receberia R$ 350 mil da Precisa Medicamentos. O problema é que, de acordo com a CPI da Covid, entre os sócios do FIB Bank havia dois mortos e um rapaz de origem humilde, que denunciou a falsificação de sua assinatura. Havia sido usado como "laranja". Além disso, o capital de R$ 7,5 bilhões do FIB Bank teria origem em dois terrenos que simplesmente não existiam.

Para a CPI da Covid, quem controlava o FIB Bank era o empresário Marcos Tolentino da Silva – em depoimento, ele deixou patente sua relação de amizade com o deputado Ricardo Barros (PP). Durante os tempos em que Ricardo Barros respondia pelo Ministério da Saúde de Temer, o governo federal assinou oito contratos com a empresa VTCLog, no valor de R$ 335 milhões. Todos sem licitação. Nos anos Bolsonaro, a mesma VTCLog prestava serviços ao ministério. Dessa vez, uma auditoria da Controladoria-Geral da União não encontrou comprovantes de entrega de 4.816 respiradores que haviam custado R$ 273 milhões. Os aparelhos teriam sido adquiridos e doados para estados e municípios combaterem a Covid-19. Cabia à VTCLog levar os respiradores para os hospitais em todo o país.

Tratemos do ministro-general Eduardo Pazuello. Em um vídeo polêmico de 11 de março de 2021, revelado pela *Folha de S. Paulo*, ele aparecia em seu gabinete no Ministério da Saúde ao lado de representantes de uma tal World Brands Distribuidora, empresa de Santa Catarina, e anunciava o interesse da administração Bolsonaro na compra de vacinas. Nesse caso, a aquisição de 30 milhões de doses da Coronavac, imunizante que já vinha sendo fornecido ao governo federal pelo Instituto Butantan, de São Paulo. Cada nova dose custaria 28 dólares, embora o Butantan já a disponibilizasse por 10 dólares a unidade.

A repercussão negativa do caso impediu que o negócio prosperasse. Pazuello deixaria o ministério em 23 de março e Elcio Franco, dias depois. Pazuello seria alocado no cargo de secretário de Estudos Estratégicos da Secretaria de Assuntos Estratégicos da Presidência da República. Elcio Franco foi acomodado como assessor especial da Casa Civil.

No "negócio" de mais uma vacina, propina de 1 dólar por dose
Se desse certo, os desvios poderiam alcançar até 400 milhões de dólares

Mais um caso suspeito com envolvimento de Roberto Ferreira Dias, diretor do Departamento de Logística do Ministério da Saúde, ganharia repercussão a partir de reportagem publicada na *Folha de S. Paulo* em 29 de junho de 2021. Dessa feita, um cabo da PM mineira, Luiz Paulo Dominguetti Pereira, relatou à repórter Constança Rezende um encontro realizado num restaurante do Brasília Shopping, na noite de 25 de fevereiro de 2021, para acertar a venda de 400 milhões de doses da vacina AstraZeneca ao ministério (3,50 dólares a dose), por meio da empresa norte-americana Davati Medical Supply. (Observe-se que a data do encontro é a mesma da assinatura do contrato suspeito entre o Ministério da Saúde e a Precisa.)

Além de Roberto Ferreira Dias e Dominguetti, estavam à mesa do restaurante o tenente-coronel do Exército Marcelo Blanco (desligado do Departamento de Logística do Ministério da Saúde fazia um mês) e um quarto homem, José Ricardo Santana, ex-secretário da Anvisa, apontado pela CPI da Covid como lobista de empresas privadas interessadas em celebrar negócios com o Ministério da Saúde. A questão é que a AstraZeneca não era comercializada por intermediárias. E, no Brasil, já estava sendo distribuída ao Ministério da Saúde pela Fundação Oswaldo Cruz (Fiocruz), sediada no Rio de Janeiro. Ainda assim, segundo Dominguetti, Roberto Ferreira Dias solicitou 1 dólar de propina por dose. Ao todo, o esquema teria o potencial para desviar até 400 milhões de dólares do governo federal. Com o escândalo das "vacinas fantasmas" nos jornais, Roberto Ferreira Dias foi demitido do ministério.

Em março de 2021, houve uma espécie de estremecimento entre o presidente Jair Bolsonaro e o Centrão. Questão de cálculo político, provavelmente. A variante brasileira da Covid-19 conduzia a sucessivos recordes de mortes. O país descobria que o governo federal deixara de comprar vacinas em número suficiente para imunizar a população em um curto espaço de tempo. A falta de oxigênio, de respiradores, de medicamentos para intubação, de médicos e de profissionais da saúde, além da ausência de leitos em hospitais, provocava centenas de mortes de doentes nas filas de espera por tratamento intensivo. Paralelamente, Bolsonaro fazia pouco para saciar a fome que, com o aguçamento da crise econômica, ameaçava vidas humanas. Com espanto, a comunidade internacional assistia à incompetência do Brasil, um dos maiores produtores de alimentos do mundo, mas incapaz de alimentar o próprio povo. Nem o Centrão conseguia defender o presidente. Pressionado pela CPI da Covid, Bolsonaro ameaçou a democracia em 12 de maio de 2021:

– Só Deus me tira daqui.

Como Deus não tomou providências, Bolsonaro tratou de garantir sua sobrevivência usando ferramentas mundanas. Autorizou novas nomeações para altos postos governamentais em troca de mais apoio no Congresso. Voltou a lotear sua administração, confiando-a ao Centrão. Antes de se tornar presidente, fazia questão de se dizer contrário à entrega de cargos públicos como contrapartida a votações favoráveis na Câmara e no Senado. Como candidato, prometeu não fazer barganhas nem adotar medidas antagônicas aos interesses da população. Na prática, com medo de sofrer um *impeachment*, a história foi diferente.

Com o objetivo de manter boas relações no Congresso, nomeou como ministro da Casa Civil, em 4 de agosto de 2021, o presidente do PP, senador Ciro Nogueira, alvo de duas denúncias criminais e de três inquéritos. Nas planilhas secretas da Odebrecht, famosa nos tempos do petrolão, ele estava registrado com o codinome Cerrado. Segundo as delações de executivos da empresa, recebeu R$ 7,3 milhões por atuar no Parlamento a favor de leis e de medidas provisórias que beneficiaram a empreiteira e a Braskem, uma das empresas mais importantes do grupo.

Ciro Nogueira também era investigado por propinas supostamente destinadas a ele pela OAS e pelo grupo J&F. De acordo com as confissões do executivo Ricardo Saud, do J&F, tratativas mantidas diretamente com Ciro Nogueira definiram a entrega de R$ 42 milhões ao PP para fortalecer a campanha eleitoral da chapa Dilma-Temer em 2014. Ricardo Saud citou R$ 2,5 milhões enviados, em dinheiro vivo, ao senador num supermercado em Teresina. O dono do supermercado ainda admitiu à Polícia Federal a entrega de R$ 5 milhões a um irmão de Ciro, Gustavo Nogueira.

Léo Pinheiro, da OAS, confessou ter feito dois repasses de R$ 500 mil a Ciro Nogueira em 2013, em troca de apoio a uma medida provisória que alterava a legislação tributária sobre a cobrança de impostos de empresas. Em sua delação, o empresário declarou que acertou o pagamento ilegal num café da manhã na casa do próprio senador. Confrontado, Ciro Nogueira afirmou não se lembrar do café da manhã. Deputado em 1998, Nogueira tinha R$ 747 mil em bens. Não deixou a carreira política. Senador em 2018, informou à Justiça Eleitoral possuir R$ 23,3 milhões – tornara-se 30 vezes mais rico.

Em 26 de outubro de 2021, dia em que a CPI da Covid concluiu seus trabalhos, o Brasil registrava, oficialmente, 606.293 mortos pela doença. Era a maior crise sanitária de todos os tempos no país. Os senadores pediram o indiciamento de Bolsonaro por nove crimes, inclusive o de prevaricação, visto que o presidente fora informado de que a compra da Covaxin, apesar de suspeita de corrupção, estava ocorrendo no Ministério da Saúde e não solicitara uma investigação formal para coibir o esquema.

Além do crime de prevaricação, a CPI o acusou por crime de epidemia com resultado de morte; crime de infração a medidas sanitárias preventivas; crime de emprego irregular de verba pública; crime de incitação ao crime; crime de falsificação de documentos particulares; crime de charlatanismo; crime contra a humanidade; e crime de violação social e de incompatibilidade com dignidade, honra e decoro.

O procurador-geral da República, Augusto Aras, decidiu não investigar a suposta prevaricação de Bolsonaro, o crime mais grave do qual Bolsonaro foi acusado. Para Augusto Aras, o presidente da República não tinha o dever funcional de comunicar as suspeitas de irregularidades que lhe foram relatadas no processo de compra, pelo seu governo, da vacina Covaxin.

Além do famigerado "orçamento secreto", as emendas cheque em branco
As "transferências especiais" foram distribuídas sem controle governamental

Na ânsia de conquistar suporte político no Congresso Nacional, o presidente Jair Bolsonaro chegou ao limite de, como chefe do Poder Executivo, autorizar uma espécie de interferência do Poder Legislativo nas atribuições do governo. Numa inversão de funções sem precedentes, deputados e senadores – no lugar de ministérios e órgãos do governo federal – passaram a decidir como aplicar os recursos da União. E essa política de conceder emendas do "orçamento secreto" tinha endereço certo: recompensava os parlamentares que garantiam a Bolsonaro o posto de mais alto mandatário do país.

Além das chamadas "emendas extraordinárias", vinculadas ao "orçamento secreto", o governo Bolsonaro criou as "transferências especiais", em benefício de deputados e senadores. O mecanismo agilizou o envio das emendas parlamentares individuais a prefeituras e governos estaduais, sem que prefeitos e governadores precisassem apresentar objetos definidos, tais como projetos, programas ou obras, para justificar o recebimento dos recursos do Orçamento da União. As "transferências especiais" não requeriam sequer planos de trabalho por parte dos destinatários. Tampouco havia a necessidade de aguardar por meses a burocracia da liberação das emendas pelas áreas técnicas, o que costuma retardar por meses o pagamento.

As "transferências especiais" também não passavam pelo crivo do Tribunal de Contas da União nem da Caixa Econômica Federal. Para receber o dinheiro, bastava indicar o número da conta bancária. Ao todo, 393 parlamentares, aliados do governo, fizeram "transferências especiais" em 2021. Juntos, eles injetaram R$ 1,9 bilhão em redutos políticos por meio desse artifício, apelidado pela oposição de "emendas cheque em branco". No ano anterior, 137 deputados e senadores já haviam transferido R$ 621 milhões por meio desse expediente – prefeitos e governadores, aliados de deputados e senadores, não eram obrigados nem mesmo a formalizar em que empregariam o dinheiro. Tudo tramitava sem necessidade de prestação de contas.

Ágil, o instrumento facilitou o fisiologismo. Exemplos: o deputado Valdir Rossoni (PSDB) mandou "cheque em branco" de R$ 8,1 milhões a Bituruna, no Paraná, onde o filho, Rodrigo Rossoni, do mesmo partido, era o prefeito. A deputada Clarissa Garotinho (PROS) enviou R$ 4,5 milhões ao município fluminense de Campos dos Goytacazes, onde o irmão, Wladimir Garotinho (PSD), era o chefe do governo municipal. O deputado Genecias Noronha (SD) entregou R$ 8 milhões a Parambu, cidade do Ceará administrada pelo sobrinho, Rômulo Noronha, do mesmo partido do tio. O deputado Alcides Rodrigues (Patriota) transferiu R$ 3,3 milhões para Santa Helena, município de Goiás onde o filho, João Alberto Vieira Rodrigues, também do Patriota, era o prefeito.

O ministro Onyx Lorenzoni (DEM) deixou o governo Bolsonaro por alguns dias e reassumiu seu mandato na Câmara dos Deputados. Aproveitou para mandar R$ 3,9 milhões pelo esquema de "transferências especiais" a 30 cidades do Rio Grande do Sul, onde ele pretendia concorrer ao cargo de governador em 2022. O deputado Aécio Neves (PSDB) autorizou R$ 4,7 milhões em "cheques em branco" para várias cidades de seu estado natal, Minas Gerais. O deputado Fernando Coelho Filho (DEM) enviou R$ 500 mil para Petrolina, em Pernambuco, administrada pelo irmão, Miguel Coelho (PMDB). O deputado Eduardo Bismarck (PDT) repassou R$ 3,1 milhões para Aracati, cidade do Ceará onde o pai, Bismarck Maia (PDT), era o chefe do governo local.

Não à toa o governo federal daria uma incrementada nessas "transferências especiais" no ano da sucessão de Jair Bolsonaro. Estimou-se em R$ 3,4 bilhões o montante de recursos que parlamentares direcionariam, em 2022, diretamente a municípios e administrações estaduais, sem passar por qualquer detalhamento técnico, órgão de controle ou de fiscalização federal.

ÍNDICE REMISSIVO

Abranches, Sérgio, 56
Academia Militar das Agulhas Negras, 49
AF Consult (empresa), 169
Agência Brasileira de Inteligência (Abin), 184
Agência Nacional de Vigilância Sanitária (Anvisa), 66, 302, 309
Aggege, Soraya, 67
Agostini, Renata, 42
Aguiar, Márcia Oliveira de, 35, 41, 47, 48
Albero, Carlos Eduardo Strauch, 97
Alckmin, Geraldo, 82, 125
Alcolumbre, Davi, 231, 233, 236
Alencar, Alexandrino, 118, 281
Alencar, José, 60, 61
Almada, Gerson de Mello, 98
Almeida, Davidson Tolentino de, 240
Almeida, João Henrique de, 55
Almeida, Sebastião, 122
Alpargatas (empresa), 134
Alves, Henrique Eduardo, 101, 180, 183, 184, 190, 250, 251
Alves, Pollyanna Kelly, 251
Amaral, Delcídio do, 64, 121, 150, 168, 174, 194, 199-207, 258
Amarante, Garigham, 266
Âmbar Energia (empresa), 133, 161-163
Ancelmo, Adriana, 103

Andrade Gutierrez (empresa), 96, 103, 104, 118-120, 125, 146, 173, 190, 282
Andrade, Antônio, 131
Andrade, Fernando Augusto Stremel, 97
Antunes Sobrinho, José, 168, 169, 251
Aras, Augusto, 312
Araújo, Gilvandro Vasconcelos de, 161
Araújo, Rogério Santos de, 118
Argello, Gim, 114, 124
Argeplan (empresa), 169, 250
Assad, Adir, 120, 121
Assembleia Legislativa de Alagoas, 228
Assembleia Legislativa de Roraima, 299
Assembleia Legislativa do Estado do Rio de Janeiro (Alerj), 33-35, 37-41, 44, 45, 49, 50, 104, 294, 295
Assis e Silva, Francisco de, 182
Astra Oil (empresa), 109
Atibaia (cidade), 28, 47, 195, 198, 251, 267, 271, 278-281
Auler, João Ricardo, 97
Avancini, Dalton, 97, 112
Azambuja, Reinaldo, 131
Azevedo Júnior, Elton de, 118
Azevedo, Giles, 212
Azevedo, Otávio Marques de, 118
Aziz, Omar, 119
Bacelar, João Carlos, 231
Banco de Brasília (BRB), 51, 239, 296
Banco do Brasil, 73, 77, 109
Banco do Nordeste do Brasil, 64
Banco Nacional de Desenvolvimento Econômico e Social (BNDES), 121, 132, 133
Banco Original, 133
Banco Rural, 65, 72, 73, 76, 77, 79
Banco Santos, 77
Banco Schahin, 200, 255
Barbalho, Jader, 101, 131, 258
Barbosa, Joaquim, 79, 80
Barbosa, Silval, 131
Barra, Flávio David, 120
Barros, Ricardo, 239, 240, 302, 304, 305, 307
Barusco, Pedro, 95, 96, 98, 106, 110, 111, 208, 217, 218
Bastos, Márcio Thomaz, 204
Bastos, Marcus Vinícius, 249, 250
Batalhão de Operações Policiais Especiais (Bope), 380

Batista, Eike, 16
Batista, Joesley, 26, 129, 131-135, 160-163, 175, 177-185, 187-190, 248, 249, 253
Bendine, Aldemir, 108, 109
Benjamin, Herman, 260
Bentemuller, Rodrigo, 248
Bergamasco, Débora, 144, 152
Bernardi Filho, João Antônio, 118
Bernardo, Paulo, 216
Berzoini, Ricardo, 145, 152, 272
Bezerra, Fernando, 91, 231, 236, 238, 296-298
Bharat Biotech (laboratório), 301, 306
Bicudo, Hélio, 140, 149, 153
Bismarck, Eduardo, 314,
Bittar, Fernando, 279, 282
Bittar, Márcio, 235
Blanco, Marcelo, 309
BMG (banco), 73, 76, 77
Bolsonaro, Carlos, 41-44, 46, 49-52, 292
Bolsonaro, Eduardo, 41, 44, 292
Bolsonaro, Fernanda, 43, 293, 294
Bolsonaro, Flávio, 22, 34-45, 47-53, 239, 292-296
Bolsonaro, Jair Messias, 17, 21-23, 25, 27-30, 33-39, 41, 43-53, 72, 74, 193, 221-223, 227-230, 232, 234-236, 238-241, 243, 244, 246, 260, 262-265, 268, 291-293, 298, 296, 299-302, 304-315
Bolsonaro, Jair Renan, 44, 49-51
Bolsonaro, Michelle de Paula Firmo Reinaldo, 47
Bolsotini Chocolates e Café (empresa), 43
Bonilho, Márcio Andrade, 98
Borba, José, 65, 74, 75
Borghetti, Cida, 303
BR Distribuidora (empresa), 100, 114, 168
Braga, Eduardo, 119, 131
Braga, Gilberto, 265
Braga, Rogéria Nantes Nunes, 41, 291, 292
Brant, Roberto, 74, 75
Brasília (cidade), 44, 50, 54, 60, 65, 66, 70, 72, 73, 81, 88, 101, 122, 138, 139, 149, 153, 155, 158, 164, 181, 186, 201, 211, 224, 225, 227, 239, 242, 248, 249, 251, 256, 257, 264, 281, 287, 295, 296, 304, 308
Braskem (empresa), 124, 125, 311
Breghirolli, José Ricardo Nogueira, 97

Bretas, Marcelo, 105, 192
BTG Pactual (banco), 148, 201, 206
Bumlai, José Carlos, 99, 145, 146, 150, 167, 200-203, 206, 255, 281, 283
Bumlai, Maurício, 203
Buratti, Rogério, 81
Cabral, Sérgio, 16, 34, 91, 103-105, 119, 122, 251
Caixa Econômica Federal (CEF), 124, 132, 150, 157, 176, 181, 186, 188, 190, 191, 257, 313
Caldeira, Maria Christina Mendes, 71
Calheiros, Renan, 84, 99-101, 122, 123, 143, 158, 182, 183, 258, 297, 303
Câmara dos Deputados, 26-29, 39, 42, 43, 59, 62, 64, 65, 68, 69, 71, 73-75, 84, 99, 123, 134, 137, 138, 141, 143, 145, 147-149, 151, 155-158, 160, 165, 166, 168, 174, 175, 177, 178, 179, 181, 185, 187, 189-191, 193, 223, 226-231, 235, 237, 239, 243, 246, 249, 259, 260, 263, 264, 287, 302, 310, 314
Câmara Municipal do Rio de Janeiro, 41-44, 52
Camargo Corrêa (empresa), 96, 97, 112, 119, 134, 146, 166, 286
Camargo, Julio, 98-100, 136-139, 141
Campos, Eduardo, 91, 297
Cardoso, Fernando Henrique (FHC), 90, 99, 106, 168, 200
Cardozo, José Eduardo, 25, 143, 144, 146, 149, 151, 152, 211, 213
Carioca Engenharia (empresa), 150
Carlinhos Cachoeira *ver* Ramos, Carlos Augusto
Cármen Lúcia, 232
Caso Covaxin, 30, 268, 300-307, 312
Cassol, Ivo, 129
Castello Branco, Gil, 246
Castro, Antônio Carlos de Almeida (Kakay), 256
Castro, Jean Alberto Luscher, 97
Castro, Marcelo, 144, 231
Cavalcanti, Severino, 27, 68, 69
Cavendish, Fernando, 103
Cervejaria Itaipava (empresa), 126
Cerveró, Bernardo, 201, 202

Cerveró, Nestor, 95, 99, 100, 110, 139, 167, 168, 200-203, 206
Chinaglia, Arlindo, 59, 181, 190
Christo, Carlos Alberto Libânio (Frei Betto), 86
Cidadania (partido político), 265
Coelho Filho, Fernando, 298, 314
Coelho, Miguel, 238, 314
Collor, Fernando, 15, 65, 90, 100, 114, 116, 117, 139
Colombo, Francisco, 226
Colombo, Raimundo, 122
Comissões Parlamentares de Inquérito (CPI), 9, 30, 56, 57, 64, 78, 84, 114, 120, 147, 167, 205, 230, 299, 303, 304, 307, 309-312
Comitê de Direitos Humanos da ONU, 28
Companhia Brasileira de Transportes Urbanos (CBTU), 227
Companhia de Desenvolvimento dos Vales do São Francisco e do Parnaíba (Codevasf), 231, 234-242
Companhia Docas do Estado de São Paulo, do Porto de Santos (Codesp) (empresa), 191, 192
Complexo Petroquímico do Rio de Janeiro (Comperj), 92, 93, 103, 107, 119
Conceição, Walderice Santos da (Wal do Açaí), 263
Congresso Nacional, 9, 16, 18, 23, 24, 29, 30, 55, 56, 59, 64, 66, 76, 78, 83, 84, 92, 121, 123, 137, 140, 141, 144, 145, 151, 156, 157, 174, 185, 191, 193, 221, 223, 230, 242, 243, 246, 259-261, 310, 312
Conselho Administrativo de Defesa Econômica (Cade), 160-163, 249
Conselho de Controle de Atividades Financeiras (Coaf), 9, 34, 36
Conselho de Ética da Câmara, 62, 64, 71, 73, 136, 143, 145, 148, 149
Construcap (empresa), 96
Construtora Norberto Odebrecht (empresa), 89, 96, 103, 104, 109, 118, 119, 121, 122, 124-129, 146, 150, 151, 170-174, 177, 188, 190, 194-198, 207-211, 215, 236,

255, 256, 280-282, 284, 289, 297, 310
Controladoria-Geral da União (CGU), 9, 240-242, 244, 307
Cooperativa Habitacional dos Bancários de São Paulo (Bancoop), 272-274
Corner, Jeany Mary, 81
Coronel Braga *ver* Grillo, Miguel Ângelo Braga
Coronel Lima *ver* Lima Filho, João Baptista
Coronel, Angelo, 230
Corrêa, Pedro, 74, 75, 91, 224,
Correio Braziliense (jornal), 73, 176
Costa Filho, Silvio, 241
Costa Neto, Valdemar, 59, 60, 61, 70-72, 75, 114, 244, 266
Costa, Bosco, 245, 246
Costa, Francenildo dos Santos, 80, 81, 197
Costa, Humberto, 91, 122, 174
Costa, Paulo Roberto, 88-91, 94-97, 99, 100, 107, 109, 110, 136, 206, 224, 225, 257, 297
Costa, Rui, 124
Costamarques, Glaucos da, 283-285
CPI da Covid, 30, 303, 304, 307, 309-311

CPI da Petrobras, 56, 114, 147, 167
CPI do Mensalão, 78,
CPI dos Bingos, 57, 120
CPMI das Fake News, 221, 230
CPMI dos Correios, 64, 205
CPMI dos Sanguessugas, 84
Crivella, Marcelo, 296, 299, 300
Crusoé (revista), 47
Cruz, Cláudia Cordeiro, 144
Cruz, Valdo, 146
Cunha, Danielle Dytz da, 144
Cunha, Eduardo, 27-29, 99, 122, 128, 134, 136-145, 147-151, 156, 157, 169, 172, 173, 175, 177- 183, 185, 187-191, 212, 245, 249-251, 257, 303
Cunha, João Paulo, 74
Cunha, Josinha, 245
Curitiba (cidade), 22, 108, 153, 158, 177, 247, 254-256, 274, 277
D'Ávila, Manuela, 122
Dal Piva, Juliana, 49
Dallagnol, Deltan, 92, 258, 259
Dalmazzo, Paulo Roberto, 118
Damous, Wadih, 260
Davati Medical Supply (empresa), 309
Delgado, Júlio, 74, 114
Delta Engenharia (empresa),

96, 103
Democratas (DEM) (partido político), 26, 29, 129, 174, 177, 230, 231, 233, 236, 243, 298, 304, 314
Departamento Nacional de Obras Contra Secas (DNOCS), 230, 231, 234
Dersa - Desenvolvimento Rodoviário S.A. (empresa), 120
Dias Toffoli, José Antonio, 227
Dias, Roberto Ferreira, 303, 304, 308, 309
Diniz, Waldomiro, 56, 57
Dirceu, José, 24, 56, 60-62, 65, 67, 68, 72-75, 79, 80, 95, 98, 114, 199, 217, 268, 271, 285-288
Distrito Federal, 25, 50, 116, 119, 166, 233, 239, 302
DNA (agência de publicidade), 61, 77
Dominguetti Pereira, Luiz Paulo, 308, 309
Dourado, Juscelino, 211
Duque, Renato, 95, 96, 98, 111, 194, 199, 206, 216-220
El País (jornal), 155
Eldorado Celulose (empresa), 133

Eletronuclear (empresa), 112, 120, 169, 251
Empresa Brasileira de Correios e Telégrafos (ECT), 54, 55, 57, 63, 64, 66, 73, 74, 76-78, 82, 85, 205, 302, 303
Engesa (empresa), 96
Engevix (empresa), 96, 97, 112, 168, 169, 251, 286, 288
Época (revista), 60, 143, 167, 180
Estado de Minas (jornal), 73
Esteves, André, 148, 201
Facchini, Daniela, 286
Fachin, Edson, 27, 28, 53, 128, 165, 166, 183, 184, 188, 232
Falcão, Rui, 144, 149
Fantástico (programa de TV), 7
Farias, Lindbergh, 91, 122
Farias, Paulo César (PC Farias), 65, 116, 117
Federação das Empresas de Transporte de Passageiros do Estado do Rio de Janeiro (Fetranspor), 105
Fernandes, Charles, 234
Fernando Baiano *ver* Soares, Fernando
Ferraz, João Carlos de Medeiros, 111

Ferreira, Aloysio Nunes, 114
Ferreira, Diogo, 201, 203, 204
Ferreira, Paulo, 216
FHC *ver* Cardoso, Fernando Henrique
FIB Bank (empresa), 307
Filho, Expedito, 72
Filho, Renan, 114, 297, 298
Filippi Júnior, José de, 114, 115
Folha de S. Paulo (jornal), 43, 56-58, 61, 63, 72, 75, 81, 86, 92, 112, 146, 183, 197, 238, 263, 264, 266, 280, 307, 308
Fonseca, Erton Medeiros da, 97
Fonte, Eduardo da, 114, 224, 231
Força Aérea Brasileira, 265, 294
Fortes, Márcio, 68
Foster, Maria das Graças, 106-108, 148, 214
Franco, Elcio, 302, 305, 306, 308
Franco, Itamar, 90
Franco, Marielle, 39
Fred *ver* Medeiros, Frederico Pacheco
Frei Betto *ver* Christo, Carlos Alberto Libânio
Fujimori, Alberto, 135
Funaro, Lúcio Bolonha, 172, 175, 176, 179-182, 187-191, 250
Funcef (fundo de pensão), 132

Fundação Oswaldo Cruz (Fiocruz), 309
Fundo Nacional de Desenvolvimento da Educação (FNDE), 264-266
Furnas Centrais Elétricas, 66, 190, 205
G4 Entretenimento (empresa), 282
Gabinete de Segurança Institucional (GSI), 184
Gabrielli, José Sérgio, 107, 110, 148, 196, 199
Galvão Engenharia (empresa), 96, 97, 225
Garotinho, Clarissa, 314
Garotinho, Wladimir, 314
GDK Engenharia (empresa), 66, 67
Genoino, José, 63, 64, 67
Genro, Tarso, 144
Gentile, Rogério, 75
Gerbatim, Evelyn Mayara de Aguiar, 41, 42
Gerbatim, Márcio da Silva, 41, 42
Global Gestão em Saúde (empresa), 302, 303
Góes, Edir Barbosa, 42
Gomes, Alberto Elísio Vilaça, 97

Gomes, Anderson, 39
Gomes, Eduardo, 231, 236
Gomes, Jaymerson José, 227
Gomes, Josias, 74, 75
Gomes, Vadão, 70, 74, 75
Gordilho, Paulo, 279
Goulart, Josette, 118
Grillo, Miguel Ângelo Braga (Coronel Braga), 294
Grupo Petrópolis, 126
Grupo Schahin (empresa), 199-201
Guarujá (cidade), 25, 28, 198, 247, 251, 267, 271, 272, 279
Guedes, Néviton, 249
Guerra, Erenice, 119
Guerra, Sérgio, 91
Guimarães, Flávio Lúcio, 118
Guimarães, José Nobre, 63
Gushiken, Luiz, 77
Haddad, Fernando, 114
Hardt, Gabriela, 278
Hasselmann, Joice, 221, 222
Henriques, João Augusto Rezende, 141, 142, 168, 172
Henry, Pedro, 60, 74, 75
Hoffmann, Gleisi, 91
Hudson, Guilherme de Siqueira, 49
Hudson, Guilherme dos Santos, 49

Iesa (empresa), 96, 297
Instituto de Resseguros do Brasil, 66
Instituto Lula, 133, 146, 167, 195, 197, 198, 204, 255, 274, 275, 282, 284
Intercept Brasil (*site*), 18, 254
Itabaiana, Flávio, 52
J&F (grupo empresarial), 129-134, 160-165, 175-177, 181, 182, 184, 185, 188, 248, 249, 253, 311
Janene, José, 66, 70, 74, 75, 205, 223, 224
Janot, Rodrigo, 92, 107, 137, 139, 141, 144, 151, 165, 169, 170, 177, 187, 227, 250
Jaraguá Equipamentos (empresa), 96
Jardim, Lauro, 159
JBS (empresa), 131, 132
JD Assessoria e Consultoria (empresa), 285-288
Jefferson, Roberto, 55-59, 61-65, 74, 75, 79, 85
Jorge, Cristina Maria da Silva, 118
Jornal Nacional (programa de TV), 67, 273
Jovem Pan (canal de TV), 53
Jucá, Romero, 101, 122, 123,

155, 156, 158, 182, 183, 256, 303
Justiça Eleitoral, 9, 28, 31, 126, 215, 256, 257, 311
Kakay *ver* Castro, Antônio Carlos de Almeida
Kassab, Gilberto, 126, 131
Keppel Fels (estaleiro), 207
Kitchens (loja), 279
Kok, Cristiano, 112
Kontic, Branislav, 197
Lacerda, Hamilton, 82
Lamachia, Cláudio, 177
Land Rover, 66
Lazzari, João Alberto, 97
Leão, Celina, 51
Leite, Eduardo Hermelino, 97, 112
Léo Pinheiro *ver* Pinheiro Filho, José Aldemário
Lewandowski, Ricardo, 52, 231, 232, 255, 258
LFT Marketing Esportivo (empresa), 146
Lima Filho, João Baptista (Coronel Lima), 164, 169, 176, 191, 192, 250
Lima, Carlos Fernando dos Santos, 288
Lima, Claudionor Gerbatim de, 41
Lima, Geddel Vieira, 122-124, 169, 179-182, 185, 186, 188, 189, 250
Lima, José Zunga Alves de, 281
Lima, Lúcio Vieira, 129
Lima, Mendherson Souza, 130
Lino, Maria da Penha, 83, 84
Lira, Arthur, 27, 29, 30, 91, 114, 223-231, 235, 236, 241, 243, 246, 257, 258, 264, 267
Lira, Benedito de, 91, 114, 224, 226, 227, 230
Lo Prete, Renata, 61
Lobão, Edison, 91, 101, 114, 120, 256
Lobão, Márcio, 101, 120
Lopez, Rafael Ângulo, 94
Lorenzoni, Onyx, 314
Loubet, Vander, 100
Luiz Sérgio, 114, 147
Lula *ver* Lula da Silva, Luiz Inácio
Lula da Silva, Fábio Luís (Lulinha) 205, 273, 275, 279, 282
Lula da Silva, Luís Cláudio, 146
Lula da Silva, Luiz Inácio (Lula), 15, 23-28, 54-64, 66-71, 74, 78-80, 82, 83, 85, 86, 89-

93, 95, 96, 99, 100, 106, 107,
109, 114, 115, 119-121, 123,
124, 127, 131, 132, 133, 139,
141-148, 150-155, 158, 164,
166-168, 171, 173, 181, 186,
187, 194-206, 210, 213, 214,
216-220, 223, 241, 247, 251,
254, 255, 258, 259, 267, 271-
279, 281-285, 287-289, 297

Lula da Silva, Marisa Letícia,
158, 198, 271, 272, 275, 279,
282, 283

Lulinha *ver* Lula da Silva,
Fábio Luís

Mabel, Sandro, 60, 74, 75

Machado, Geraldo Antônio, 50

Machado, Sérgio, 100-102,
114, 155, 156, 182, 184

Machado, Sibá, 149

Madison Biotech (*offshore*), 304

Magalhães, Raimunda Veras, 39

Maggi, Blairo, 129

Magno, João, 74, 75

Mahon, Eduardo, 84

Maia, Bismarck, 315

Maia, César, 129, 174

Maia, Marco, 115, 124

Maia, Rodrigo, 26, 129, 174,
175, 177

Mangabeira Unger, Roberto,
86

Mantega, Guido, 125, 127,
132, 133, 176, 214, 215

Maranhãozinho, Josimar, 244-
246

Marcos Rogério, 231

Marinho, Alex Lial, 303

Marinho, Maurício, 54, 55

Marinho, Rogério, 236, 237

Martins, Cristiano Zanin, 259

Mascarenhas, Hilberto Silva,
126, 127

Maximiano, Francisco
Emerson, 302

Mazlom, Ali, 253, 254

Medeiros, Agenor Franklin
Magalhães, 97

Medeiros, Frederico Pacheco
(Fred)130, 253

Mello, Celso de, 232

Melo Filho, Cláudio, 122-124,
170, 171

Mendes Júnior (empresa), 96, 97

Mendes, Ângelo Alves, 97

Mendes, Cileide Barbosa, 46

Mendes, Gilmar, 48, 52, 154,
191, 227, 231, 232, 256, 258

Mendes, Sérgio Cunha, 97

Mendonça Neto, Augusto
Ribeiro de, 98

Mendonça, Duda, 70, 171, 172

Mentor, José, 74, 75, 100

Mercadante, Aloizio, 59, 67, 82, 83, 114, 145
Meurer, Nelson, 91, 224
Migliaccio, Fernando, 127
Ministério Público de São Paulo, 273, 303
Ministério Público do Rio de Janeiro (MP-RJ), 34, 291, 299
Ministério Público Federal (MPF), 26, 31, 68, 89, 132, 142, 146, 182, 228, 255, 256, 258, 260, 262, 274, 279
Miranda, Luis Cláudio Fernandes, 304, 305
Miranda, Luís Ricardo Fernandes, 303-305
Mitsui Toyo (empresa), 96, 136
Modi, Narendra, 301
Moraes, Alexandre de, 223
Moraes, Léo, 235
Moreira Franco, 123, 126, 169-171, 180, 181, 192, 250, 251
Moreira, Marcelo, 236
Moro, Sergio, 17, 22, 23, 28, 97, 118, 154, 157, 220, 247, 251, 254, 276, 277
Mosquini, Lúcio, 233
Motta, Hugo, 241
Moura, Arilton, 264-266
Moura, Mônica, 127, 207-215, 256

Muniz, Estevan, 7
Musa, Eduardo, 200, 201
Nascimento, Elmar, 236
Nascimento, Ottaci, 233
Negromonte, Mário, 91, 224
Nelto, José, 235
Netherton Investments (*offshore*), 142
Neto, Domingos, 231
Netto, Delfim, 119
Neves, Aécio, 125, 129, 130, 205, 253, 254, 314
Nóbrega, Adriano Magalhães da, 38-40
Nóbrega, Danielle Mendonça da Costa, 39, 40
Nogueira, Ciro, 114, 124, 131, 224, 231, 236, 238, 240, 241, 264, 266, 310, 311
Nogueira, Gustavo, 311
Noronha, Genecias, 314
Noronha, João Otávio de, 52
Noronha, Rômulo, 314
Nunes Marques, Kassio, 28, 52, 231, 232
Nunes, Patrícia Fabiana Melo, 280
O Estado de S. Paulo (jornal), 29, 42, 72, 86, 118, 143, 155, 156, 229, 232, 251, 252, 264, 267

O Globo (jornal), 42, 47, 52,
  67, 83, 152, 159, 169, 264,
  272, 289
OAS (empresa), 96, 97, 146, 150,
  151, 169, 173, 174, 225, 272-
  277, 279, 280, 286, 298, 311
Occhi, Gilberto, 190, 191
Odebrecht, Emílio, 127, 194-196
Odebrecht, Marcelo Bahia,
  118, 126, 127, 170, 171, 198,
  209, 256
Okamotto, Paulo,167, 204, 274
Oliveira e Silva, Luiz Eduardo
  de, 286
Oliveira, César Roberto Santos,
  66
Oliveira, Eunício, 123, 124, 158
Oliveira, Mateus Coutinho de
  Sá, 97
Oliveira, Rogério Cunha de, 97
Oliveira, Vallisney de Souza,
  257
Operação Castelo de Areia, 166
Operação Déjà Vu, 85
Operação Lava Jato, 17 19, 22-
  29, 34, 37, 88, 89, 92, 94, 96,
  100, 106, 113, 116, 120, 127-
  129, 134, 136, 138, 139, 141,
  143, 144, 146, 151, 153-158,
  160, 163, 170-173, 175, 177,
  179, 182, 184, 192, 194, 197,
  200-208-212, 223-225, 247,
  249, 251, 254-256, 258-262,
  273, 279, 283-289
Operação QG da Propina,
  299, 300
Operação Sanguessuga, 83
Operação Selo, 85
Operação Zelotes, 146, 147
Ordem dos Advogados do
  Brasil (OAB), 176, 177
Organização para
  a Cooperação e
  Desenvolvimento
  Econômico (OCDE), 246
Organizações das Nações
  Unidas (ONU), 28
Orion SP (*offshore*), 142
Pacheco, Rodrigo, 230, 231,
  243
Padilha, Alexandre, 129, 131
Padilha, Eliseu, 122, 123, 140,
  170, 172, 180, 188, 250
Paes, Eduardo, 104
Paes, Luiza Souza, 295
Palocci, Antonio, 80, 81, 91,
  119, 125, 127, 128, 194-199,
  204, 210, 211, 217, 251, 256,
  268, 271, 285, 288-290
Pansera, Celso, 144
Partido Comunista do Brasil
  (PCdoB), 58, 84, 122, 126

Partido da Frente Liberal
(PFL), 74, 75
Partido da República (PR), 71,
114, 131
Partido da Social Democracia
Brasileira (PSDB), 29, 82, 83,
91, 106, 114, 120, 125, 128-
131, 200, 205, 265, 267, 314
Partido Democrático
Trabalhista (PDT), 126, 314,
315
Partido do Movimento
Democrático Brasileiro
(PMDB), atual MDB 17, 25,
27, 29, 34, 55, 65,
70, 74, 75, 84, 85, 90, 91, 95,
98-101, 103-105, 114, 115,
119, 120, 122-124, 128-131,
134, 136, 137, 140, 141, 143-
145, 147, 149, 155, 158-160,
166-168, 170, 171, 173, 175-
177, 179-184, 186-188, 191,
192, 200, 201, 205, 231, 233,
235, 236, 238-240, 250, 296,
297, 302, 303, 314
Partido dos Trabalhadores
(PT), 21-25, 29, 54-67, 69,
70, 72, 74-77, 80, 82, 83, 90,
91, 93, 95, 96, 98-100, 106,
109, 111, 113-115, 118-122,
124-129, 131, 134, 136-138,
140, 143-145, 147-153, 168,
174, 176, 181, 184, 190, 194,
196, 198-200, 205-207, 210,
211, 214, 216-218, 223, 255,
259, 260, 272, 274, 275, 283,
285, 287, 289
Partido Liberal (PL), ex-PR, 71
Partido Progressista (PP),
atual Progressistas, 27, 29,
51, 60, 62, 66, 68, 70, 74-76,
90, 91, 93, 114, 124, 129,
131, 190, 191, 205, 207, 211,
223-226, 230-232, 236-238,
240, 243, 257, 264, 266, 302,
303, 304, 307-311
Partido Republicano
Brasileiro (PRB), atual
Republicanos, 29, 41, 126,
134, 241, 264, 299
Partido Republicano da Ordem
Social (PROS), 126, 314
Partido Social Democrático
(PSD), 29, 119, 122, 126,
130, 231, 234, 243, 314,
Partido Social Liberal (PSL),
atual União Brasil, 21, 33,
34, 221, 234
Partido Socialismo e
Liberdade (PSOL), 39
Partido Socialista Brasileiro
(PSB), 29, 74, 91, 114, 296

Partido Trabalhista Brasileiro (PTB), 29, 55-59, 62, 63, 70, 74-76, 100, 114, 116, 124
Paschoal, Janaína, 141, 149
Pascowitch, Milton, 285-287
Pastor Gil, 245, 246
Patriota (partido político), 314
Paulinho da Força, 114, 131
Paulo Preto *ver* Souza, Paulo Vieira de
Pazuello, Eduardo, 302, 305, 307, 308
PC Farias *ver* Farias, Paulo César
Pedro Paulo, 104
Pereira, Luiz Roberto, 98
Pereira, Marcos, 126, 134, 241
Pereira, Silvio (Silvinho), 66-68
Perillo, Marconi, 129
Pernambuco Júnior, Ricardo, 150
Pernambuco, Ricardo, 150
Perrella, Gustavo, 130
Perrella, Zezé, 130
Pessoa, Fernando Nascimento, 43
Pessoa, Ricardo Ribeiro, 97, 113-115, 152, 225-227
Petrobras (empresa), 24, 26, 29, 31, 66, 67, 88-91, 93-96, 98-100, 102, 106-115, 117, 132, 136, 137, 139, 141, 142, 147, 148, 161-164, 167, 168, 172-174, 187, 195, 196, 199-202, 206-209, 214, 216, 219, 224-226, 232, 256-258, 269, 271, 277, 285-289, 297, 302
Petros (fundo de pensão), 132
Pezão, Luiz Fernando, 105
Pfizer (farmacêutica), 301, 306
Picciani, Jorge, 122
Pimentel, Fernando, 129, 134
Pinel, Sérgio Luiz, 37
Pinheiro Filho, José Aldemário (Léo Pinheiro), 97, 151, 169, 174, 272-275, 311
Pinheiro, José Afonso, 274
Pinto, Altair Alves, 141
Pires, Breno, 232,
Pires, Marcelo Bento, 303
Pizzolato, Henrique, 77
Pizzolatti, João, 91, 223, 224
Podemos (partido político), 235
Polícia Civil (PC), 9, 299
Polícia Federal (PF), 9, 18, 23, 26, 70, 82, 83, 85, 86, 88, 108, 116, 127, 130, 143, 146, 147, 151, 152, 154, 159, 162, 166, 167, 171, 174, 176, 184, 186, 190, 192, 195, 201, 207, 208, 222, 226, 242, 244, 245,

248, 263, 271, 274, 279, 282, 283, 287, 298, 302, 305, 311
Ponte, Marcelo, 266
Pontes, Igor, 274
Posto da Torre (posto de combustíveis), 88
Prado Júnior, Newton, 98
Prascidelli, Valmir, 148
Precisa Medicamentos (empresa), 301, 302, 306, 307, 309
Procuradoria-Geral da República (PGR), 9, 18, 84, 128, 157, 160, 185, 187, 201, 223, 257, 298
Professor Kelton Pinheiro, 265
Professor Luizinho, 74, 75
Puccinelli, André, 131
Queiroz Galvão (empresa), 96, 146, 207, 225, 257, 297, 298
Queiroz Galvão Filho, Dario de, 97
Queiroz Galvão, Eduardo de, 97
Queiroz, Agnelo, 119
Queiroz, Evelyn Melo de, 35
Queiroz, Fabrício José Carlos de, 22, 33-36, 39-48, 53, 294, 295
Queiroz, Nathália Melo de, 35, 43

Queiroz, Romeu, 74, 75
Queiroz, Tiago Pontes, 240, 241
Rabello, Nelson Alves, 43
Raimundo, Juciara da Conceição, 52
Ramos, Carlos Augusto (Carlinhos Cachoeira), 57, 120
Ramos, Kennedy Moura, 64
Ramos, Roberto Prisco, 208
Reale Júnior, Miguel, 141, 149
Rebelo, Aldo, 58, 59, 69, 84
Receita Federal, 17, 146, 209, 282, 293
Refinaria Abreu e Lima, 92, 93, 98, 107, 112, 297
Refinaria de Pasadena, 109, 110, 141, 168, 202
Refinaria Henrique Lage, 98
Refinaria Presidente Getúlio Vargas, 93, 98
Rego, José Francisco de Almeida, 72
Resende, José Humberto Cruvinel, 97
Ribeiro, Aguinaldo, 224, 231
Ribeiro, Edson, 201, 203, 204
Ribeiro, Milton, 263, 265-267
Rissato, Jesuíno, 256
Roberto, Wellington, 231
Rocha Loures, Rodrigo, 159-

166, 177, 179, 185, 191, 248-250
Rocha, César Ramos, 118
Rocha, Ibaneis, 239, 302
Rocha, Marcelo, 144
Rocha, Paulo, 60, 74, 75, 129
Rodrigues, Alcides, 314
Rodrigues, Antônio Carlos, 131
Rodrigues, Carlos, 74, 75
Rodrigues, Chico, 296, 298, 299
Rodrigues, João Alberto Vieira, 314
Rosado, Beto, 237
Rosário, Wagner, 242, 244
Rossi, Baleia, 231
Rossi, Wagner, 175, 191
Rossoni, Rodrigo, 314
Rossoni, Valdir, 314
Rousseff, Dilma, 24-27, 80, 90, 91, 95, 100, 107-109, 111, 114, 119, 123-130, 132-134, 136-138, 140, 142-149, 152-160, 164, 166, 170-172, 175, 176, 178, 181-184, 186-190, 194-197, 199, 209, 210-215, 219, 224, 241, 244, 258, 261, 272, 285, 288, 289, 297, 298, 303, 311
Saipem (empresa), 207
Salles, Ricardo, 306
Samsung (empresa), 99, 117, 136, 138, 139
Samsung Heavy (estaleiro), 200
Sandri, Victor (Vic), 133
Santana, João, 127, 194, 199, 207-211, 213-215, 256, 309
Santana, José Ricardo, 309
Santos, Gilmar Silva dos, 264, 265
Santos, Jaci dos, 43
Santos, Júlio César dos, 286,
Santos, Marcelo Luiz Nogueira dos, 51
Santos, Maria Ramos Brito dos, 234
Santos, Wanderval, 74, 75,
São Bernardo do Campo (cidade), 198, 255, 277, 281, 283
Saragoça, Maria Ângela, 73
Saraiva, Bosco, 233
Sarney, José, 90, 101, 122, 158
Sarney, Roseana, 91
Saud, Ricardo, 130, 131, 134, 162, 164, 165, 176, 179-181, 185, 311
SBM Offshore (empresa), 106, 107, 218, 219
Schahin, Fernando, 200, 201

Schahin, Salim, 200
Seabra, Catia, 146
Serra, José, 83, 120, 125, 131, 251, 256
Serraglio, Osmar, 65, 76, 78, 160, 165
Sete Brasil (empresa), 111, 207, 217
Shellbill Finance (*offshore*), 208, 209
Silva Júnior, Benedicto Barbosa da, 104, 128
Silva, Benedita da, 57
Silva, Daniel Medeiros da, 43
Silva, Edinho, 145
Silva, Gênesis Luiz da, 40
Silva, José Adalberto Vieira da, 63
Silva, Márcio Faria da, 118, 172, 173
Silva, Marcos Tolentino da, 307
Silva, Othon Luiz Pinheiro da, 120
Silvinho *ver* Pereira, Silvio
Sindicato dos Metalúrgicos do ABC, 277
Sítio Santa Bárbara, 28, 278-282
Skaf, Paulo, 171
Skanka (empresa), 96
Skornicki, Zwi, 207-209

SMPB (agência de publicidade), 61, 70, 72
Soares, Delúbio, 58, 60, 61, 63, 65, 69, 72, 73, 75, 216
Soares, Fernando (Fernando Baiano), 95, 98, 99, 110, 137-139, 141, 145, 167, 200, 202
Solidariedade (SD) (partido político), 114, 131, 233, 314
Somaggio, Fernanda Karina Ramos, 73
Souza, Anderson Rosa de, 40
Souza, Antonio Fernando de, 60, 78, 79
Souza, Antônio Pedro Campelo de, 118
Souza, Marcos Valério de, 61-63, 65, 67, 70, 72, 73, 76, 80, 204
Souza, Paulo Vieira de (Paulo Preto), 120
Suassuna, Jonas, 279
Superior Tribunal de Justiça (STJ), 9, 48, 52, 53, 166, 255, 256, 258-260, 277, 278, 288, 299
Suplicy, Marta, 131
Supremo Tribunal Federal (STF), 9, 18, 19, 25, 27, 28, 36, 48, 52, 53, 71, 72, 78-80, 84, 92, 121, 128, 137, 139, 141,

144, 151, 154, 158, 165, 166, 169, 170, 177, 183-185, 190, 191, 222, 223, 226, 227, 231, 242, 243, 245, 247, 248, 251-254, 256-258, 262, 276-278, 287, 288, 305
Swift (empresa), 132
Tasman (empresa), 132
Tatto, Jilmar, 100
Tavares, Maria Lúcia Guimarães, 121
Taylor, Mattew, 140
Tebet, Simone, 231
Technip (empresa), 207
Teive e Argollo, João de, 97
Teixeira, Miro, 59, 60
Teixeira, Paulo, 260
Teixeira, Roberto, 284, 285
Temer, Marcela, 175
Temer, Michel, 25, 26, 74, 99, 120, 122, 123, 126, 131, 134, 143, 144, 148, 155-170, 172-193, 240, 241, 248-251, 298, 302, 307, 311
TGS Consultoria (empresa), 286, 287
Tolentino, Rogério, 73
Tomazelli, Idiana, 246
Tomé Engenharia (empresa), 96
Toshiba (empresa), 96

Toyo Setal (empresa), 98
Transparência Internacional Brasil, 135, 246
Transpetro (empresa), 100-102, 114, 155, 182, 184, 256
Tribunal de Contas da União (TCU), 9, 236, 241, 242, 266, 304, 313
Tribunal Regional Federal da 1ª Região (TRF-1), 249, 257
Tribunal Regional Federal da 2ª Região (TRF-2), 192
Tribunal Regional Federal da 4ª Região (TRF-4), 277, 278, 288
Triumph SP (*offshore*), 142
TV Globo (canal de TV), 7, 67
Ugaz, José, 135
UOL (*site*), 49, 50
Uribe, Gustavo, 146
Usina Hidrelétrica de Belo Monte, 112, 119, 258
Usina Hidrelétrica de Santo Antônio, 125, 190
Usina Nuclear de Angra 3, 112, 119, 120, 169, 192, 251
Usina Termelétrica Governador Mario Covas, 161
UTC (empresa), 96, 97, 113, 115, 146, 152, 207, 225-227, 286

Vaccarezza, Cândido, 100
Vaccari Neto, João, 95, 99, 111, 114, 115, 138, 174, 208, 209, 214, 216-218, 220, 255, 256, 272, 274, 275
Valente, Rubens, 81
Valle Ana Consultoria e Serviços de Seguro (empresa), 52
Valle, Ana Cristina Siqueira, 44-46, 49-52
Valle, André Siqueira, 49
Valle, Andrea Siqueira, 45, 49, 50
Valle, José Procópio, 45
Vargas, André, 100
Vargas, Glória, 7
Vasconcelos Filho, Jarbas, 122
Vasconcelos, Simone, 70-73
Veja (revista), 50, 69, 145, 206, 233, 272
Viana, Tião, 126
Vic ver Sandri, Victor
Vigor (empresa), 133
Vilela Filho, Teotônio, 297, 298
Vital do Rêgo, 115, 131
Vitor Hugo, 234
VTCLog (empresa), 307
Wagner, Jaques, 122, 124, 143, 145, 149, 152

Wal do Açaí ver Conceição, Walderice Santos da
Wassef, Frederick, 47, 48, 53
Weber, Rosa, 242, 243
World Brands Distribuidora (empresa), 308
WTorre Engenharia (empresa), 202
Youssef, Alberto, 88, 91, 93, 94, 96, 97, 136, 137, 223-227, 258, 297,
Yunes, José, 164, 172, 188, 189, 191, 250
Zarattini, Carlos, 259
Zavascki, Teori, 92, 144
Zeca do PT, 131
Zelada, Jorge Luiz, 95, 110, 168

1ª edição	AGOSTO DE 2022
impressão	LIS GRÁFICA
papel de miolo	PÓLEN NATURAL 70G/M²
papel de capa	CARTÃO SUPREMO ALTA ALVURA 250G/M²
tipografia	DANTE